Antoon Houben

Klinisch-psychologische Beratung

Ansätze einer psychoanalytisch fundierten Technik

Ernst Reinhardt Verlag München Basel

HOUBEN, Dr. Antoon, wurde am 5. 3. 1919 geboren. Studium der Theologie in Holland, 1957–60 Studium der Psychologie in Freiburg, 1962 Promotion. 1960–64 klinischer Psychologe, Psychosomatische Abteilung der Med. Univ.-Klinik, Freiburg i. Br., 1964–67 Wissenschaftlicher Mitarbeiter an der Psychosomatischen Klinik der Universität Heidelberg. Ab 1967 wissenschaftlicher Mitarbeiter an der Klinischen Abteilung des Psychologischen Institutes der Universität München; eigener Lehrauftrag für Anwendung der Psychoanalyse in der Klinischen Psychologie; Leitung der psychoanalytischen Arbeitsgruppe. 1975 fachlicher Gesamtleiter der Evangelischen Beratungsstellen in München.

ISBN 3-497-00750-1

Printed in Germany
Einbandgestaltung: Alfred Krugmann, Stuttgart
Satz und Druck: Buchdruckerei Loibl, Neuburg (Donau)
Aufbindung: Sigloch, Stuttgart

Vorwort

Während in den klinisch-psychologischen Lehrbüchern älteren Datums die »Anwendung psychologischer Methoden im klinischen Bereich« fast ausschließlich die psychodiagnostischen Methoden umfaßte, gewinnt in den neueren Handbüchern die Erörterung psychischer Behandlungsformen an Raum und Bedeutung.

Diese Darstellung der verschiedenen therapeutischen Verfahren soll dazu dienen, den klinischen Psychologen über sie zu informieren, ohne daß damit eine Einführung in die Anwendung dieser Verfahren angestrebt wird. Es ist heute nämlich weitestgehend unumstritten, daß die Befähigung zur tiefenpsychologisch fundierten Psychotherapie oder zur Verhaltenstherapie eine eigene, in sich geschlossene Zusatzausbildung erfordert.

Andererseits gibt es psychische Behandlungsformen, die im öffentlichen Berufsleben vom klinischen Psychologen erwartet werden. Dazu gehört an erster Stelle die psychologische Beratung. Komplementär zu der psychodiagnostischen Tätigkeit stellt sie eine Hauptaufgabe aller jener Diplom-Psychologen, die in öffentlichen Beratungsstellen verschiedenster Art tätig sind, dar.

Die Öffentlichkeit geht also von der Annahme aus, daß der Diplom-Psychologe durch sein Studium hierfür befähigt ist. Der »insider« allerdings weiß, daß die Vorbereitung auf diese Aufgabe unzureichend ist. Zwar vermittelt das Psychologiestudium ein breites psychologisches Wissen, das als eine allgemeine Voraussetzung für fachkundige Beratung gelten darf, aber eine methodisch begründete Anleitung für eine reflektierte und effektive Beratungsstrategie wird kaum angeboten.

Bezeichnend für diese Sachlage ist, daß z. B. in dem 1970 von *W. Schraml* herausgegebenen »Lehrbuch der Klinischen Psychologie« der Beratung fünf Seiten gewidmet werden.

Mit dem vorliegenden Buch will ich dazu beitragen, diese Lücke der klinisch-psychologischen Forschung zu schließen. Es ist das Ergebnis einer vierjährigen Forschung, die sowohl eine an der Theorie orientierte sozial- und tiefenpsychologische Analyse des Beratungsvorganges als auch die praktische Erprobung einer sich dabei allmählich strukturierenden Konzeption für das technische Vorgehen umfaßt.

Beide Teile dieser Forschung konnten sich in einer regelmäßigen Diskussion mit Kollegen und Studenten, die an meinen

Seminaren und Übungen teilgenommen haben, vollziehen. Aus ihr habe ich vielerlei anregende und korrigierende Kritik erhalten, für die ich diesen Kollegen und Studenten an dieser Stelle meinen aufrichtigen Dank ausspreche.

Die Praxisnähe meiner Forschung beinhaltet allerdings nicht, daß in diesem Buch Erfahrungsmaterial zu einem System von unmittelbaren Handlungsanweisungen für den Berater verarbeitet wird. Psychologische Praxis sollte m. E. auf der Grundlage einer Einordnung des eigenen Tuns in umfassendere theoretische Zusammenhänge erfolgen, weil sonst die Vielzahl der in sie eingehenden Variablen nicht transparent wird und schwer kontrolliert werden kann.

Deshalb habe ich versucht, den Beratungsvorgang psychologisch zu analysieren, den eigenen Stellenwert von Beratung im Vergleich zu anderen tiefenpsychologisch fundierten Behandlungsmethoden zu bestimmen und daraus den Indikationsbereich und die Grundzüge einer Methodik abzuleiten. Das letzte Kapitel bringt die Grundregeln für das technische Vorgehen, die sich einerseits aus der entwickelten Methode ergeben, andererseits aber auch in der praktischen Erprobung des Verfahrens gewonnen wurden.

In den Fallbeispielen dieses Buches sind sämtliche biographischen und sozialen Daten, aus denen eine Identifikation der Personen möglich erschien – unter Beibehalt ihrer psychologischen Relevanz – abgeändert worden.

Inhaltsverzeichnis

1. Probleme des Stellenwertes der Beratung in der klinischen Psychologie

Die vorliegende Arbeit stellt einen Versuch dar, Ansätze für eine Technik der klinisch-psychologischen Beratung auszuarbeiten. Wenn man sich vor Augen führt, daß klinische Psychologen in der Mehrzahl in Beratungsstellen tätig werden, dann überrascht es, wie wenig Aufmerksamkeit dieses Thema in der Fachliteratur bisher bekommen hat.

Die bisherigen Veröffentlichungen haben zum Teil einen mehr fragmentarischen Charakter (z. B. *Lüders* 1970, *Grube* 1971, *Däumling* 1970, *Schubenz* 1968) oder stellen vorwiegend auf die Praxis ausgerichtete Anleitungen dar (*Bornemann* 1963, *Ertle* 1971, *Bang* 1964, *Junker* 1973), in denen die Frage nach dem theoretischen Konzept, in dem Ziel und Mittel der klinisch-psychologischen Beratung in ihrer Interrelation definiert werden, allenfalls gestreift wird. Durch das Fehlen einer konzeptuellen theoretischen Grundlage ist der Stellenwert der Beratung als eine spezifische Methode im psychohygienischen und psychotherapeutischen Feld sowohl im Hinblick auf die Praxis als auch auf die Forschung bis heute ungeklärt geblieben.

1.1. Das Konzept der Beratung in der Literatur

Die meisten diesbezüglichen Veröffentlichungen stammen aus der Schule von *C. R. Rogers*, der vor seiner akademischen Tätigkeit 12 Jahre in der Erziehungsberatung gearbeitet hat. Die Reflexion über seine dort gemachten Erfahrungen hat zu der Entwicklung der „non-directive« oder »client-centered technique" geführt. In seinem Hauptwerk »Counseling and Psychotherapy« legt er seine Auffassung dar, daß beide Ausdrücke denselben Prozeß bezeichnen und deswegen zwischen ihnen kein Unterschied gemacht werden sollte.

Counseling im Sinne *Rogers* besteht darin, dem Klienten, der sich in einem Zustand von Disharmonie mit sich selbst (state of incongruence) befindet, eine Beziehung anzubieten, die durch Akzeptierung seines Selbst und empathisches Verständnis seines inneren »frame of reference« gekennzeichnet ist. Eine solche Beziehung ist geeignet, das Selbstverwirklichungspotential des Klienten zu mobilisieren. Counseling hat eine psychotherapeutische Wirkung: Wiederherstellung der gestörten psychischen Gesundheit.

Neuerdings sind einige beratungstechnische Ansätze entwikkelt worden, die sich vorwiegend oder ausschließlich an den Prinzipien der Verhaltensmodifikation orientieren. Die Vorstellungen von *Krumboltz* (1966) und *Schulte* (1971) haben mit *Rogers* dieses gemein, daß sie keinen prinzipiellen Unterschied zwischen Beratung und Therapie machen. Beratung ist die Anwendung sämtlicher verhaltensmodifikatorischen Techniken direkt in der realen Lebenssituation. Gegenüber ihrer Anwendung in der Therapiesituation bringt ein solches Vorgehen in den Fällen, wo es praktisch durchführbar ist, den Vorteil, daß eine Generalisierung des modifizierten Verhaltens überflüssig ist. Behavior counseling besteht darin, einen Laien detailliert zu instruieren, wie sich das eigene unerwünschte Verhalten oder das einer Beziehungsperson (z. B. eines Kindes oder des Gatten) mittels der Methoden des klassischen oder operanten Konditionierens in ein erwünschtes verändern läßt. Es handelt sich demnach um »Verhaltenstherapie in der Beratungspraxis«, wie es in der Überschrift des *Schulte*schen Aufsatzes sehr zutreffend ausgedrückt wird.

Obgleich *Lewis* (1970) Beratung als einen Prozeß versteht, »durch den der Klient *lernt*, wie er sein Verhalten so kontrollieren und verändern kann, daß es für ihn zufriedenstellender wird« (S. 58), läßt sich m. E. sein Konzept eher als eine eigenständige Weiterführung der *Rogers*'schen Methode anstatt als behavioristisch fundierte Beratung kennzeichnen. Die Beziehung Berater—Klient ist »der Schlüssel zum Fortschritt in der Beratung, und die Eigenart dieser Beziehung überschattet die spezifischen Techniken, die der Berater anwendet (S. 90). Der Autor vermerkt mit Nachdruck, daß sich diese Beziehung in ihrer konkreten Form weniger nach den Erfordernissen einer bestimmten Technik, als vielmehr nach einer Übereinkunft der Beteiligten, gemäß ihrer persönlichen Voraussetzungen zusammenzuarbeiten, richten soll. Dadurch schafft er Raum für eine breite Variation von Techniken, die der Berater nach subjektiver Einschätzung ihrer voraussichtlichen Effektivität im jeweiligen Fall einsetzen kann. Die einzelnen von ihm aufgeführten Techniken (S. 72—89) sind — eventuell mit gewissen Adaptionen — sowohl der »client-centered« Therapie, den tiefenpsychologischen Psychotherapien, der pädagogischen Psychologie, als schließlich auch der Verhaltensmodifikation entlehnt[1].

[1] Der Autor selbst formuliert seine Auffassung folgendermaßen: »Behavioral counseling will certainly not replace other forms of

Während in in- und ausländischen Erziehungsberatungsstellen seit Jahrzehnten tiefenpsychologisch orientierte psychodiagnostische Verfahren und Anamneseschemata angewandt werden, gibt es kaum Veröffentlichungen über entsprechende Methoden der Beratung. Als einzige Abhandlung, die sich systematisch mit dem Gesamtkomplex einer tiefenpsychologisch fundierten Beratung befaßt, liegt ein Buch von *Bordin* vor: Psychological Counseling. Der Autor faßt Beratung als eine psychohygienische Maßnahme auf, »die der vollen Entwicklung des Individuums förderlich sein kann, wenn sie bei kritischen Phasen dieser Entwicklung interveniert« (S. 6). Beratung wird zunächst durch ihren Indikationsbereich von der Psychotherapie abgehoben: sie ist bei Entwicklungskrisen angezeigt, die nicht zu derart schweren Störungen geführt haben, daß der Klient seine Hemmungen, sich in Psychotherapie zu begeben, überwindet (*Bordin:* Psychological Counseling, 1968, S. 7).

Man versteht, daß diese sehr vage (und im übrigen auch problematische) Abgrenzung der Indikationen für den Autor nicht schwer ins Gewicht fällt, wenn man liest, wie er die Aufgabe der Beratung in einer Weise definiert, die sich der einer Psychotherapie sehr nähert: »Wenn ein gestörter Mensch zum psychologischen Berater kommt, um sich – wie es oft der Fall ist – konkrete Entscheidungen zu holen, spezielle Probleme zu lösen oder spezielle Situationen zu klären, ist es nicht das *primäre* Ziel des Beraters, zu den Lösungen dieser gegenwärtigen Situationen beizutragen. Dieses Endziel liegt noch sehr weit. Das primäre Ziel ist, die *Hindernisse* des weiteren Persönlichkeitswachstums zu verstehen, welche für die spezifischen und vorübergehenden Schwierigkeiten dieser Person typisch sind. Der Berater sucht diese tiefliegenden persönlichen Hindernisse zu beseitigen und dadurch den psychologischen Entwicklungsprozeß wieder in Gang zu setzen. Die Lösung des unmittelbaren Problems ist natürlich die eine wünschenswerte Folge, aber allein ist sie kein genügender Maßstab der Nützlichkeit des psy-

counseling, but it should provide a useful supplement to the more traditional techniques. Much controversy could be avoided if proponents of various theoretical approaches to counseling would bear in mind that counseling can be useful for a wide variety of clients. Within this range, certain approaches are more apt to produce certain outcomes than are other approaches, provided that both the counselor and client can accept the approach as being potentially useful. The sophis ticated counselor should be familiar with new techniques and should recognize situations in which they may be of value. To ignore new developments is just as foolish as to jump blindly on every bandwagon that comes along.«

chologischen Beraters für seinen Klienten« (*Bordin*, Psychological Counseling, 1968, S. 13).

Dem Autor ist beizupflichten, daß sich eine *so verstandene* Beratung von Psychotherapie im Grunde nur quantitativ unterscheidet, durch eine weit geringere Intensität des emotionalen Ausdrucks (emotional expression) und relativ mehr Gewicht auf kognitive und rationale Faktoren, als das in der psychotherapeutischen Beziehung der Fall ist.

Richter (1970) vertritt die Meinung, daß von der Technik her eine Unterscheidung zwischen Beratung und analytisch orientierter Therapie nicht sehr bedeutungsvoll sei. Er begründet diese Ansicht mit der praktischen Erfahrung, die zeigt, daß zahlreiche Berater eine Form von Familienbetreuung zustande bringen, die gemessen an ihrer Gründlichkeit und Effektivität durchaus den Namen »Therapie« verdienen würde (S. 131); außerdem führt er an, daß auch die locker, wenig systematisch und auch kürzer durchgeführte Beratungsarbeit das gleiche subtile und genaue Verständnis des Familienkonflikts voraussetzt wie das Verfahren, das man als Therapie im engeren Sinn zu bezeichnen pflegt (S. 135).

Nun impliziert die Tatsache, daß Beratung unter Umständen in ihrer Effektivität einer Therapie gleichkommt oder auch ein nicht geringer subtiles psychologisches Verständnis voraussetzt, noch nicht, daß sie sich ihrem Wesen nach und infolgedessen auch in der Technik nicht doch von der Psychotherapie unterscheidet.

An anderer Stelle seines Buches (S. 206) macht auch *Richter* gerade in technischer Hinsicht einen Unterschied zwischen den beiden Verfahren. Er zählt ohne nähere Begründung eine Reihe von Merkmalen auf, die seiner Ansicht nach Beratung im Unterschied zu Psychotherapie kennzeichnen: „Die Lockerheit des Kontaktes, das Fehlen eines systematischen Behandlungsarrangements und die mehr auf Stützung als auf analytische Durcharbeitung der Probleme zählenden ... Interventionen.«

Im Grunde findet sich demnach bei *Richter* eine ähnliche Einstellung zur Beratung, wie sie auch *Bordin* vertritt: nämlich die Tendenz, Beratung von der analytischen Psychotherapie her zu begreifen und sie als eine Art Ersatztherapie zu definieren, die im Hinblick auf situative Erfordernisse auf eine Anzahl von Elementen der psychotherapeutischen Technik verzichtet.

Aus diesem kurzen Überblick der einschlägigen Literaturstellen drängt sich der Eindruck auf, daß noch weitgehend Unklarheit darüber herrscht, welche Rolle, Funktion und Bedeutung der Beratung in der klinischen Psychologie zuzuerkennen ist. Insbesondere fällt es auf, wie nah – in der Auffassung der meisten Autoren – Beratung im klinisch-psychologischen Raum an Psychotherapie rückt. Ist Beratung eine Modifikation von Psycho- oder Verhaltenstherapie für gewisse besondere Anwendungsbereiche oder Indikationen? Muß sie dann nicht den entsprechend ausgebildeten Fachkräften vorbehalten bleiben und wäre eine eigene, auf klinisch-psychologische Beratung beschränkte Ausbildung nicht von vornherein als verfehlt anzusehen?

Von den oben referierten Autoren macht lediglich *Lewis* einen deutlichen Unterschied zwischen beiden Verfahren hinsichtlich Ziel, Technik und Ausbildung. Während Psychotherapie das *Ziel* hat, eine Umstrukturierung der Persönlichkeit zu erreichen, wird in einer Beratung dem Klienten Hilfe geboten, seine vorhandenen Kräfte zu mobilisieren, um aktuelle Probleme zu lösen (S. 22). (Vgl. auch *Anastasi*. 1964.) »Beratung setzt bei einer Person an, so wie sie jetzt ist. Es wird zwar anerkannt, daß diese Person das Ergebnis vergangener Erfahrungen ist, aber das Gewicht wird von der Vergangenheit verlagert auf seine Gegenwart und seine Zukunft. Der Psychotherapeut auf der anderen Seite versucht dem Klienten zu helfen, sich von Neuem aufzubauen durch Konzentration auf das Verstehen (wie er geworden ist) und auf Eliminierung oder Milderung seiner Störungen (shortcomings)“ (*Lewis*, S. 22).

Es ist aber – wie mir scheint – dem Autor nicht gelungen, aus dieser klaren, von Psychotherapie verschiedenen Zielsetzung eine gleich klare und vor allem eigenständige, ihr entsprechende *Technik* der Beratung zu entwickeln. Zwar betont er, daß ein den Zielen der Beratung entsprechendes Arbeitsbündnis zwischen Klient und Berater herzustellen ist. Andererseits soll sich dieses aber nach einem sowohl dem jeweiligen Berater gemäßen, als auch dem Fall angepaßten theoretischen Modell richten. Damit verweist der Autor praktisch wieder an die therapeutischen Modelle zurück und überläßt es dem jeweiligen Berater, die aus einer Vielzahl von therapeutischen Modellen entnommenen Techniken nach eigenem Gutdünken auszuwählen.

So bleibt *Lewis*' Versuch, den eigenen Stellenwert der Beratung in der klinischen Psychologie zu bestimmen, auf halbem Wege stecken, weil sich die vorgeschlagenen Techniken – wie er selbst einräumt – nur quantitativ von den psychotherapeutischen unterscheiden: »Obwohl es wahrscheinlich nicht möglich ist, zwischen den Techniken der zwei Aktivitäten eine klare Unterscheidung zu treffen, sind jedoch die Unterschiede im allgemeinen offensichtlich in der *Dauer* des Prozesses, *Häufigkeit* der Kontakte, in dem *Maß* wie Erfahrungen der Vergangenheit betont werden, und in dem Grad, wie von der Patient-Therapeut-Beziehung Gebrauch gemacht wird,« (*Lewis*, S. 22) zu sehen.

1.2. Beratung mit oder ohne Tiefenpsychologie

Die von Freud initiierte psychoanalytische Forschung – im psychologischen Raum als Tiefenpsychologie bezeichnet – hat erbracht, daß nicht nur bestimmte Krankheiten, sondern auch die Persönlichkeitsentwicklung und nicht zuletzt das Verhalten in Krisen und Stress-Situationen von dynamisch unbewußten »im psychosozialen Feld geformten und/oder verformten Trieb- und Abwehrfaktoren« (*Loch*, 1971) entscheidend mitbedingt wird.

Seit nunmehr 70 Jahren ist diese Grundthese der Psychoanalyse sowie das komplexe Geflecht der auf sie aufbauenden Theorie und therapeutischen Praxis in Medizin und Psychologie heftig umstritten. Wer von den jüngsten, diese Thematik betreffenden Diskussionen Kenntnis nehmen will[2], wird m. E. feststellen, daß sie bisher keine gemeinsame Basis für einen wissenschaftlichen Dialog herzustellen vermochten.

Die Frage Beratung mit oder ohne Tiefenpsychologie in der Diskussion mit anderen psychologischen Schulen wie z. B. dem Behaviorismus zu erörtern, ist wenig sinnvoll. Unter diesem Aspekt ist sie nicht beratungsspezifisch, sondern allgemein grundsätzlicher Art. Als spezifisch unser Thema betreffende Frage stellt sie sich vom tiefenpsychologischen Standpunkt her, und dann bewegt sie auch den Praktiker.

Dies trat in meinem Kontakt mit beratenden Psychologen und Studenten eindrucksvoll zutage. Bei der Suche nämlich nach einer Strategie für die Erforschung unseres Themas bot sich zunächst die Möglichkeit an, von den Erfahrungen der Praktiker auszugehen. Angeregt von *Balints* Vorgehen bei seiner Untersuchung über »Psychotherapeutische Techniken in der Medizin«, habe ich mit Fachkollegen und einer kleineren Gruppe von Studenten ein Seminar veranstaltet, in dem die Teilnehmer von ihren Fällen berichteten und das jeweilige beratungstechnische Vorgehen unter sich und mit zwei Psychoanalytikern diskutierten. In diesem Kreis von ausschließlich tiefenpsychologisch orientierten Kollegen zeichneten sich bald zwei Gruppen ab,

[2] Vgl. z. B. Ciba Foundation: Symposium on the rôle of learning in psychotherapy, 1968, Standard Book Number 700013806. *Bachmann, C. H.* (Ed.), Psychoanalyse und Verhaltenstherapie, 1972, Fischer Taschenbuch Verlag, Frankfurt/M.

die bezüglich der Art des Vorgehens bei Beratungen unterschiedliche Positionen vertraten. Man könnte sie als eine positiv-psychotherapeutisch identifizierte und eine negativ-psychotherapeutisch identifizierte Gruppe bezeichnen.

Die erstgenannten Praktiker neigten dazu, die Probleme ihrer Klienten als Abkömmlinge infantiler Konflikte zu verstehen. Sie versuchten, ihnen durch eine Art tiefenpsychologischer Symptomanalyse zu helfen, wobei manche von ihnen es verstanden, mit Einfühlungsvermögen und Geschick eine erlebnishafte Einsicht zu vermitteln.

Die negativ-psychotherapeutisch identifizierten Praktiker hingegen vermieden es bewußt und manchmal fast ängstlich, solche infantilen Konfliktanteile in ein Beratungsgespräch einzubeziehen, obwohl sie selbst deren wahrscheinliche Bedeutung für das anstehende Problem erkannten. Sie behielten diese Einstellung sogar in bezug auf relativ bewußtseinsnahe Konfliktanteile bei, die man mittels Konfrontation und Klarifikation relativ leicht — und wahrscheinlich hilfreich — in ihrer Bedeutung für gewisse Hemmungen oder übertriebene Ängste des Ratsuchenden hätte aufzeigen können. Ihre Begründung, so zurückhaltend vorzugehen, lautete: »Ich weiß nicht, was womöglich alles aufgerissen wird, wenn ich an solche Zusammenhänge rühre und wenn ich es dann nicht kundig auffangen kann, riskiere ich, alles noch schlimmer zu machen.«

Ihr Vorgehen bestand darin, daß sie dem Ratsuchenden Gelegenheit zu erleichternder Aussprache boten. Dadurch konnte oft in Verbindung mit aufklärender Information und suggestiver Verstärkung der Frustrationstoleranz das oft hypertrophierte Problemerleben des Ratsuchenden entschärft werden. Der bis dahin in seiner eigenen Aktivität gelähmte oder festgefahrene Ratsuchende wurde so mehr bereit, neuartige, zumutbare Anpassungsmuster, die der Berater ihm vorschlug, zu versuchen.

Es fiel nun bald auf, daß auch an Außenkriterien gemessen befriedigende Resultate bei dieser zweiten Psychologengruppe häufig nicht von einer entsprechenden Zufriedenheit begleitet wurden. Sie erlebten ihr berufliches Handeln als »Zudecken«- oder »Zurechtflicken«-Müssen. Dieses Gefühl der beruflichen Unzulänglichkeit ist weniger durch mangelhaftes psychologisches Können als vielmehr durch eine eigene Enttäuschung, das eigentlich Notwendige — nämlich: Psychotherapie — nicht anbieten zu können, bedingt.

Auf diese Weise wurden wir in unseren Seminaren mit den — im übrigen seit längerem erkannten — Identitätsproblemen des klinischen Psychologen konfrontiert (*Schraml*, 1970a). Vom klinischen Psychologen, der ohne therapeutische Zusatzbildung eine Stelle in der Erziehungs-, Familien-, Lebensmüdenberatung, in heilpädagogischen Heimen, in Gefängnissen, bei Institutionen der Bewährungshilfe oder der Rehabilitation etc. antritt, wird erwartet, daß er kundig und methodisch gut gerüstet ist, um Menschen in ihren Problemen und Schwierigkeiten psychischer Art helfen zu können. Seine Ausbildung jedoch — insbesondere wenn sie betont tiefenpsychologisch ausgerichtet ist — vermittelt ihm den Eindruck, daß nahezu alle »Schwierigkeiten« eines Klienten-Ausdruck zugrundeliegender neurotischer Konflikte sind. Er ist über die Methoden der Therapie zwar ausgiebig informiert, hat es aber im Laufe seiner Ausbildung nicht gelernt, diese in praxi anzuwenden. Als eine der wenigen Alternativverfahren klinisch-psychologischer Hilfestellung wird dem Psychologen die Beratung zugebilligt, für die sein Fachstudium ihm jedoch nur dürftige methodische Richtlinien bietet (*Däumling*, 1970). Aus diesen Gegebenheiten ziehen einige die Konsequenz, Beratung im Sinne von Analyse zugrunde liegender infantiler Konflikte anzuwenden. Zumindest wegen der fehlenden öffentlichen Qualifikation müssen sie dabei in Rollen- und Identifikationskonflikte geraten. Es ist deutlich, daß die andere Gruppe sich nur dadurch von der ersteren unterscheidet, daß sie dieselben Konflikte anders verarbeitet.

Ähnlich unterschiedliche Standpunkte bezüglich der Einbeziehung von Tiefenpsychologie in die klinisch-psychologische Beratung werden auch in der Literatur vertreten. Die beiden oben zitierten psychoanalytischen Autoren *Bordin* und *Richter*, die Beratung als eine akzidentelle Modifikation von Psychotherapie auffassen, gehen konsequenterweise davon aus, daß der beratende Psychologe in seiner Kommunikation mit dem Klienten *grundsätzlich* auf dynamisch Unbewußtes Bezug nehmen soll, sofern dies für die Erhellung der aktuellen Konfliktkonstellation hilfreich und im »setting« einer Beratung angemessen ist.

Andere Autoren wie *Schraml* (1958), *Däumling* (1970) und *Loch* (1970) ziehen die Grenze zwischen analytischer Psychotherapie und Beratung gerade nach dem Kriterium, ob unbewußte Inhalte gedeutet werden oder nicht. *Loch* (1970, S. 33) formuliert z. B.: »Die Beratung hört dort auf, wo die Deutung ›dynamisch unbewußten‹ Materials, unbewußter Erlebnisweisen anfängt.«

In dieser Weise läßt sich zwar eine eindeutige Grenze zwischen Psychotherapie und Beratung ziehen, aber man gelangt dabei zu einer weitgehend negativ bestimmten Definition. *Loch* beschreibt Beratung z. B. nach dem Maßstab und aus dem Blickwinkel der psychoanalytischen Therapie: Beratung verzichtet auf Deutung unbewußten Materials, verwendet aber sonstige Mittel wie Katharsis, Klarifikation, Reflexion und Konfrontation, die auch vom analytischen Therapeuten benutzt werden. Gewiß wollte der Autor nicht behaupten, daß beide Verfahren sich durch die Anzahl ihrer Mittel unterscheiden. Die Frage jedoch, in welcher von Psychoanalyse verschiedenen konfigurativen Ordnung und Zielsetzung diese Mittel in einer Beratung angewendet werden, bleibt offen. Sie kann m. E. auch nicht ohne eine Analyse des »Beratens« im klinisch-psychologischen Feld geklärt werden.

Jedenfalls ist die Einbeziehung tiefenpsychologischer Zusammenhänge in eine beratende Hilfestellung eine bisher nicht eindeutig beantwortete Frage. In Anbetracht der Tatsache, daß nach psychoanalytischer Auffassung aktuelle Krisen — die allgemein als Indikationsbereich für Beratung angesehen werden — in den seltensten Fällen völlig bewußt oder vorbewußt ablaufen, erscheint es zweckmäßig, auf der Grundlage einer Analyse des Beratungsvorganges und der Psychologie der Krisen zu untersuchen, ob und wie unbewußte Prozesse und Motivationen in einer klinisch-psychologischen Beratung berücksichtigt werden können und sollen.

Es ist zu erwarten, daß eine Klärung dieser Frage dazu beitragen kann, den Stellenwert von Beratung in der klinischen Psychologie, d. h. die ihr eigene Funktion bei der Förderung der psychischen Gesundheit, adäquater zu definieren.

1.3. Thematische Gliederung

Bei der selbstgestellten Aufgabe, ein Konzept der klinisch-psychologischen Beratung zu entwickeln, werde ich mich daher auf drei Hauptthemen konzentrieren.

a) Ist Beratung als eine nur akzidentell von Therapie unterschiedene Methode aufzufassen, oder kann sie eine auf ein spezifisches Ziel mit spezifischen Mitteln hinarbeitende Technik darstellen.
b) In welcher Weise unterliegen aktuelle psychosoziale Krisen — die allgemein als Indikationsbereich für Beratung angesehen werden — im Entstehen, Fortbestand und Zuspitzung dem Einfluß unbewußter Vorgänge und Motivationen.
c) Inwieweit erfordert und erlaubt es eine Beratung nach ihrer Zielsetzung und gemäß ihrer Mittel, daß auf unbewußte Motivationen des Klienten eingegangen wird.

1.4. Die psychoanalytische Theorie als Bezugssystem der nachfolgenden Untersuchungen

Die Entwicklung eines Beratungskonzepts kann m. E. nur im heuristischen Bezugsrahmen einer übergeordneten Theorie vorgenommen werden. Prinzipiell kann dafür jede umfassende psychologische Theorie wie z. B. Lerntheorie, gestaltpsychologische Feldtheorie oder phänomenologische Psychologie gewählt werden. Es ist klar, daß jede Wahl eine gewisse Vorentscheidung darstellt und – bei der gegebenen Unzulänglichkeit der psychologischen Theorien – eine Einengung des Blickfeldes impliziert.

Für den hier zu entwickelnden Ansatz habe ich — meiner eigenen fachlichen Orientierung entsprechend — die psychoanalytische Theorie gewählt. Die obige thematische Hauptgliederung läßt bereits diesen Standort erkennen. Der Leser darf deswegen keine allseitige Behandlung des Themas erwarten. Es ist a priori anzunehmen, daß sich aus einer anderen Sicht wie z. B. der Lerntheorie, der Lewinischen Feldtheorie oder Rogersschen Selbst-Theorie Hypothesen und Strategien der Beratung entwickeln lassen, die Alternativen, Ergänzungen, Korrekturen oder Präzisierungen zu den hier vertretenen darstellen.

Die psychoanalytische Theorie soll im folgenden heuristisch angewendet werden. Eine Anzahl in ihr enthaltener Hypothesen über psychische Bedingungszusammenhänge und Gesetzmäßigkeiten soll als Leitfaden dienen, um die spezielle zwischenmenschliche Interaktionsform der Beratung hypothetisch zu definieren und eine Psychologie der an ihr beteiligten Personen zu entwerfen. Das Gefüge der so zu gewinnenden Hypothesen soll eine prüfbare Theorie der Beratung ergeben. Die Strategie derartiger empirischer Überprüfungen wird zumindest in Umrissen und Ansätzen vorzuzeichnen sein.

Zu der Fundierung der Arbeit in der psychoanalytischen Theorie dürften einige Bemerkungen wissenschaftstheoretischer Art nützlich sein. Bereits der Umstand, daß sowohl im psychoanalytischen Schrifttum[3] der letzten Dezennien als auch in auffallend

[3] *Benjamin, J. D.* (1950): Methodological considerations in the validation of psychoanalytical personality theory. Amer. J. Orthopsychiat. 20, 139–156; *Benjamin, J. D.* (1959): Prediction and Psychopathological Theory. In: Dynamic Pathology in Childhood, ed. by *L. Jessner* and *E. Pavenstedt*, New York (Grune & Stratton); *Escola, S.* (1952): Problems in psychoanalytic research. Int. J. Psychoanal. 33; *Klauber, J.* (1968): On the Dual use of historical and scientific method in psychoanalysis. Int. J. Psychoanal. 49, 80–87; *Kohut, H.* (1959): Introspection, empathy and psychoanalysis. J. Am. Psycho-

vielen wissenschaftstheoretischen Abhandlungen[4] die Wissenschaftlichkeit der Psychoanalyse intensiv diskutiert wurde, zeigt, daß Psychoanalytiker sich mit den Problemen der wissenschaftlich-methodischen Fundierung ihres Vorgehens, das Forschung und Praxis in einem darzustellen beansprucht, ernsthaft auseinandersetzen, und daß andererseits die Psychoanalyse das Denken und die Reflexion der Erkenntnisphilosophen anzuregen und zu beschäftigen vermag.

Es würde nicht nur den Rahmen dieses Buches, sondern auch meine Kompetenz überschreiten, diese komplexe Problematik zu

anal. Ass. 7, 459—483. — Dt. in Psyche 25, 831—855; *Kuiper, P. C.* (1964): Verstehende Psychologie und Psychoanalyse. Psyche 18, 15—32. *Kuiper, P. C.* (1965): Diltheys Psychologie und ihre Beziehung zur Psychoanalyse. Psyche 19, 241—249. *Lorenzer, A.* (1970): Sprachzerstörung und Rekonstruktion. Frankfurt (Suhrkamp); *Mentzos, S.* (1973): Psychoanalyse — Hermeneutik oder Erfahrungswissenschaft, Psyche 27, 832—849; *Rapaport, D.* (1960): Die Struktur der psychoanalytischen Theorie. Stuttgart (Klett); *Rapaport, D.* (1967): On the Psychoanalytic Theory of motivation. In: The Collected Papers of David Rapaport, ed. by M. M. Gill. New York (Basic Books); *Rapaport, D.* u. *Gill, M.* (1959): The Points of view and assumptions of metapsychology. Int. J. Psychoanal. 40, 153; *Rosenkötter, L.* (1969): Über Kriterien der Wissenschaftlichkeit in der Psychoanalyse. Psyche 23, 181; *Sargent, H. D.* et al. (1968): Prediction in Psychotherapy Research: A Method for the Transformation of Clinical Judgments into Testable Hypotheses. Psychol. Issues 6, Monogr. 21; *Schmidl, F.* (1955): The Problem of scientific validation in psychoanalytic interpretation. Int. J. Psa. 36, 105—113; *Thomä, H.* u. *A. Houben* (1967): Über die Validierung psychoanalytischer Theorien durch die Untersuchung von Deutungsaktionen. Psyche 21, 664—692; *Thomä, H.* u. *Kächele, H.* (1973): Wissenschaftstheoretische und methodologische Probleme der klinisch-psychoanalytischen Forschung. Psyche 27, 205—236, 309—355; *Waelder, R.* (1962): Psychoanalysis, scientific method, and philosophy. J. Am. Psychoanalys. Ass. 10, 617—637; *Waelder, R.* (1966): Über psychischen Determinismus und die Möglichkeit der Voraussage im Seelenleben. Psyche 20, 5—28.

[4] *Abel, Th.* (1953): The Operation called Verstehen. In: *Feigl* and *Brodbeck* (Eds.): Readings in the Philosophy of Science. New York (Appleton-Century-Crofts); *Apel, K.-O.* (1971): Szientistik, Hermeneutik, Ideologiekritik. In: Hermeneutik und Ideologiekritik. Frankfurt (Suhrkamp); *Farrell, B.-A.* (1961): Can psychoanalysis be refuted? Inquiry 1, 16—36; *Feigl, H.* and *Scriven, M.* (Eds.) (1962): The foundations of science and the concepts of psychology and psychoanalysis. Minneapolis; *Gadamer, H. G.* (1965): Wahrheit und Methode — Anwendungen einer philosophischen Hermeneutik. Tübingen (Mohr/Siebeck); *Gadamer, H. G.* (1971): Replik. In: Hermeneutik und Ideologiekritik. Frankfurt (Suhrkamp); *Habermas, J.* (1967): Zur Logik der Sozialwissenschaften. Phil. Rundschau, Beiheft 5; *Habermas, J.* (1968): Erkenntnis und Interesse. Frankfurt (Suhrkamp); *Hook, S.* (Ed.) (1959): Psychoanalysis, Scientific Method and Philosophy. New York (Int. Univ. Press); *Kaplan, A.* (1964): The conduct of inquiry. Methodology for Behavioral Science. San Francisco; *Popper, K.* (1969 b): Das Elend des Historizismus. Tübingen (Mohr/Siebeck), 3. Aufl.

erörtern. Wohl aber sollen jene Auffassungen, die für das methodische Vorgehen in den nachfolgenden Kapiteln richtungweisend sind, hier kurz referiert werden. Hierzu nehme ich Bezug auf Veröffentlichungen von *Thomä/Houben* (1967) und *Thomä/Kächele* (1973).

Als Theorie befindet die Psychoanalyse sich noch in einem unvollkommenen Status.

1. Sie enthält viele Begriffe, die nicht eindeutig und präzise definiert, oder überhaupt derart weitgefaßt und global sind, daß sich ihr Bedeutungsgehalt erst durch gliedernde Spezifizierung auffächern läßt. Der Bedeutungswechsel mancher Begriffe innerhalb der Schriften *Freuds* und zwischen psychoanalytischen Autoren konfrontiert uns regelmäßig mit diesem Tatbestand und erschwert das Studium der Psychoanalyse erheblich.

2. Die Interrelationen der verschiedenen Hypothesen und Teilbereiche der analytischen Theorie sind allenfalls bruchstückhaft oder in Ansätzen bestimmt. Daraus ergeben sich häufig Mängel der logischen Konsistenz. In der Einleitung zu seinem Versuch, eine »Systematisierung der psychoanalytischen Theorie zu unternehmen« hat *Rapaport* (1960) die Rechtzeitigkeit des eigenen Vorhabens angezweifelt, »wegen der Unsicherheit, ob wir *noch nicht in der Lage sind,* sie (die Querschnitte der Theorie; Verf.) systematisch untereinander zu verknüpfen, oder ob sie nicht verknüpft zu werden *brauchen* oder nicht verknüpft werden *können*« (*Rapaport* 1960, S. 13). Obgleich gerade *Rapaports* theoretische Arbeiten und eine Reihe Veröffentlichungen von *Sandler, Joffe, Moser* und *Loch* die Systematisierung der Theorie vorangetrieben haben, muß auch heute noch hingenommen werden, daß die Regeln für die Interaktion der verschiedenen hypothetischen Gebilde, wie Trieb-, Entwicklungs-, Struktur- und Anpassungstheorie noch lückenhaft sind.

3. Gerade aus dieser Lückenhaftigkeit ergeben sich Komplikationen bei der Ableitung von Korrespondenzregeln zur Empirie.

Die Überprüfung der meisten theoretischen Hypothesen – in den Humanwissenschaften ohnehin mit besonderen Schwierigkeiten behaftet – wird in der Psychoanalyse darum bereits bei der Konzeption der Versuchsanordnung, und mehr noch bei der Interpretation der Ergebnisse belastet.

Dies bedeutet aber nicht, daß die psychoanalytische Theorie grundsätzlich unüberprüfbar sei, wie sich z. B. *Nagel* (1959) und *Hook* (1959) geäußert haben. Auf diesen Punkt werde ich später noch zurückkommen.

Der — hier summarisch beschriebene — unvollkommene Status der Psychoanalyse als Theorie schränkt zwar ihre Validität ein, rechtfertigt es aber nicht, ihr die Wissenschaftlichkeit abzusprechen. »Eine Wissenschaft kann durchaus eine ›gute Wissenschaft‹ sein, ohne schon für eine systematische Darstellung« (die klare Begriffe und eindeutig definierte Interrelationen zwischen ihnen impliziert; Verf.) »reif zu sein; alle alten Wissenschaften waren einmal in dieser Lage« (*Rapaport*, 1960, S. 12).

Es wird allgemein anerkannt, daß eine unvollkommene oder sogar dubiose Theorie einen bedeutenden heuristischen Wert haben kann, »wenn sie dazu beiträgt, neue Bereiche der Forschung zu erschließen und wenn sie eine Quelle fruchtbarer Ideen für kontrollierte Untersuchungen ist« (*Nagel*, 1959, S. 55).

Gerade in dieser Hinsicht ist der wissenschaftliche Wert der Psychoanalyse hoch einzuschätzen, weil sie zumindest einen großen Teil ihrer Hypothesen in enger Verbindung mit einer Beobachtungsmethode entwickelt hat, die einen langfristigen Kontakt mit subtilsten individuellen und zwischenmenschlichen Regungen gestattet, wie keine Befragung, kein Test, keine physiologische Messung oder Verhaltensbeobachtung dies ermöglicht. Auf die Frage der Legitimität und der Verläßlichkeit der psychoanalytischen Beobachtungsmethode werde ich später noch zurückkommen.

Diese hohe Einschätzung des heuristischen Wertes der Psychoanalyse bedeutet nun keineswegs, daß sie für die nachfolgenden Untersuchungen zur Beratung vorbehalt- und kritiklos herangezogen werden kann. Eher ist das Gegenteil der Fall.

Wenn wir das Ziel eines prüfbaren Beratungskonzepts erreichen wollen, dann wird es nötig sein, psychoanalytische Begriffe und Gesetzmäßigkeiten, die wir heranziehen wollen, zu klären und möglichst präzise zu bestimmen. Außerdem werden wir uns mit klinischen Erfahrungen beschäftigen müssen, die Anlaß zu Zweifel an einzelnen psychoanalytischen »Lehrmeinungen« geben und uns um Präzisierungen, Modifikationen und Ergänzungen bemühen müssen.

Außer einer heuristischen Verwendung der psychoanalytischen Theorie ist im folgenden auch eine Anlehnung an ihre Methode der verstehenden und deutenden Beobachtung vorgesehen. Deswegen sind abschließend einige Bemerkungen über das Verhältnis von Verstehen, Deuten und erklärender Theoriebildung erforderlich.

In Übereinstimmung mit *Thomä* und *Kächele* (1973) fasse ich Psychoanalyse nicht als *reine* Verstehenspsychologie im Sinne der Tiefenhermeneutik (*Lorenzer*, 1970, *Habermas*, 1968) auf, sondern als eine Wissenschaft, die menschliche Verhaltensweisen und ihre psychosozialen Motivationen im kontrollierten Interaktionsfeld des sich mitteilenden Patienten bzw. Klienten und des verstehend-deutenden Psychoanalytikers untersucht. In einer Spiralbewegung dieser beiden sich rückkoppelnd stimulierenden und kontrollierenden Prozesse gelangt der Wissenschaftler zunächst zu einer verstehenden Beschreibung psychischer Phänomene. Anschließend muß er sich um ihre Erklärung, d. h. ihre hypothetische Einordnung in kausale, dispositionelle, funktionale oder historische Zusammenhänge bemühen. Schließlich ist die Erklärung empirisch zu falsifizieren-verifizieren bzw. sind empirische Untersuchungen durchzuführen, die geeignet sind, sie progressiv zu bestätigen oder in Frage zu stellen.

In seinem Buch »The Conduct of Inquiry, Methodology for Behavioral Science« legt *Abraham Kaplan* (1964) der Unterscheidung von »act« und »action«, »act meaning« und »action meaning« große Bedeutung für die Methodenlehre der »behavioral sciences« bei. Wenn man »act« mit Verhalten und »action« mit Handlung übersetzt, dann ist mit Verhalten in diesem Zusammenhang eine Reihe biophysischer Operationen und Bewegungen gemeint, und mit Handlung das Verhalten in seiner intentionalen Ausrichtung, unter Einbeziehung von Zweck und Sinn, die es für den Handelnden selbst und für seine Interaktions-Partner hat. Letzteres bezeichnet *Kaplan* als »act meaning«, übersetzt: Verhaltens-Sinn. Dieser ist subjektiver und sozialer Bestandteil jeder Handlung.

»Action meaning«, oder übersetzt Handlungsbedeutung, ist die Bedeutung, die eine Handlung für den sich mit ihr befassenden Wissenschaftler hat, also in der Perspektive auf eine Theorie oder sonstige wissenschaftliche Erklärung.

Kaplans Ansicht, daß sich Verhaltenswissenschaften mit Prozessen befassen, die einen (inter)subjektiven Sinngehalt als essentiellen Anteil haben, mag in der von ihm vertretenen Form für den strengen Behaviorismus nicht gelten[5], sie trifft jedoch zweifellos für die Psychoanalyse zu.

Gerade insofern »Handlungen« Gegenstand der Verhaltenswissenschaften allgemein und der Psychoanalyse insbesondere sind, ist in diesen Disziplinen eine Beobachtungsmethode erforderlich und angemessen, die nicht nur Verhalten (»acts«), sondern auch die subjektiven und sozialen Sinngehalte registriert.

[5] Der strenge Behaviorismus zieht Motive und Intentionen nur insofern sie in Verhaltenstermini beschrieben werden können, in Betracht. Eine Handlung oder action ist ein Verhalten, das als eine Komponente eines Komplexes anderer »acts« betrachtet wird.

Auf dieser Grundlage hat *Kaplan* die Legitimität von Introspektion, einfühlendem Verstehen, Gegenübertragungsanalyse und sog. »teilnehmender Beobachtung« als Methode der Datensammlung in den Verhaltenswissenschaften begründet, zugleich aber auch hervorgehoben, daß sie nicht ihre eigene Validierung darstellen. Für die Psychoanalyse haben insbesondere *Thomä* und *Kächele* die unverzichtbare Notwendigkeit dieser Zweiteilung ihrer Forschung in einem zur Hypothesenbildung führenden Verstehensprozeß und einem Vorgang der wissenschaftlichen Erklärung mit nachfolgender empirischer Prüfung begründet.

Was die empirische Verifikation ihrer Erklärungen anbetrifft, ist der Psychoanalyse oft (vgl. u. a. *Nagel* [1959], *Hook* [1959]) vorgeworfen worden, daß ihre umfassende Anwendung des Prinzips der Überdeterminiertheit psychischer Akte dazu führe, daß sie grundsätzlich nicht-falsifizierbare Aussagen mache. Wenn ein Psychoanalytiker z. B. auf Grund der in einem Interview erhobenen Daten die Aussage machen würde, daß eine Person X im Zusammenhang eines ungelösten ödipalen Konflikts heftige Aggressionen gegen seinen Vater hegt und ihm auf Grund der Empirie entgegengehalten würde, daß im Gegenteil X große Zuneigung und Fürsorglichkeit für seinen Vater zeige, dann wäre der Analytiker nicht genötigt, seine Aussage zurückzunehmen. Er würde nämlich auf die Abwehr verweisen und argumentieren, daß die Aggressionen des X eine Reaktionsbildung erfahren hätten. Die Vorhersage müßte sich demnach auf jeden Fall erfüllen und könnte nie falsifiziert werden. Der Einwand wird von *Thomä* und *Kächele* eingehend diskutiert (S. 331–335).

Ich begnüge mich hier – an mein obiges Beispiel anknüpfend – mit einem exemplarischen Hinweis. Bei einer logischen Ableitung aus der Theorie sollte die Vorhersage so abgefaßt werden, daß sie auf der Ebene der Beobachtung sowohl offen aggressives Verhalten als auch Äußerungen abgewehrter Aggressionen, definiert und zu einer Klasse zusammenfaßt. Gestützt auf die psychoanalytische Theorie der Abwehr und der Symptombildung, lassen sich nämlich für abgewehrte, d. h. bis hin zu ihrer Verkehrung ins Gegenteil entstellte Aggressionen Merkmale angeben, wodurch sie sich von freundlich zugeneigtem Verhalten unterscheiden.

Obgleich die Abgrenzung im Einzelfall unscharf sein mag, lassen sich Klassen von Beobachtungen definieren, die zumindest im statistischen Gruppenvergleich eine Widerlegung der Aussage ermöglichen.

2. Sozialpsychologische Analyse des Beratungsprozesses

Bei einer Durchsicht der nicht sehr umfangreichen Literatur über den Beratungsprozeß fällt auf, daß die Autoren, vielfach von der Wortbedeutung ausgehend, zu einer recht idealisierenden Auffassung über die zwischenmenschliche und gesellschaftliche Funktion von Beratung gelangen. Teilweise wird dabei mehr Gewicht auf die Expertenfunktion des überlegenen Beraters gelegt, teilweise wird – deutlich in einer Gegenbewegung zum ersteren – die partnerschaftliche Beziehung mit Teilung der Verantwortung hervorgehoben.

2.1. Beratung als fachmännische psycho-hygienische Beeinflussung

So beschreibt *Däumling* (1970, S. 239–245) psychologische Beratung als eine »verbale Äußerung, die auf einen bestimmten Anlaß in der Absicht erfolgt, ein mehr oder minder vorauszusehendes Verhalten hervorzurufen«. Das Vertrauen in die »eingehenden psychologischen Studien und entsprechenden Erfahrungen« des Fachmannes und seiner »planvoll angesetzten psychologischen Untersuchung« führt zu einer Auffassung von Beratung, die den Ratsuchenden zum Objekt des besser Bescheid wissenden Psychologen werden läßt. Dieser soll zwar – nach *Däumling* – die Entscheidungsfreiheit des Ratsuchenden berücksichtigen oder auch in besonderen Fällen damit rechnen, daß sein Gegenüber in einem unbewußten Racheakt die guten Ratschläge pervertieren könnte. Aber dem ist durch geeignetes Vorgehen zu begegnen, so daß »eine erhöhte Bereitschaft, den Empfehlungen des Fachmannes zu folgen«, geschaffen wird. »Die hohe Kunst der Beratung besteht somit darin, die Maßnahmen, die der Experte für angezeigt erachtet, den Klienten selbst finden zu lassen« (S. 244).

Eine ähnliche, auf idealisierende Einschätzung der Psychologen-Kompetenz beruhende Auffassung von Beratung treffen wir bei *G. Schubenz* an (1968, S. 1–8). Dieser Autor möchte Beratung im eigentlichen Sinn auf solche Vorgänge beschränken, die von der Initiative eines Ratsuchenden ihren Ausgang nehmen. »Ein Ratsuchender ist«, nach Auffassung von *Schubenz,* »ein Mensch, der eigenes Verhalten aus zwingenden

Gründen ändern möchte« in Richtung »auf genauere Anpassung an die gegebene Ordnung.« Er wendet sich an einen Berater, weil er »von der speziellen Erfahrung zu profitieren wünscht, die der Ratgeber ihm ... voraus hat«, nämlich von einer »Erfahrung, gebildet an eigenem Verhalten des Ratgebers, das die gegebene Ordnung der Gesellschaft nicht tangiert hat«.

Man gewinnt den Eindruck, daß solche anthropologisch-soziologischen Konstruktionen als Rationalisierung dienen mußten, um für den klinischen Psychologen gewissermaßen die Rolle eines modernen Medizinmannes zu beanspruchen, der nicht nur mit überlegenen Fachkenntnissen, sondern auch als Besitzer einer philosophisch reflektierten gesellschaftsgebundenen Ethik im Auftrage seiner ganzen Gesellschaft Rat erteilt (vgl. S. 7).

2.2. Beratung als partnerschaftlicher Prozeß

Erna Hruschka (1969) faßt – in ihrer theoretisch-psychologischen Analyse des institutionalisierten Beratungsprozesses – die Auffassung verschiedener Autoren wie *Lippitt* (1961), *Rheinwald* (1964), *Bollnow* (1959) et al. dahingehend zusammen, daß Beratung eine soziale Interaktion ist, deren Zweck und Ziel »Hilfe beim Lösen konkreter Probleme« ist (S. 18). »Ein Berater wird nur dann tätig, wenn der Klient sich seines Problemes so weit bewußt ist, daß er um Hilfe nachsucht«, und er »soll seinem Klienten die Entscheidung nicht abnehmen« (S. 50), »sondern ihn befähigen, eine echte Entscheidung selbst treffen zu können. Letzteres setzt voraus, daß die menschliche Beziehung partnerschaftlich ist« (S. 18). Dem Ratsuchenden wird in dieser Auffassung eine aktive Rolle, Aufgabe und Verantwortung zuerkannt. *Hruschka* zitiert in diesem Zusammenhang *Bollnow* (1959, S. 78) zustimmend: »Die Beratung stellt sich ... selbstlos in den Dienst der vom anderen zu fällenden Entscheidung.«

Ruth Bang (1964) bezeichnet es als das Arbeitsziel des Caseworkers (Einzelfallhilfe), mittels einer »helfenden Beziehung« einen Wandel im Denken, Fühlen, Verhalten und Handeln der Klienten zu erreichen (s. S. 94). Ein emotionales Angebot von Wohlwollen, Sorge um den anderen, Interesse und Anteilnahme seitens des Caseworkers soll es dem Klienten ermöglichen, seinerseits eine von positiven Gedanken und Gefühlen getragene Beziehung zum Caseworker herzustellen. Aus dem inneren »Für-Sich-Bleiben« der ersten Kontaktaufnahme wird dann eine partnerschaftliche Interaktion: vertrauensvolles Sich-Öffnen seitens des Klienten, und einfühlend akzeptierendes Verstehen seitens des Caseworkers.

Der Klient gelangt dadurch zu innerem Gleichgewicht und innerer Sicherheit. Er ist nun zur größeren Objektivität disponiert und kann, vom Helfer dazu angeregt und durch dessen unverändert akzeptierende Haltung gestützt, die erforderliche Selbstkritik vornehmen und zu neuen Einsichten gelangen. Eine solche Einsichtgewinnung kann nur stattfinden, und vor allem nur dann dynamisch wirksam werden, wenn sie »im Wege der Identifizierung mit dem Helfenden stattfindet« (S. 123). Durch sie »erhält das Wort des Helfenden Gewicht für den Hilfsbedürftigen, es zählt ... weil die Beziehung zum Helfenden allmählich im Klienten einen positiven Gefühlswert erhält«.

In einer letzten Phase der Einzelfallhilfe — in dem »praktischen Üben« der neu gewonnenen Einsichten — soll der Caseworker als Lehrer im »Lernen aus Erfahrung« fungieren. Sofern er es als seine wesentlichste Aufgabe ansieht, daß er vom Klienten als reife Autorität erlebt werden kann, bleibt die partnerschaftliche Beziehung gewährleistet oder gipfelt sogar in der »Vermittlung eines reifenden Autoritätserlebnisses« (gemeint ist: ein reifer machendes Autoritätserlebnis) (S. 127—129).

Auch *Ertle* (1971) betrachtet Partnerschaft als wichtigste Grundbedingung für effektive Erziehungsberatung. Im Kapitel: Formen der Erziehungsberatung — diskutiert er nacheinander Hilfe durch Ratschläge, durch Informationen und solche mittels Erwägungen und Vorschläge. Er bezeichnet sie alle als offen oder versteckt manipulative und suggestive Techniken, die er entweder ablehnt oder allenfalls nur mit vielen Vorbehalten für die Erziehungsberatung akzeptieren kann.

Im Abschnitt »Partnerschaftliches Gespräch« formuliert der Autor jedoch eine Bedingung, welche eine sinnvolle Verwendung der genannten Techniken ermöglicht. »Wenn er (der Berater) sich von der Vorstellung zu lösen vermag, Ratschläge müssen befolgt, Vorschläge dankend empfangen und Informationen angenommen werden, und sich mit dem Gedanken anfreunden könnte, daß ein Rat abgelehnt, ein Vorschlag brüskiert, eine Information zurückgewiesen wird — auf jeden Fall aber mit der Ablehnung eine psychische Reaktion in Gang kommen kann, dann sind diese Formen (von Beratung) trotz aller Vorbehalte sinnvoll« (S. 168). Sie sind dann »Impulse des Beraters« im Rahmen eines »partnerschaftlichen Gesprächs«, welche dieses »weiterbringen oder eine vorübergehend unterbrochene Beziehung zwischen den Gesprächspartnern wieder aktivieren können« (S. 167).

Ertle scheint in dieser Form der Gesprächsführung ein Instrumentarium zu erkennen, um eine gemäßigte Übertragung besonderer, der Beratung angepaßter Prägung zu fördern und hilfreich zu handhaben. Die »gedämpfte Aktualisierung der Konflikte der Eltern in einer solchen Übertragung« soll ihre Bewältigung und damit auch eine Korrektur der erzieherischen Fehlhaltung ermöglichen[1].

Alle diese Auffassungen von Beratung haben eine gemeinsame Grundkonzeption, die man als »partnerschaftliche Entscheidungshilfe« bezeichnen könnte und den zentralen Werten der modernen westlich-demokratischen Kultur wie Freiheit und Autonomie des Individuums, Gleichberechtigung und brüderliche Hilfe als Maßstäbe für klinisch-psychologisches Handeln großes Gewicht zuerkennt.

Eine praktische Wissenschaft wird sich unausweichlich bei der Erforschung ihres eigenen Gegenstandes anthropologischen, gesellschaftlichen und ethischen Fragen gegenübergestellt sehen, zu denen sie Stellung nehmen muß. Daß solche Entscheidungen auch der Erkenntnisgewinnung und Praxis eine Richtung geben werden, läßt sich nicht übersehen. Aber es kann nun mal keine wertfreie Wissenschaft geben, weil Menschen immer Träger von Werten sind. Wenn Wissenschaftler in den genannten Fragen keine Position beziehen, vollzieht sich der Erkenntnisprozeß und die aus ihm abgeleitete Praxis implizit im Rahmen der introjizierten Normen, Schranken, Vorerwartungen und Werten der jeweiligen Kulturen und Subkulturen, in denen sie leben und arbeiten. Nicht Wertfreiheit, sondern umfassende Reflexion der persönlichen und sozio-kulturellen Werte bzw. der ökonomischen und gesellschaftlichen Verbindungen und die Analyse ihres Einflusses auf den jeweiligen Erkenntnisprozeß bilden die beste Sicherung gegen seine wissenschaftsfremden Verzerrungen.

Bei der Durchsicht jener Literatur, in der eine partnerschaftliche Beratung vertreten wird, fällt an vielen Stellen ein messianischer Geist auf. Partnerschaft wird programmatisch als

[1] *Ertles* Ausführungen über die Rolle der Übertragung in der Beratung lassen einiges an Deutlichkeit zu wünschen übrig. Er handelt sie unter der Überschrift »partnerschaftliches Gespräch« ab und zwar so, daß es den Anschein hat, als wenn bei einer Beratung Partnerschaft in der übertragungsmäßigen Aktualisierung der Konflikte des Ratsuchenden gipfeln sollte. Andererseits spricht er dem Pädagogen-Berater die Befähigung zu einem optimalen Umgang mit der Übertragung ab. Jenen Umgang mit der Übertragung, den *Ertle* dennoch vom Erziehungsberater fordert, konkretisiert er nur in der Empfehlung, die Übertragung »ein Stück weit auf Distanz zu halten« und glaubt, daß dies dadurch ermöglicht wird, daß der Erziehungsberater den Auftrag hat, »Anwalt des Kindes zu sein«. Ich muß gestehen, mir nicht recht vorstellen zu können, wie sich eine solche Anwaltsrolle mit einer partnerschaftlichen Haltung verträgt.

Forderung an beide Beteiligten – Ratsuchenden und Berater – vorangestellt. Dies geschieht ohne vorherige Diskussion der Anwendbarkeit dieses Begriffs für Beratung und ohne zu prüfen, ob die Voraussetzungen für eine so geartete Interaktion der Beteiligten in der Regel erwartet werden können. Es wird ausgegangen von dem, *was sein soll*: eben Partnerschaft. Eine Untersuchung von dem, *was ist*, wird allenfalls oberflächlich oder minimalisierend vorgenommen.

Es entsteht dadurch der Eindruck, daß die Forderung nach partnerschaftlicher Beratung nachhaltig von anthropologischen und gesellschaftlichen Wertvorstellungen mitbedingt ist. Die Frage ist daher zu prüfen, inwieweit dieses Konzept der Psychologie der Beratungssituation bzw. der Wechselbeziehung von Berater und Klient entspricht.

Das Problem gliedert sich in drei Teile:

a) die Anwendbarkeit des Begriffs Partnerschaft für einen Prozeß, der als »Entscheidungshilfe« definiert wird.

b) Die Problematik einer partnerschaftlichen bzw. kooperativen Beratungskonzeption in Anbetracht der Machtverhältnisse zwischen Hilfesuchendem und Helfer,

c) Grenzen einer partnerschaftlichen bzw. kooperativen Beratungsform, insbesondere in der *klinisch-psychologischen Praxis*.

2.2.1. Die Anwendbarkeit des Begriffs Partnerschaft für einen Prozeß, der als »Entscheidungshilfe« definiert wird

Von Partnerschaft sprechen wir – nach allgemeinem Sprachgebrauch – wenn zwei oder mehrere Personen ihre Kräfte, Mittel und Anstrengungen vereinen, um ein *gemeinsames* Ziel zu erreichen. Bei einer Partnerschaft im Wirtschaftsleben ist jeder der Beteiligten fürs Ganze und für die Handlungen des anderen verantwortlich und haftbar. In bezug auf die Ehe – die wichtigste und häufigste partnerschaftliche Institution im persönlichen Bereich – gilt ebenfalls, daß beide zur umfassenden eigenen Aktivität bereit sind und mit einem entsprechenden Einsatz des anderen rechnen, um ein gemeinsames Lebensglück zu erreichen. Die Psychologie und neuere Entwicklungen in der Rechtssprechung treffen sich in der Erkenntnis, daß Krisen oder das Scheitern einer Ehe nicht als Schuldfrage des einen, sondern als gemeinsame Verantwortlichkeit beider zu werten sind. Daraus ergibt sich, daß eine Partnerschaft nur durch freie gegenseitige Wahl und auf einer Basis großen beiderseitigen Vertrauens und Zutrauens zustande kommen kann.

In der oben zitierten Literatur findet man an keiner Stelle

eine explizite Umschreibung dessen, was mit »partnerschaftlich« im Kontext von Beratung gemeint ist. Man gewinnt den Eindruck, daß der Begriff im wesentlichen benutzt wird, um ein Vorgehen des Beraters zu kennzeichnen, das jegliche autoritäre Einflußnahme oder aktiven Eingriff in den Lebensbereich des Patienten ausschließt (*Bang*, S. 147–148), vom Ratsuchenden gleichzeitig Mündigkeit erwartet (*Ertle*, S. 168, *Hruschka*, S. 18) und die Gemeinsamkeit der Anstrengungen zur Erarbeitung einer adäquaten Lösung des Problems betont (*Bang*, S. 147–148, *Hruschka*, S. 14–19).

Mit dem Begriff Partnerschaft scheinen mir diese Interaktionsprozesse idealisierend überzeichnet zu werden. Berater und Ratsuchender verbünden sich ja nicht für ein *gemeinsames* Ziel. Allenfalls macht sich der Berater ein Anliegen des Ratsuchenden vorübergehend für eine bestimmte Stundenzahl zu eigen.

Wenn seitens der genannten Autoren immer wieder gefordert wird, daß der Berater den Entscheidungsspielraum des Ratsuchenden nicht einengen soll, dann kann von partnerschaftlicher Verantwortung – welche sich eben aufs Ganze beziehen und auf gemeinsamer Entscheidung beruhen müßte – keine Rede sein. Gerade der Begriff Entscheidungshilfe fordert ein zurückhaltendes oder vielleicht besser ein begrenztes Engagement des Beraters, das sich darauf beschränkt, mit den Mitteln der Beratung für den Ratsuchenden günstigere Voraussetzungen zu schaffen, seine Lösung des Problems zu finden und zu realisieren. Im Falle einer wirklich partnerschaftlich erlebten Beziehung zum Ratsuchenden, die nach der Wortbedeutung Mitverantwortung fürs Ganze, also in casu für die Richtigkeit der konkreten Entscheidungen und Lösungen selbst beinhalten müßte, würde ein institutioneller Berater nicht nur seine menschlichen Kräfte überfordern, sondern auch im Schicksal des Ratsuchenden verstrickt werden. Damit aber würde er jene Distanz von der zu erörternden Problematik aufgeben, die neben anderem ihn in die Lage versetzt, ausgewogener und weniger affektverzerrt als der Klient wahrzunehmen, zu urteilen und abzuwägen.

Die Koppelung der Begriffe Entscheidungshilfe und Partnerschaft zur Beschreibung des Beratungsvorganges ist daher als eine widersprüchliche anzusehen.

Hruschka (S. 90) bringt ein Zitat von Goethe (1831, zu Eckermann), das dieses Dilemma deutlich anzeigt. »Es ist mit dem Ratgeben ein eigenes Ding, und wenn man eine Weile in der Welt gesehen hat, wie die gescheitesten Dinge mißlingen, und das Absurdeste oft zu einem glücklichen Ziel führt, so kommt man wohl davon zurück, jemandem einen Rat erteilen zu wollen. Im Grunde ist es auch von dem, der einen Rat verlangt, eine

Beschränktheit und von dem, der ihn gibt, eine Anmaßung. *Man sollte nur Rat geben in Dingen, in denen man selber mitwirken will.*« (Kursiv vom Verf.). Für Probleme eines anderen will sich Goethe nur im Sinne gemeinsamer partnerschaftlicher Austragung engagieren, und er verbindet damit bewußt und konkreterweise eine Einschränkung des Entscheidungs- und Handlungsspielraumes des Partners.

So verstanden, würde Beratung die Bedeutung des gemeinsamen Sich-Überlegens und Planens einer gemeinsam zu verwirklichenden Aufgabe erhalten. Es ist ohne weiteres deutlich, daß ein solches Engagement für institutionelle Beratung nicht realisierbar ist. Außerdem dürften die »Beschränktheit« und die »Anmaßung«, von denen Goethe spricht, wesentlich größer werden, wenn einer glaubt, nur beraten zu sollen, wenn er auch »selber mitwirken will« und kann. Eine solche Intention würde ja implizieren, daß man jedem eigenständigen Können des anderen mißtraut, aber auf die eigene Zuverlässigkeit baut. Demgegenüber impliziert Entscheidungshilfe weniger Anmaßung auf seiten des Beraters, sofern er dem Ratsuchenden die letzte Entscheidung und ihre Durchführung überläßt.

Man kann mit Recht einwenden, daß die genannten Autoren — wie wir bereits ausführten — den Terminus »partnerschaftlich« nicht in diesem enggefaßten eigentlichen Sinn verwenden, wie ich es oben getan habe. Dasjenige, was sie mit der Bezeichnung »partnerschaftlich« tatsächlich meinen, ist in dem Begriff Entscheidungshilfe bereits enthalten. Der Zusatz »partnerschaftlich« dient offensichtlich dazu, sich nachdrücklich von einer Beratungskonzeption im Sinne fachmännischer Beeinflussung abzusetzen und jeden Verdacht auszuräumen, daß Beratung als Instrument der Manipulation oder der gesellschaftlichen Beherrschung benutzt oder sogar systematisch eingesetzt werden könnte. (Vgl. *Hruschka*, S. 19, S. 89—91, S. 105—107; *Bang*, S. 120—124, S. 143—148; *Ertle*, S. 8—10, S. 162). Auf die sozialpsychologischen und gesellschaftspolitischen Aspekte dieser Problematik soll unter ad b) eingegangen werden.

Vorher eine Bemerkung darüber, was mit der wohlgemeinten Zufügung »partnerschaftlich« tatsächlich bewirkt wird. Bei der Analyse der konkreten Verfahrensregeln für das Vorgehen des Beraters stößt man bei den genannten Autoren auf technische Konzepte, welche die programmatisch so nachdrücklich abgelehnte Manipulation in Form von geschickter Steuerung und unter planmäßiger Ausnützung psychischer Mechanismen und psychologischer Gesetzmäßigkeiten ermöglichen und fördern. *Ruth Bangs* Vorstellungen über den Caseworker als Lehrer im »Lernen aus Erfahrung« (S. 125), über eine legitime Überlegenheit (S. 144) und das von ihm dem Klienten zu vermittelnde »reifende Autoritätserlebnis« (S. 127 f.) bedeuten doch, daß Normen und Maßstäbe des Beraters für eine befriedigende Lebensbewältigung mit psychologischem Geschick dem Klienten aufgedrängt werden.

Hruschka, die der Auffassung ist, daß Beratung über das Einsichtigmachen des Problems hinaus auch Hinweise und Hilfen geben muß, wie der Weg zur Lösung am besten gegangen werden kann, wählt hierfür als Methode *Lewin's* Strategie des »social engineering«, also eine Methode systematisch geplanter Umerziehung. Die Autorin ist sich dabei ausdrücklich der Gefahr des Manipulierens anderer Menschen bewußt, meint aber, daß dies letztlich eine sozial-ethische Frage sei, die von der Wissenschaft her überhaupt nicht zu beantworten ist, sondern »vom Berufsethos des Beraters oder von Auffassung und Absichten der Beratungssituation her« zu entscheiden ist. Dieser Standpunkt wundert, da sich die Autorin zuvor (S. 19–20) aus theoretischen und psychologischen Gründen von Beratung mit Lenkungs- und Planungsabsichten distanziert hatte.

Ertle, der zunächst Ratschläge, Informationen und Vorschläge als Impulse des Beraters akzeptieren will, die das partnerschaftliche Gespräch aktivieren und weiterführen, meint an einer anderen Stelle, daß alle solche Impulse »in den Dienst eines Verfahrens gestellt werden können, für das *Schichola* (1932) empfiehlt, der Berater solle die Eltern *mit feinem Takt so lenken* (Kursiv von mir), daß sie das Gefühl haben, die Vorschläge des Beraters kämen aus ihrem eigenen Antrieb.«

Die streng genommen widersprüchliche Konzeption von Beratung als *partnerschaftliche* Entscheidungshilfe erweist sich somit als ideologische[2] Verbrämung technologischer[3] Tendenzen in der klinischen Psychologie. Gerade unter diesem Aspekt ist die Praxis der Psychiater, Psychotherapeuten und klinischen Psychologen seitens der Sozialwissenschaften kritisch in Frage gestellt worden (*Keupp,* 1971, 1972; *Laing,* 1969).

2.2.2. Kooperative Beratung

Aus diesen Gründen ziehe ich es vor, den zumindest mißverständlichen Ausdruck »partnerschaftliche Beratung« nicht zu übernehmen.

[2] Ideologie wird hier benützt im Sinne von »unechter, aus materiellem oder politischem Interesse nur vorgetäuschter Weltanschauung«.
[3] Technologie wird hier verstanden als Lehre von der Steuerung des Menschen mittels wissenschaftlicher, planmäßiger Ausnützung umfangreicher Kenntnisse seiner Eigenschaften.

Andererseits ist dasjenige, was Autoren wie *Hruschka* und *Ertle* mit dieser Bezeichnung intendieren, daß nämlich Beratung eine nicht-autoritäre Hilfe zur mündigen Entscheidung sein soll, m. E. eine wesentliche Dimension der Psychologie des Beratungsvorganges.

Der Begriff Entscheidung wird in diesem Kontext von den genannten Autoren und auch von mir nicht als letzter psychischer Akt vor einer bewußten Handlung, sondern als Entscheidungsprozeß, als sequentieller Ablauf aufgefaßt, der alle zu dem endgültigen Entschluß führenden psychischen Vorgänge umfaßt.

Beratung besteht darin, daß Ratsuchender und Berater ein Arbeitsbündnis eingehen, das gegenseitige Kommunikation und Kooperation umfaßt. Der Ratsuchende gibt sich zu verstehen und der Berater teilt ihm mit, was er von seiner Problematik zu verstehen glaubt. Eine solche Verständigung führt dann zur kooperativen Erarbeitung von Lösungsmöglichkeiten, die der Ratsuchende zu realisieren versucht. Die Erfahrungen, die er dabei macht und die Schwierigkeiten, auf die er stößt, führen zu einer weiteren Kommunikation mit dem Berater und eventuell zur Erarbeitung von Alternativen oder ergänzenden Aspekten. Diese Konzeption von Beratung als kommunikatives und kooperatives Arbeitsbündnis werde ich im Folgenden als »*kooperative Beratung*« bezeichnen.

2.2.3. Die Problematik einer kooperativen Beratungskonzeption in Anbetracht der Machtverhältnisse zwischen Hilfesuchendem und Helfer

Beratung ist eine Form sozialen Handelns, und dies impliziert, daß in ihr »bestimmte Formen sozialer Macht ausgeübt werden« (*Keupp*, 1971). Es ist ohne weiteres einsichtig, daß der Ratsuchende mit vielen ausdrücklichen und latenten Bedürfnissen in der Beziehung zum Berater engagiert ist, die überaus geeignet sind, ihn von diesem abhängig zu machen. Die Abhängigkeit mag sogar im Laufe einer Beratung rasch zunehmen, weil bereits die Bereitschaft des Beraters, ihm zuzuhören, beim Ratsuchenden eine emotionale Bindung an die Person seines Beraters hervorruft. Ist die Abhängigkeit einmal gegeben, verringert sich für den Ratsuchenden aus subjektiven Gründen die Möglichkeit, sich in einer alternativen Beziehung Rat zu holen, und entsprechend wächst die Macht des Beraters.

Zwar sollte nicht übersehen werden, daß das Machtgefälle zwischen Therapeut und Patient ein gewisses Gegengewicht in der Macht des Patienten hat, der seinen Therapeuten belohnen und strafen, ihm Informationen vorenthalten, ihn mit leidvollen Qualen, Panikreaktion oder Drohungen (Suiziddrohung) erpressen kann. Trotzdem bleibt die von *Keupp* aufgezeigte Gelegenheit zur sozialen Machtausübung, die in jeder psychologischen Therapieform enthalten ist, davon im wesentlichen unberührt[4].

Damit stellt sich die Frage der Legitimation solcher Machtausübung. Wie sie zu beantworten ist, kann hier nur nach psychologischen Kriterien diskutiert werden. Darüber hinaus ist es auch immer eine ethische Entscheidung, die in einer pluralistischen Gesellschaft dem einzelnen verantwortlich anheimgestellt ist. Seine Verantwortung impliziert Respekt für Gesetze, die eine demokratische Gesellschaft sich gegeben hat und Rücksicht auf übergeordnete soziale Belange, aber auch Verständnis für Konflikte, in welche das Individuum durch Forderungen und Regeln einer Gemeinschaft geraten kann.

Halten wir, was die psychologischen Kriterien anbetrifft, zunächst fest, daß in jeder kooperativen Beratungssituation von Beginn an ein ihr immanentes Machtgefälle gegeben ist, welches es mit sich bringt, daß die Intention »kooperativer« Zusammenarbeit Grenzen in Manipulationen findet, die auf Grund der Beratungsintention notwendig sind.

Bevor ich im nächsten Punkt (ad c) das Verhältnis von »Kooperation« und Manipulation, wie es sich aus den psychologischen Gegebenheiten der klinischen Beratung ergibt, erörtere, möchte ich auf eine besonders gelagerte Beratungssituation hinweisen, die mir geeignet erscheint, ein Recht zur Manipulation, das sich nicht aus der Beratungssituation als solcher ableitet, ins rechte Licht zu rücken.

Bisher sind wir stillschweigend davon ausgegangen, daß die zu beratenden Personen *Ratsuchende* sind. Dies ist nicht immer der Fall. Oft scheint es geboten, Personen zu beraten, die selbst kein konkretes Problem haben, sondern einer bestimmten Gemeinschaft, Institution oder der Gesellschaft allgemein Probleme machen. Man denke z. B. an gewisse Bereiche der Sozialarbeit, der landwirtschaftlichen, der ärztlich-hygienischen, der verkehrspsychologischen oder der Berufsberatung. Ist es von vorne-

[4] Es würde den Rahmen dieser Abhandlung sprengen, die Diskussion über die sozialpsychologischen und gesellschaftlichen Aspekte des psychotherapeutischen Handelns (im weitesten Sinn) hier aufzunehmen. *Keupp* hat in seiner Arbeit Fakten, Gesetzmäßigkeiten und Mechanismen aufgezeigt, die außerordentlich geeignet sind, die Reflexion eines Therapeuten über das eigene Handeln zu befruchten. Dabei hat er einleuchtend dargestellt, daß diese Reflexion auch die Implikationen des angewandten theoretischen Modells und der Psychotherapie als institutionelle Funktion umfassen soll.

herein illegitim, mittels Beratung solche Entscheidungen Einzelner herbeizuführen, die jener Koordination des Handelns vieler dienen, ohne die keine Gemeinschaft funktionieren kann? Ist es unter allen Umständen verwerflich, wenn ein psychologisch geschickter Berater es dann versteht, seine Klienten »jene Maßnahmen, die der Experte für angezeigt erachtet, selbst finden zu lassen?«

Ich meine, diese Beispiele machen deutlich, daß die Berechtigung zu manipulieren u. U. über das durch die Intention der Entscheidungshilfe Erforderliche hinausgehen kann. Derartige Umstände sind in der klinisch-psychologischen Beratung nicht der Regelfall, aber auch da können sich Umstände ergeben, die es rechtfertigen, in einem Maße und in einer Weise zu manipulieren, die über das beratungstechnisch Erforderliche hinausgeht.

2.2.4. Grenzen einer kooperativen Beratungsform, insbesondere in der klinisch-psychologischen Praxis

Gehen wir zur Erörterung des Verhältnisses von Manipulation und »Kooperation« in der klinischen Beratung vom Regelfall aus, daß der zu beratende Klient ein Ratsuchender ist. Er wendet sich mit seinem Problem, das er alleine nicht mehr lösen zu können glaubt, an den Berater in der Hoffnung, durch dessen fachliche Konmpetenz eine Entscheidungshilfe zu erhalten.

Der Klient tritt in einer Situation partieller Unmündigkeit in die Bedingungen der Beratungssituation ein; und der Berater soll ihm eine Hilfestellung zur Wiedergewinnung seiner Mündigkeit und Entscheidungsfähigkeit geben. Da er für diesen Vorgang dem Klienten gegenüber Verantwortung übernehmen soll, ist eine Manipulation in Hinblick auf den vorgegebenen Wunsch — Hilfestellung zu bekommen — unumgänglich.

Bereits der Wissensunterschied bezüglich Beratungspsychologie bringt es mit sich, daß der Berater genötigt ist, den Klienten zu einer Anpassung an seine fachlich begründeten Strategien zu veranlassen, ohne daß er immer jede im einzelnen und erst recht nicht das Gesamt dem Klienten einsichtig machen kann. Manche Strategien sind u. U. dadurch geeignet den Beratungsprozeß weiterzuführen, daß sie dem Klienten zunächst undurchschaubar sind.

Zweifellos birgt dies ein Risiko in sich, »daß Abhängigkeitsmuster gegenüber Vertretern sozialer Macht verstärkt werden« (*Keupp*, 1972b). Andererseits kann bei einem Klienten, der, — indem er auf Verfahrensvorschläge eingeht — seinem Berater einen gewissen Vertrauensvorschuß gibt, durch die Erfahrung nachfolgender Einsichtserweiterung und eines Gewinns an mündiger Kommunikation, jene Substruktur im Ich verstärkt werden, die *Erikson* (1954, S. 11–20) als Urvertrauen beschrieben hat[5]. Gerade dieses Urvertrauen, das bekanntlich einen Kern von Selbstvertrauen enthält, ist nicht nur genetisch ein frühester Modus zwischenmenschlicher Kommunikation, sondern – integriert in das strukturelle Gefüge einer erwachsenen Persönlichkeit – auch ein »Eckstein der gesunden Persönlichkeit« (*Erikson* l.c.).

Die Ausgangssituation der Beratung, die durch das Gefälle von fachlicher Kompetenz und partieller Unmündigkeit gewisse Manipulationen legitimiert, strukturiert zugleich den Anfang und die Grundlagen der »Kooperation«: *Zusammenarbeit in Vertrauen.* Auf der Seite des Ratsuchenden bedeutet dies, daß er es sich zumutet, unter Verzicht auf einen Teil seiner Eigenkontrolle, sich auf die Fremdsteuerung des Beraters – soweit erforderlich – zu verlassen. Da es sich hierbei im Beratungsprozeß keineswegs um eine Rückkehr in ein frühinfantiles Verhalten handelt, sondern um eine wohlüberlegte Entscheidung aus der Erkenntnis der eigenen partiellen Unmündigkeit, geschieht solches nicht in blinder Gläubigkeit, sondern in der Selbstgewißheit, sich damit nicht restlos auszuliefern[6].

Auf der Seite des Beraters entspricht dem, daß er sein Geben auf diese vom Ratsuchenden erwarteten Einstellungen abstimmt. Er soll und darf den Vertrauensvorschuß annehmend manipu-

[5] *Erikson* beschreibt dies folgendermaßen: »Unter ›Vertrauen‹ verstehe ich dasselbe, was man so im allgemeinen als ein Gefühl des Sich-Verlassen-Dürfens bezeichnet, und zwar in bezug auf die Glaubwürdigkeit anderer *und* die Zuverlässigkeit seiner selbst.«
Urvertrauen entwickelt sich im Zuge des frühesten sozialen Verhaltens, nämlich des »Nehmens«, nicht im Sinne des Sich Beschaffens, sondern im Sinne des Gegeben-Bekommens *und* Annehmens dessen, was man braucht. Dies klingt einfacher, als es ist. Denn der tastende und noch unsichere Organismus des Neugeborenen lernt diese Verhaltensweise nur, indem er seine Bereitschaft zu nehmen, was ihm gegeben wird, nach den Methoden der Mutter reguliert und es ihr damit erlaubt, ihre Fähigkeit des Spendens zu entwickeln und zu koordinieren mit dem Annehmenkönnen ihres Kindes.
»Unser Ausdruck für Vertrauen« als bleibendem Niederschlag dieser frühesten psychosozialen Entwicklung »drückt die damit verbundene Naivität und Gegenseitigkeit aus, und sagt zugleich aus, daß man nicht nur gelernt hat, sich auf die immer gleichen und ununterbrochen spendenden Versorger der Außenwelt zu verlassen, sondern auch auf sich selber und seine funktionierenden Organe, und daß man sich als vertrauenswürdig genug betrachten kann, so daß die Versorger nicht auf ihrer Hut sein oder einen verlassen müssen«.

[6] In der psychoanalytischen Begriffssprache wäre dies als Regression im Dienste des Ichs zu bezeichnen.

lieren, solange und soweit unvermeidbar, um die Wiederherstellung der Mündigkeit des Klienten zu erreichen. Dazu kann es nur kommen, wenn das manipulative Element der Beratung abnimmt und zwar zugunsten gemeinsamen Überlegens, gemeinsamen Planens in Vorschlag und Gegenvorschlag, gemeinsamen Reflektierens von Verhaltensänderungen des Klienten, seiner eigenen emotionalen Reaktionen darauf und derer seiner Umgebung. Wenn der Ratsuchende dabei zunehmend initiativ wird und auch eigene Vorschläge bringt, oder die des Beraters nach seinen Voraussetzungen modifiziert, kann man die Beratung als erfolgreich ansehen, weil Mündigkeit wieder hergestellt wurde[7].

Im vorhergehenden sind wir davon ausgegangen, daß der Klient ein Ratsuchender ist oder im Anfangsstadium zu einem solchen disponiert werden kann. Allerdings werden wir auch in der klinischen Psychologie mit Fällen konfrontiert, wo diese Voraussetzung nicht gegeben ist.

In der Erziehungsberatung wenden sich Eltern häufig nicht als Ratsuchende an uns mit dem Anliegen, zu einer Veränderung ihres unbefriedigenden pädagogischen Handelns zu gelangen, sondern bekanntlich mit dem Wunsch nach einer Anpassung des Verhaltens ihres Zöglings an die eigenen Erwartungen. In der Eheberatung gilt mutatis mutandis ähnliches.

Häufig passiert es auch, im Zusammenhang mit einer Kindertherapie, daß der mit dem Fall beschäftigte Psychologe seinerseits den Wunsch hat, Beziehungspersonen, die durch ihr Verhalten – wie er meint – auf die Therapie einen ungünstigen Einfluß ausüben, zu beraten. Wenn sich z. B. zeigt, daß Eltern durch ihr Verhalten es dem Kind aufnötigen, mit einer bestimmten Symptomatik oder Verhaltensstörung zu reagieren, wird der Kindertherapeut dadurch den Erfolg seiner Arbeit in Frage gestellt sehen. Unter solchen Umständen spielen die eigenen Intentionen des Kindertherapeuten unvermeidlich in die Beratung hinein. Ungünstig für eine »kooperativ« verstandene Beratung ist auch die Einstellung mancher Klienten, die sich weniger mit einem zu lösenden Problem, als vielmehr mit dem Kummer ihres Versagens oder ihrer Anpassungsschwierigkeiten an den Psychologen wenden. Der kathartische Effekt einer Aussprache mit einem verständnisvollen Psychologen bringt oft

[7] Einschränkend ist zu beachten, daß es sich dabei gelegentlich auch um Scheinmündigkeit handeln kann zur Vermeidung einer wirklichen Problemlösung. Allerdings ist Zurückhaltung mit einer solchen Beurteilung geboten, wenn der Berater sich gekränkt fühlen würde, daß seine Vorschläge nicht (voll) übernommen wurden.

tatsächlich eine gewisse Erleichterung, die den Klienten derart befriedigt, daß sich keine Motivation zur Lösung des Problems entwickelt.

Es wenden sich auch Ratsuchende an uns mit einer in Relation zu der intellektuellen Begabung und den Ichkräften der betreffenden Person derart schwierigen Problematik, daß Beratung im Sinne von Entscheidungs*hilfe* zumindest zum gegenwärtigen Zeitpunkt eine weitere Überforderung des Klienten bedeuten würde. Sind wir berechtigt, unter Berufung auf eine Beratungsideologie von vorneherein einen Ratsuchenden zurückzuweisen, der bittet: »Sagen Sie nur, was ich tun und wie ich es tun soll?« Oder müssen wir vielmehr prüfen, ob ein solches Ansinnen im Einzelfall nicht als eine der inneren und äußeren Situation des Betreffenden angepaßte Reaktion zu werten ist, die als solche bei unserem Vorgehen zu berücksichtigen ist?

Solche Realitäten des klinisch-psychologischen Alltags verbieten es, unsere Analyse des Beratungsprozesses ausschließlich an der Modellvorstellung der »kooperativen« Entscheidungshilfe vorzunehmen. Es erscheint jedoch zweckmäßig, von diesem Modell als einer Idealnorm auszugehen. Es setzt nämlich sowohl auf seiten des Ratsuchenden wie auf seiten des Beraters jene psychischen Einstellungen, Haltungen und Motivationen voraus, die erforderlich sind, um jenen Vorgang sich entwickeln zu lassen, der nach der Wortbedeutung mit *Beratung* versprochen wird: *erbetene Hilfestellung zur Findung und Verwirklichung von Lösungen in eigener Verantwortung.*

Der Leser wird bemerken, daß ich in dieser definitorischen Bestimmung nicht nur die Entscheidung, sondern auch ihre Verwirklichung als Gegenstand der Hilfestellung durch die Beratung aufgenommen habe. Damit ist weder gemeint, daß es zur Aufgabe des Beraters gehört, durch handelndes Eingreifen die Entscheidung realisieren zu helfen, noch daß er das »social engineering« im Sinne *Lewins* als eine der Beratung angemessene Technik verwendet. Vielmehr ist *gemeint, daß sich klinisch-psychologische Beratung auch darauf erstrecken muß, durch die Gesprächsführung im Ratsuchenden die psychischen Bedingungen freizusetzen, die gewählte Lösung in entsprechendes Handeln umzusetzen.*

Dies impliziert, daß die psychische Verfassung des Ratsuchenden bei der gemeinsamen Erarbeitung von Lösungsmöglichkeiten zu berücksichtigen ist, ob nämlich bei ihm die erforderlichen Dispositionen zur Realisierung der in Aussicht genommenen Problemlösung gegeben sind oder durch die Beratung selbst oder sonstige anzuratende Mittel geweckt werden können.

In Orientierung an einem solchen Idealmodell muß es dann dem Berater überlassen bleiben, in Einzelfällen nach Lage der Gegebenheiten *reflektiert* partiell oder vorübergehend von der Idealstrategie abzuweichen.

3. Psychoanalytische Begriffsbestimmung der klinisch-psychologischen Beratung

Da meine Bemühungen auf die Entwicklung einer Beratungstechnik gerichtet sind, die in der psychoanalytischen Theorie fundiert ist, muß das im vorhergehenden Kapitel entwickelte allgemeine Beratungsmodell in das Gefüge dieser Theorie eingeordnet und in psychoanalytischen Begriffen bestimmt werden.

Dies soll an dieser Stelle zunächst in einer mehr theoretischen und Überblick vermittelnden Darstellung versucht werden, während ich in den beiden nächsten Kapiteln diese Thesen einzeln eingehender erörtern möchte[1].

Beratung soll dem Klienten helfen, alle Entscheidungen zu finden und anschließend zu verwirklichen, die geeignet sind, sein persönliches Problem eigenverantwortlich zu lösen. So lautet in Kurzfassung das Ergebnis des vorhergehenden Kapitels.

»Entscheidung« ist ein Begriff, der in der psychoanalytischen Literatur kaum erörtert wurde, bis L. *Rangell* (1969 a und b) – Anregungen und Gedanken von Hartmann aufgreifend – darauf aufmerksam gemacht hat, daß zusätzlich zu den intersystemischen Konflikten (solche zwischen Ich-Es-Überich) auch die intrasystemischen im Ich, also die Wahlkonflikte zwischen einander widerstreitenden Motivationen theoretisch und klinisch mehr Beachtung verdienen.

In diesem Zusammenhang hat *Rangell* die Bedeutung der »Ich-Funktion der Entscheidung« hervorgehoben, die sich nicht nur von den Abwehrmechanismen, sondern auch von der sog. synthetischen Funktion unterscheidet.

Obwohl – wie anschließend darzulegen sein wird – eine Anzahl psychoanalytischer Entdeckungen zur Vertiefung unserer Einsicht in Entscheidungsprozesse wesentlich beitragen können, ist ihre explizite Erörterung tatsächlich vernachlässigt worden.

Anknüpfend an Gedanken von *Rangell*, aber auch seine Ideen ergänzend und erweiternd, will ich versuchen, ein aus den Freud'schen Theorien abgeleitetes Modell der Entscheidungsprozesse darzustellen. Bei der geringen Vorarbeit zu diesem

[1] Um dem Leser den Zusammenhang dieses und der beiden folgenden Kapitel leichter erkennbar zu machen, wird in diesem wie in jenen auf die korrespondierenden Stellen verwiesen werden. Dazu werde ich die Thesen dieses Kapitels numerieren, so daß in den nächsten Kapiteln auf sie zurückverwiesen werden kann.

Problem kann es sich dabei nur um einen schematischen Ansatz handeln, der noch erhebliche Lücken aufweist.

Durch die Wahl des Ausdrucks Entscheidungs*prozesse* sei angedeutet, daß in einem solchen psychoanalytischen Modell der endgültige Entschluß im Zuge eines sequentiellen Ablaufs zustande kommt oder verhindert wird.

Dieser Ablauf läßt sich modellhaft folgendermaßen beschreiben:

1. Auf einen hypothetischen Zustand relativen Befriedigtseins trifft entweder aus der Außenwelt oder aus dem Innern ein Reiz, welcher Unlustspannung hervorruft. Ob der Reiz selbst triebhafter Natur ist oder von außen kommt — in jedem Fall entsteht eine Triebregung.
Im Gegensatz zum Instinkt schließt der Trieb keine festgelegte motorische Reaktion ein, sondern besteht — nach der hypothetischen Modellvorstellung — in dem Drängen nach Beseitigung der Unlustspannung (= Lustgewinn) mittels eines dazu geeigneten Objekts.
Triebregungen als solche verlaufen nach dem Primärprozeß und gemäß dem Lustprinzip: Drängen nach Befriedigung auf schnellstem Wege am nächsterreichbaren Objekt (Vgl. Kap. 4, S. 46 und S. 57—59).

2. Die motorische Tätigkeit und alle sie vorbereitenden psychischen Vorgänge, die zur Befriedigung der Triebregung (= Abfuhr oder wenigstens Minderung der Unlustspannung) führen, werden durch einen hochdifferenzierten Teil der Psyche vermittelt, der als »Ich« bezeichnet wird. Das Ich gewinnt Einfluß auf die unter der Dominanz des Lustprinzips stehenden Triebvorgänge (Lustgewinn auf schnellstem Wege), indem es dem Realitätsprinzip (Lustgewinn auf optimalem Wege) Geltung verschafft.
Dies setzt zunächst voraus, daß dem Drängen nach Befriedigung auf *kürzestem* Wege am *nächsten* Objekt Einhalt geboten wird. Psychoanalytisch ausgedrückt: das Ich muß Triebaufschub gewährleisten.
Dazu ist erforderlich, daß zugleich eine weitere Tätigkeit einsetzt: die Realitätsprüfung.
Triebaufschub und Realitätsprüfung vollziehen sich in gegenseitiger Wechselwirkung: jede bedingt die andere.
Mit Realitätsprüfung ist gemeint, daß das Ich, sobald ein Triebreiz wahrgenommen wird, untersucht, welche Risiken sich bestimmten Handlungen zur Triebbefriedigung entgegenstellen und welche subjektiv realisierbaren Möglichkeiten angepaßten, Befriedigung verschaffenden Verhaltens vorhanden sind.

Die Risiken können sich auf Grund realer und sozialer Gegebenheiten oder auch wegen Forderungen des Ich-Ideals oder des Über-Ichs einstellen.
Zur Realitätsprüfung verfügt das Ich über eine Anzahl Funktionen, die seine primär autonome Ausstattung bilden: Wahrnehmung, Aufmerksamkeit, Gedächtnis, Vorstellungsvermögen und Denken.

3. Wie effektiv die Realitätsprüfung vorgenommen werden kann, hängt zu einem Teil von der Reifung und Lern-Geschichte der verschiedenen an ihr beteiligten Ich-Funktionen ab (vgl. Kap. 4, S. 69–76).
Gestützt auf Wahrnehmungsprozesse, insbesondere solche der Aufmerksamkeitsfunktion, und unter Heranziehung von Gedächtnisinhalten gipfelt die Realitätsprüfung in jenen Vorgängen denkerischen Planens, die *Freud* als *Probehandeln* beschrieben hat (vgl. Formulierungen über die zwei Prinzipien des psychischen Geschehens, Ges. W., Band VIII, S. 230–238).
Indem das Ich zunächst die Vorstellung eines dem Triebwunsch entsprechenden Verhaltens bildet und so einen kleinen Betrag der Triebentladung zuläßt, »kostet« es von der Befriedigung, die daraus erwächst und verschafft sich zugleich ein Bild der »Gefahren«, die dieses Verhalten in Anbetracht der Realität, der sozialen Umwelt und der Forderungen des Über-Ichs nach sich ziehen könnte.

4. Ein weiterer Faktor, der auf den Verlauf der Realitätsprüfung und damit auf die Überleitung der primärprozeßhaft ablaufenden Triebregung in ein sekundärprozeßhaftes Verhalten Einfluß nimmt, ist der *Triebaufschub*.
Das Ich nimmt das Probehandeln zwar – bildlich ausgedrückt – im Dienste des Triebwunsches vor, aber zugleich in Kollision mit dem das Triebdrängen beherrschenden Lustprinzip, welches volle Spannungsentladung auf kürzestem Wege heischt. In diesem Sinne impliziert jede Überleitung einer Triebregung in eine ihr gemäße Handlung bereits einen Triebaufschub. Sofern das Probehandeln wenig Komplikationen erkennen läßt, und infolgedessen die fraktionierte Triebentladung rasch in ein dem Triebwunsch adäquates Verhalten übergeleitet werden kann, bleibt die Ich-Es-Kollision auf ein Minimum beschränkt. Das Ich kann problemlos als »Vollstrecker des Triebes« funktionieren.

5. Ergibt sich aber beim denkerischen Probehandeln, daß ein in Aussicht genommenes Verhalten Komplikationen und Gefahren mit sich bringen würde, dann braucht das Ich eine Gegenkraft gegen den Spannungsdruck des Triebwunsches, damit

es den Triebaufschub weiter aufrecht erhalten und seine Realitätsprüfung fortsetzen kann. Diese Gegenkraft bietet sich an in der Realangst, dem Unlust-Affekt, der das Erkennen der Gefahr begleitet. Der Unlust der Triebspannung wird initial die Realangst entgegengesetzt.

6. Allerdings zieht die bloße Vorstellung eines »gefährlichen« Verhaltens, das Vorstellung bleibt, nicht solche Quanten Angst nach sich, daß diese bei Andauern der Realitätsprüfung eine ausreichende Gegenkraft gegen das Drängen der Triebregungen ergäbe. Gemäß des Lustprinzips nämlich nimmt dieses Drängen mit dem Zeitverlauf zu. In psychoanalytischen Begriffen ausgedrückt, müßte man formulieren: Da das Probehandeln mit geringen Besetzungsquantitäten vorgenommen wird, wird auch die Energie der sich dabei einstellenden Realangst auf die Dauer nicht ausreichen, den Triebaufschub aufrechtzuerhalten. Nun hat *Freud* bei seinen an einer Neurose leidenden Patienten in der Analyse die Beobachtung gemacht, daß ihre auf rationale Risiko-Einschätzung beruhende Realangst *durch den Affektbetrag infantiler Ängste* aus längst vergangenen traumatischen Erfahrungen um ein vielfaches *verstärkt* worden war. Diese analytische Beobachtung hat *Freud* — neben einigen anderen — dazu veranlaßt, die Gültigkeit seiner ursprünglichen Angsttheorie einzuschränken und seine sogenannte »zweite Angsttheorie« zu konstruieren. Für ihre ausführliche Erörterung sei verwiesen auf *Freud* (1926b) oder *Brenner* (1967, S. 85—97). In bezug auf den hier zu entwickelnden Gedankengang beinhaltet diese »zweite Angsttheorie« folgendes: Um in kritischen Problemsituationen einen weiteren Triebaufschub zu gewährleisten, entbindet das Ich die Affektspur einer infantilen traumatischen Erfahrung (vgl. Kap. 4, S. 51).

7. Anschließend kann das weitere Geschehen nun allerdings alternativ verlaufen, es kann entweder in eine neurotische Konfliktlösung münden oder durch sekundärprozeßhafte Entscheidung ein auf Anpassung[2] ausgerichtetes Verhalten herbeiführen. Welche Alternative eintritt, hängt nach *Freud* (1933, 1932) davon ab, ob das Ich stark oder schwach ist.

8. Der erste Verlauf nimmt seinen Ausgang von der Verdrängung. Diese besteht bekanntlich darin, daß das (denkerische) Probehandeln aufgegeben und der volle Affektbetrag der infantilen traumatischen Erinnerung gegen die Triebregung eingesetzt wird, um ihr erneutes Vordringen in das bewußte Erleben zu verhindern. Psychoanalytisch ausgedrückt: Das Ich

[2] vgl. Fußnote, Kap. 4, S. 45

nimmt die Probebesetzung zurück und verwendet die entbundene Angst-Unlust als Gegenbesetzung (vgl. Kap. 4, S. 51).
In Kap. 4, S. 55–64 wird ausführlich und begründet darzulegen sein, daß anschließend ein psychischer Prozeß abrollt, der zur Bildung einer *primärprozeßhaften Struktur* führt.
Diese Struktur übernimmt künftig die Organisation sämtlicher Vorgänge in dem betreffenden seelischen Bereich. Ihr primärprozeßhafter Charakter bringt es mit sich, daß Entscheidungsprozesse, die ja eminent sekundärprozeßhafter Art sind, zumindest keinen direkten Einfluß mehr auf das Geschehen gewinnen können. Die innere Auseinandersetzung von Es, Ich und Über-Ich hat zu einer neurotischen Konfliktlösung geführt, die nicht durch bloß vernünftiges Überlegen, durch Planen und Probieren von Alternativen oder willentliches »Sich-Zusammennehmen« korrigierbar ist, sondern nur durch die Technik eines kontrollierten Einstiegs in die primärprozeßhaften seelischen Abläufe mit dem Ziel, die sie organisierenden Strukturen aufzulockern und aufzulösen (Kap. 6, S. 115 f.).
9. Der zweite mögliche Verlauf nimmt seinen Ausgang davon, daß mit Hilfe der entbundenen Angst ein weiterer Triebaufschub erreicht wird und die Probebesetzungen im Dienste des denkerischen Probehandelns fortgesetzt werden, bis eine nach subjektiver Einschätzung aller Umstände optimale Lösung gefunden und gewählt wird.
Der Verlauf eines solchen Entscheidungsprozesses wird von vielfältigen Variablen in gegenseitiger Wechselwirkung beeinflußt. Ohne Vollständigkeit zu beanspruchen, seien hier folgende für eine beraterische Entscheidungshilfe m. E. bedeutsame genannt:
a) Reifungs- und Entwicklungsstand der primär autonomen Ich-Apparate, insbesondere des »Wirkungsdranges« (Kap. 4, S. 73–76),
b) die Entwicklung von Apparaten sekundärer Autonomie im Gegensatz zu defensiver Symptom-Anpassung (Kap. 4, S. 67–69),
c) die individuelle Lerngeschichte,
d) bewußt oder unbewußt erfahrene sozio-kulturelle Einflüsse (Kap. 4, S. 76–80),
e) Angst-Inhalte, die in der unbewußten Erinnerung mit dem im Dienste des Triebaufschubs entbundenen Angsteffekt assoziativ verknüpft sind, können die Realitätsprüfung verzerren. Damit ist um so mehr zu rechnen, als das aktuelle auslösende Problem Ähnlichkeit mit der speziellen Form der infantilen Traumata in der Biographie der betroffenen Person hat (Kap. 5, S. 107),

f) unbewußte Widerstände, die sich entwickeln, wenn der Entscheidungsvorgang zur Krise wird (Kap. 5, S. 101–105).

10. Solche Entscheidungsprozesse können sich schwierig gestalten, nicht nur infolge der Belastungen besonderer Schicksale, sondern naturgemäß auch beim Übergang in jede neue Entwicklungsphase. Das Individuum gerät dann in eine Krise (Kap. 4, S. 77–80). Diese manifestiert sich u. a. in sogenannten »normalen Regressionen«, die einen Rückzug zu mehr primärprozeßhaftem Verhalten und zu Befriedigungen einer früheren Entwicklungsstufe bedeuten. In manchen Fällen ergeben sich Verhaltensstörungen oder somatische Reaktionen, die sich von »neurotischen« Symptomen phänomenal nicht unterscheiden.
Während solche regressiven Ersatzbefriedigungen einerseits vom Ich zur Verstärkung des Triebaufschubs benutzt werden können (im Dienste fortgesetzten Probehandelns und einer Lösung der Krise), können sie andererseits zum Ausweichen vor der Krisenbewältigung führen. Dabei nimmt die Gefahr zu, daß die Krise in eine neurotische Entwicklung abgleitet. Da sich der »zweite Verlauf« des intrasystemisch ausgetragenen Konflikts dann in den »ersten« intersystemischen, von primärprozeßhaften Strukturen organisierten Konfliktverlauf verwandelt, läßt sich das Geschehen mit der Technik der Beratung nicht mehr entscheidend beeinflussen.

Ausgehend von der vorstehenden psychoanalytischen Interpretation menschlicher Entscheidungsprozesse, läßt sich *Beratung* – im Sinne einer vorläufigen Definition – als *eine Aktivität* bestimmen, *die sich an Klienten in einer Krisensituation richtet mit dem Ziel, spezifisch jene Ich-Funktionen zu stärken, die sekundärprozeßhaftes Entscheiden und Handeln in der gegebenen Problemlage gewährleisten.*
Da die Alternativ-Wahl, ob das Ich die Bewältigung bedrohlicher Triebregungen nach dem einen oder dem anderen der oben skizzierten Modell-Verläufe vornimmt, davon abhängt, ob es »stark« ist, scheint es zweckmäßig, zunächst die Determinanten von Ich-Stärke bzw. Ich-Schwäche zu ermitteln.
Damit erarbeiten wir uns differenzierte Einsichten, die es erlauben, die allgemeine Bestimmung von Beratung als Ich-Stärkung zu präzisieren.

4. Determinanten der Ichstärke bzw. Ichschwäche

Gemäß der Formulierung: »Wo Es war, soll Ich werden« (1933, S. 186), muß Stärkung des Ichs als allgemeinstes Ziel allen analytischen Handelns angesehen werden. Hinsichtlich der *Behandlungstechnik* ist man immer davon ausgegangen, daß alle therapeutischen Bemühungen nur bei noch vorhandenen Reserven des geschwächten Ichs ansetzen können, also bei einer jeweils noch erhalten gebliebenen relativen Ichstärke. Dies gilt ebenfalls für die Beratung. Da demzufolge sowohl die Indikation zur psychoanalytischen Therapie bzw. Beratung als auch ihr Ziel aufs engste mit Dimensionen der Ichstärke zusammenhängen, erscheint es dringend geboten, klar ausgearbeitete Vorstellungen zur Verfügung zu haben, welche Variablen die Stärke des Ichs beeinflussen, und wie sie sich gegenseitig bedingen.

Obgleich die Ichpsychologie in den letzten drei Jahrzehnten einen bedeutenden Fortschritt genommen hat, fand ich in der jüngeren Literatur wenig Veröffentlichungen, die sich als solche mit den Konsequenzen der neuen Einsichten für die Begriffe Ichstärke bzw. Ichschwäche befassen[1]. Im folgenden soll der Versuch unternommen werden, im Bezugsrahmen der modernen Ichpsychologie die Variablen herauszuarbeiten, welche Unterschiede der Leistungsfähigkeit des Ichs bedingen. Ich gehe dabei von einer Beschreibung des Ichs aus, die eng an die Ausführungen von *Hartmann* anschließt.

Hartmann (1964, S. 330–353) versteht das Ich als eine vielfach gegliederte Struktur im seelischen Apparat, die mittels einer größeren Anzahl von Funktionen bestrebt ist, Umweltanpassung[2] sowohl im konfliktbeladenen, als auch im konfliktfreien Raum zu gewährleisten. Die einzelnen Funktionen können sich gegenseitig stützen oder kompensieren, oder miteinander in Widerstreit stehen.

Dieser psychoanalytische Ichbegriff ist ein *globaler*, der sich auf eine Vielzahl von Einzelfunktionen bezieht. Das hat den

[1] siehe dazu die Literaturangaben: *Fenichel* (1972); *Nunberg* (1939); *Glover* (1943); *Oppermann* (1966)

[2] Anpassung im psychoanalytischen Sinn umfaßt nicht nur »sich an die Umwelt anpassen«, sondern auch »die Umweltverhältnisse an sich anpassen«, und zwar in einem den persönlichen und sozialen Bedingungen entsprechenden ausgewogenen Maße (auto- und alloplastische Anpassung).

Nachteil, daß er sich nicht mit jener Eindeutigkeit und Präzision beschreiben läßt, die wissenschaftstheoretisch wünschenswert wäre. Trotzdem halten wir aus guten Gründen an ihm fest, weil die Es-Ich-Überich-Gliederung sich als wissenschaftliches Modell sowohl für die analytische klinische Arbeit und Forschung als auch für die angewandte Psychoanalyse bewährt hat.

Zugleich jedoch ist, wie *A. F. Meyer* vor kurzem (1969) gezeigt hat, die definitorische Abgrenzung der Instanzen ein offenes Problem, für das sehr unterschiedliche, miteinander unvereinbare Lösungen vertreten werden. *Meyer* hat in der genannten Arbeit dafür plädiert, eine von *Wälder* bereits 1930 vorgeschlagene Definition erneut aufzugreifen und theoretisch auszuarbeiten. Es kann hier weder auf die Problematik im Ganzen, noch auf das *Wälder*sche Konzept eingegangen werden. Für unser Thema reicht es zu erwähnen, daß *Wälder* entschieden davon abrückt, die Instanzen als existierende Teilsysteme der Persönlichkeit darzustellen, die gewissermaßen ihr Eigenleben führen und miteinander, wie *Holzkamp* schreibt (1964, S. 183), häufig in gespannten sozialen Beziehungen stehen. Stattdessen hebt *Wälder* hervor, »daß die Instanzen weit eher wie verschiedene Seiten aufzufassen sind, die in jedem psychischen Akte des entwickelten Menschen aufzeigbar sind. Es haben eben die einzelnen Phantasien ihre Ichseite, ihre Es-Seite, ihre Überich-Seite« (1930, S. 285).

Wenn z. B. ein Zwangsneurotiker wegen seiner pedantischen Art befürchtet, nicht genügend zu leisten, sich aber auch in Phantasien ergötzt, daß seine Kollegen durch ihre Unordnung die Effektivität der betrieblichen Arbeit stören, dann hat diese Phantasie ihre aggressive Es-Seite, ihre projektiv-abwehrende Ichseite und in der Selbstbeschuldigung ihre Überich-Seite.

Ähnlich äußert sich *Rapaport* (1958, S. 745): »Es dürfte nützlich sein, uns daran zu erinnern, daß Ich, Es und Überich Konzepte sind ..., Abstraktionen, die auf gewisse Charakteristika des Verhaltens verweisen. Im Gegensatz zum Es, das sich auf gebieterisch fordernde Aspekte des Verhaltens bezieht, sind mit Ich jene Verhaltensaspekte gemeint, die aufschiebbar sind, Aufschub herbeiführen oder selbst Ergebnisse von Aufschub darstellen.«

Wälder und *Rapaport* greifen auf *Freuds* eindeutige Klarstellung bei der Einführung der ersten topischen Theorie zurück, daß es sich bei seinen Ausführungen über die Systeme des seelischen Apparates um eine »Fiktion« (*Freud*, 1900, S. 604) oder in unserer heutigen Terminologie um ein hypothetisches Konstrukt handle, das er konzipiert habe, um »uns die Komplikation der psychischen Leistung verständlich zu machen«. Aus wissenschaftstheoretischer Sicht ist *Freud* und der Psychoanalyse wiederholt kritisch vorgehalten worden, daß in vielen Aussagen über die Systeme des psychischen Apparates von ihnen als real existierende Entitäten gesprochen wird. (Vgl. *Hermann*, 1969, S. 34)

Insofern haben *Wälder* und *Rapaport* eine Klarstellung der psychoanalytischen Position gebracht, die für die interdisziplinäre Diskussion fruchtbar sein dürfte. Eine ähnliche Klarstellung findet sich auch bei *Hartmann, Kris* und *Löwenstein* (1946). Wenn jedoch Ich, Es und Überich als hypothetische Konstrukte aufzufassen sind, dann müssen *Wälders* und *Rapaports* Formulierungen über Ich und Es als »Seiten« oder »Aspekte« des Verhaltens als nicht völlig korrekt angesehen werden.

Wir wollen in dieser Arbeit daher von folgenden Definitionen ausgehen: das *Ich* ist jene hypothetisch angenommene Organisation von psychischen Funktionen, die jene Aspekte des Verhaltens erklärt, »die aufschiebbar sind, Aufschub herbeiführen oder selbst Ergebnisse von Aufschub darstellen«; das *Es* ist jene hypothetische Organisation von psychischen Mechanismen, die »die gebieterisch fordernden Aspekte des Verhaltens erklärt«.

Oben habe ich den globalen Charakter des Ichbegriffs, die Vielfalt der Teilfunktionen hervorgehoben. Das bedeutet, daß qualitativ unterschiedliche Funktionen die Ichstärke beeinflussen, daß daher das sorgfältige Studium der Wechselwirkungen zwischen den einzelnen Ichfunktionen geboten ist. Es ist deshalb festzuhalten, daß die Ichstärke – ethymologisch an und für sich ein quantitativer Begriff – in erheblichem Maße qualitativ variiert.

Bei der Kompliziertheit des Themas können nur Teilaspekte erörtert werden. Ich habe meine Bemühungen insbesondere auf einige Variablen der Ichstärke konzentriert, die mir für die Indikation zur psychoanalytischen Kurztherapie und tiefenpsychologisch fundierten Beratung von Bedeutung zu sein scheinen.

Die Ichstärke soll nach folgenden Aspekten erörtert werden:

1. die primär- bzw. sekundärprozeßhafte Organisation der Abwehr;
2. die Bildung sekundär autonomer Apparate;
3. Reifung und Entwicklung der primär autonomen Ichapparate;
4. Krisen, Objektbeziehungen, Regression.

4.1. Die primär- bzw. sekundärprozeßhafte Organisation der Abwehr

Freud hat wiederholt das Ich dann als schwach bezeichnet, wenn es sich von seiner Aufgabe zur Synthese und Vereinheitlichung der seelischen Vorgänge überfordert fühlt und zur Verdrängung und weiteren unbewußten Abwehrbemühungen vom Gegenbesetzungstypus[3] seine Zuflucht nimmt. In »Die Frage der Laienanalyse« (1962a, S. 275) schreibt er z. B.: »Worin finden wir das Wesen einer Neurose? Darin, daß das Ich ... nicht imstande ist, seine Funktion der Vermittlung zwischen Es und Realität zu erfüllen, daß es sich in seiner Schwäche von Triebanteilen des Es zurückzieht und sich dafür die Folgen dieses Verzichts in Form von Einschränkungen, Symptomen und erfolglosen Reaktionsbildungen gefallen lassen muß.« Immer dann – in der Kindheit oder im Erwachsenenalter – wenn das Ich in seinen Bemühungen, Triebforderungen und Einsprüche der Realität zu versöhnen, scheitert, »wiederholt sich«, so *Freud*, »der Vorgang der Verdrängung, die Triebe reißen sich von der Herrschaft des Ichs los, schaffen sich auf den Wegen der Regression ihre Ersatzbefriedigungen, und das arme Ich ist hilflos neurotisch geworden«.

Auch *Fenichel* geht in seiner Arbeit »Ego-strength and Ego-weakness« (1955) vom Begriff des Ichs als vermittelnder Instanz, die eine synthetische Aufgabe hat, aus. Er gliedert diese synthetische Funktion vierfach auf und zwar in Aktivität in Relation zur Außenwelt, zum Es, zum Überich und schließlich in eine intrasystemische Aktivität der vereinheitlichenden Organisation der eigenen gegensätzlichen Interessen. Bei seiner Untersuchung, welche Faktoren in bezug auf diese einzelnen Aufgaben des Ichs seine Stärke oder Schwäche determinieren, kommt er jedesmal zum Ergebnis, daß es vor allem anderen das Vorherrschen von Abwehrformen des Gegenbesetzungstypus ist, das zu einer bedrohlichen Schwächung des Ichs führt. Der Grund dafür ist – nach *Fenichel* –, daß in solchen Abwehrkämpfen, die sich ja endlos wiederholen, weil sie die Konflikte nicht lösen, soviel Kraft verbraucht wird, daß diese für sonstige, insbesondere synthetische Ichfunktionen fehlt.

Zu diesen Ansichten von *Freud* und *Fenichel* ist kritisch zu bemerken, daß man klinisch immer wieder Bilder einer schwe-

[3] Ich gebrauche hier den Begriff der Abwehr vom Gegenbesetzungstypus im Sinne von *Moser* (1964a) für solche Abwehrmechanismen wie Reaktionsbildung, Isolierung, Rationalisierung. Intellektualisierung und Verneinung, denen allen gemeinsam ist, daß sie zusätzliche, die Verdrängung sichernde Abwehrformen sind.

ren neurotischen Verstrickung in Trieb-Abwehrkonflikte findet, die gleichzeitig mit einer beachtlichen Leistungsfähigkeit auf allen nicht direkt konfliktbezogenen Gebieten einhergeht. Das legt die Vermutung nahe, daß Kräfteverschleiß nicht der einzige oder sogar nicht der eigentliche Grund für Ichschwächung durch Gegenbesetzungsabwehr sein dürfte.

Ich denke z. B. an eine Patientin, der in ihrer Umgebung kaum jemand ihre schweren neurotischen Störungen anmerkte. Nach außen hin war sie glücklich verheiratet, und sogar der Ehemann hatte sich lange kein richtiges Bild davon gemacht, wie sehr seine Frau gerade an der Ehe litt. Ihm war zwar bekannt, daß sie sich Kinder wünschte, aber er glaubte, daß sie sich seit langem seinen in dieser Hinsicht gegenteiligen Vorstellungen angepaßt habe. Dazu gab ihm seine Frau auch Anlaß, weil sie es vermied, im Sinne ihres Kinderwunsches auf den Partner einzuwirken. Sie rationalisierte diese Haltung damit, daß es einem eventuellen Kind schaden müßte, wenn sein Vater es gezwungenermaßen gezeugt hätte, und nährte in sich über Jahre eine nicht zu erschütternde Hoffnung, daß ihr Mann nach einem inneren Reifungsprozeß — auf den sie aber keinen Einfluß nehmen dürfe — eines Tages zur Vaterschaft bereit sein würde.

Die Patientin litt unter chronisch rezidivierenden schweren, von Zwangssymptomen begleiteten Angstzuständen, die mit Gefühlen totaler Hilflosigkeit einhergingen. Außerdem klagte sie darüber, beim Geschlechtsverkehr keinen Orgasmus zu erleben.

Die Eltern der Patientin waren, als sie 4—5 Jahre alt war, geschieden worden. Der Vater hatte bei Gericht durchsetzen können, daß seine Tochter ihm zugesprochen wurde. Die Patientin, die zu ihrer Mutter bis dahin ein sehr inniges und zutrauliches Verhältnis hatte, erinnerte sich, daß sie damals auf eine Frage der Mutter, ob sie darüber traurig sei, künftig nicht mehr von ihr zu Bett gebracht zu werden, entgegen ihrem wirklichen Empfinden geantwortet hatte: »Nein, ich bin gar nicht traurig.«

Als die Mutter einige Jahre später erkrankte, faßte die Patientin den Vorsatz, nicht mehr zu masturbieren, damit die Mutter wieder gesund werde. Sie »sündigte« doch, und die Mutter starb. Die Patientin wuchs beim Vater auf, den sie vergötterte, und der seinerseits seiner Tochter warme Zuwendung entgegenbrachte, aber zugleich autoritär und mit Härte seine Vorstellungen und Pläne für ihr Wohlergehen durchzusetzen wußte.

Die Analyse ergab, daß die Patientin seit ihren Kinderjahren vor allem aus Objekt- und Liebesverlust stammende Aggressionen gegen beide Elternteile unter Verwendung von Verdrängung, Verleugnung, Reaktionsbildung, Isolierung, Rationalisierung und Projektion abwehrte. Stets war es ein umgrenzter Lebensbereich, in dem dieser Konflikt ausgetragen wurde. In diesem Bereich erwies sich ihr Ich so stark in der Anwendung vielförmiger Abwehrtechniken, wie es andererseits schwach war in bezug auf seine integrierende Aufgabe, realitätsgerechte Befriedigung und Anpassung herbeizuführen.

Als sie in die Analyse kam, war die Ehe dieser Konfliktbereich. Für ihr unbewußtes Erleben war sowohl die Behauptung ihrer Ansprüche (Wunsch nach einem Kind) als der eigene Orgasmus gleichbedeutend mit Töten und deshalb vom Überich strengstens verurteilt. Die Aggressionen gegen den Ehepartner wurden in übersteigerter Liebeszuwendung verkehrt, die sich unter anderem beim Geschlechtsverkehr in einer für den Partner beglückenden Aktivität äußerte. Allerdings fügte sie ihm durch den fehlenden eigenen Orgasmus eine narzißtische Kränkung zu. Diese war von der unbewußten Phantasie begleitet, daß der Vater ihr wohl verschaffen könne, was der Ehemann nicht zuwege brachte. Damit rettete sie dem narzißtisch und libidinös besetzten Vater seine Überlegenheit und erzielte für die ihm geltenden Aggressionen eine Verkehrung ins Gegenteil.

Was mich an dem referierten und einigen ähnlich gelagerten Fällen beeindruckt, und zu den nachfolgenden Überlegungen angeregt hat, ist die Tatsache, daß solche sich über Jahre fortsetzenden Abwehranstrengungen bei diesen Patienten nicht – wie nach *Freuds* und *Fenichels* Thesen zu erwarten wäre – zu einer allgemeinen Ichschwächung geführt haben. Beruflich war die geschilderte Patientin erfolgreich und leistungsfähig, sie erfreute sich lebendiger und anregender zwischenmenschlicher Kontakte und fand Entspannung in einem sportlichen Hobby.

Im folgenden soll deshalb die Wirkung der Abwehr, insbesondere im Hinblick auf die Frage, warum sie die Leistungsfähigkeit des Ichs beeinträchtigt, erneut untersucht werden. Ich will versuchen, begründet darzulegen, daß der eigentliche Grund der ist, daß durch Gegenbesetzungsabwehr psychische Prozesse von größerem oder kleinerem Umfang unter die Dominanz des Primärprozesses geraten. Auf der Grundlage einer solchen Erklärung lassen sich Faktoren bestimmen, die qualitative und quantitative Differenzen einer solchen Ichschwächung bedingen und vor allem auch so begünstigen, daß sie einen progredienten bzw. reversiblen Verlauf nimmt. Für diese Überlegungen haben wir von *Freuds* Lehre der Verdrängung auszugehen.

Freuds Lehre der Verdrängung und Abwehr

»Die Verdrängung geht vom Ich aus, das ... eine im Es angeregte Triebbesetzung nicht mitmachen will« (*Freud*, 1926b, S. 118), weil es eine eventuelle Gefahr wahrnimmt. Das Ich hat einen Einfluß auf die Vorgänge im Es, weil es über die innere und äußere Wahrnehmung verfügt, wodurch es nicht nur die Ansprüche des Es, sondern auch ihren eventuellen Gegensatz zu Anforderungen des Überichs und der Realität zur Kenntnis nimmt.

Im Falle einer Gefahr mobilisiert das Ich Angst. Diese faßt *Freud* als Affektspur eines infantilen traumatischen Erlebnisses totaler Hilflosigkeit auf; d. h. Angst wird von ihm als die Erinnerungsspur dieses Erlebnisses, verbunden mit der diffusen Entladung der zugehörigen Erregung in das motorische, sekretorische und vegetative System, verstanden. »Behält bei einer solchen Angstentbindung das Alte« (gemeint ist das infantile Trauma) »die Oberhand, dann erschöpft sich die gesamte Reaktion in einem Angstanfall, und dann wird der Affektzustand lähmend und für die Gegenwart unzweckmäßig.« Sofern »die Wiederholung des alten traumatischen Erlebnisses sich auf ein Signal beschränkt« (d. h. auf eine Antizipation einer möglichen Wiederholung der unlustvollen Affekterregung im denkerischen Probehandeln), »kann die übrige Reaktion sich der neuen Gefahrenlage anpassen (*Freud*, 1933, S. 518). Durch ein solches Unlustsignal gewinnt nämlich das Ich Einfluß auf die Triebregung, weil es sich die Hilfe der beinahe allmächtigen Instanz des Lustprinzips sichert« (*Freud*, 1926b, S. 119). Durch die Entbindung von Unlust kann nämlich das Drängen der Triebregung nach Abfuhr der Erregung (= Lustgewinn) auf schnellstem Weg am zunächst erreichbaren Objekt gebremst werden. So wird eine Voraussetzung für Triebaufschub und das Wirksamwerden des Realitätsprinzips hergestellt.

Von diesem Punkt aus kann der Vorgang einen unterschiedlichen Verlauf nehmen. Ein erster wird von *Freud* in den genannten Schriften — wo sein Augenmerk auf das Thema der neurotischen Angst und der Verdrängung gerichtet ist — nur in einem Satz erwähnt: »Diese Aufgabe« — nämlich die primärprozeßhafte Triebbesetzung aufzuheben und ohnmächtig zu machen — »gelingt dem Ich, wenn es stark ist und die betreffende Triebregung in seine Organisation« — Sekundärprozeß gemäß dem Realitätsprinzip — »einbezogen hat« (1933, S. 524). Hiermit wird eine die Anpassung gewährleistende Lösung des Konflikts im Sinne der von *Nunberg* (1930) beschriebenen synthetischen Funktion herbeigeführt.

Der andere mögliche Verlauf ist der der Verdrängung bzw. Gegenbesetzungsabwehr. Unter dem Druck der entbundenen Unlust zieht das Ich seine das Angstsignal auslösende Probebesetzung wieder von der Triebregung ab (Fluchtversuch) und setzt ihr eine Gegenbesetzung entgegen. Dadurch wird die verpönte Triebregung vom Bewußtwerden und von ihrer Überleitung in eine Handlung ausgeschlossen.

Es stellt sich dann die Frage, was mit der verdrängten Regung geschieht. In diesem Punkt hält *Freud* auch in den späteren Schriften — jedenfalls in seinen expliziten theoretischen

Aussagen – an seiner in »Die Verdrängung« vertretenen Auffassung fest, die ich zunächst referieren werde.

Die vom Zugang zum bewußten Ich ausgeschlossene Regung drängt nach, aber nicht in ihrer originären Gestalt, sondern in Form einer Ersatzvorstellung, die assoziativ mit der der Verdrängung unterliegenden Triebrepräsentanz verknüpft ist und so ihre Stelle einnimmt, andererseits aber infolge Entstellung nicht mehr als die verpönte Triebrepräsentanz für das System Vbw erkennbar ist und deswegen Zugang zum Bewußtsein erlangen kann. Eine dem Vater geltende libidinöse Regung z. B. wird auf ein Tier als Ersatzobjekt verschoben. Außerdem regrediert der Betreffende auf analsadistische Stufe: zwanghafte Neigung, bestimmte Tiere zu quälen.

Das System Bw – Vbw benutzt eine solche Ersatzvorstellung als Gegenbesetzung gegen das Auftauchen der verdrängten Regung, so daß sich die ganze (unbewußte und vorbewußte) Besetzung auf die Ersatzvorstellung konzentriert, an der sich fortan der Konflikt der Systeme Ubw und Vbw abspielt und meistens immer weiter ausdehnt.

In einer vorläufigen Analyse der drei Hauptformen von Psychoneurosen stellt *Freud* klar, daß sich dieser Grundvorgang je nach Krankheitsbild unterschiedlich gestaltet. Seine Darlegungen über mehrere Mechanismen des »Verdrängungsvorganges« wären in der heutigen Begriffsbildung und Terminologie als unterschiedliche Formen der Abwehrorganisation zu bezeichnen. Sie ergeben sich dadurch, daß jeweils andere Abwehrmechanismen vom Gegenbesetzungstypus zur Sicherung einer wirksamen Verdrängung ins Feld geführt werden (vgl. *Moser*, 1964a).

Dies alles – sowohl die Mechanismen der Verdrängung als auch die sonstige Abwehr – dient der Fernhaltung des eigentlichen Konfliktinhaltes vom System Vbw. Weil er jedoch im System Ubw erhalten bleibt und ins System Vbw nur entstellt und unkenntlich gemacht vordringt, kann der Konflikt weder dort noch hier entschieden werden und zieht daher, so *Freud*, eine beständige Kraftausgabe auf Kosten der sonstigen Ichfunktionen nach sich.

Nun läßt dieses Modell eine Frage offen: wie kommt es, daß die nachdrängende Triebregung in Gestalt einer Ersatzvorstellung oder eines Symptoms zum System-Bw vordringt? In »Die Verdrängung« hat *Freud* dies als noch ungeklärtes Problem signalisiert. Im Zusammenhang mit der Frage nach dem Verhältnis von Ersatz- und Symptombildung einerseits und Verdrängung andererseits, befaßt er sich mit dem Problem, ob der

Mechanismus der Symptombildung[4] sich mit dem der Verdrängung deckt. Die für die Antwort gewählte Formulierung läßt deutlich erkennen, daß ihm ihre Problematik nicht entgangen ist. »Die *vorläufige Wahrscheinlichkeit* (Kursivierung von mir) scheint dafür zu sprechen, daß beide weit auseinandergehen, daß es nicht die Verdrängung selbst ist, welche Ersatzbildungen und Symptome schafft, sondern daß diese letzteren als Anzeichen einer *Wiederkehr des Verdrängten* (Kursivierung von *Freud*) ganz anderen Vorgängen ihr Entstehen verdanken. ... Es ist klar, daß die Spekulation hier weiter nichts zu suchen hat, sondern durch die sorgfältige Analyse der bei den einzelnen Neurosen zu beobachtenden Erfolge der Verdrängung abgelöst werden muß« (*Freud*, 1915a, S. 257). Demnach wären Ersatz- und Symptombildung auf einen spezifischen, zwar auf die Verdrängung folgenden, aber von ihr dynamisch und ökonomisch unabhängigen Mechanismus zurückzuführen, nämlich darauf, daß die Energie der verdrängten Triebregungen erhalten bleibt und auf einem Nebengleis eine Erregungsabfuhr sucht.

Die Problematik dieser *Freud*schen Lösung sei zunächst an einer Modifikation des obigen (S. 52) Beispiels erläutert. Ein Triebwunsch, wie die dort angenommene libidinöse Regung zum Vater, die sich in eine zwanghafte Neigung, Tiere zu quälen, verwandelt hat, erfährt oft eine weitere Entstellung, wodurch sie im Symptom einer Tierphobie oder pathologischer Tierschutzbestrebungen in Erscheinung tritt. In diesen Fällen ist nicht nur die Triebregung (wie in der ersten Variation des Beispiels), sondern auch die Abwehr in den Vorgang der Entstellung und Ersatzbildung einbezogen. Letzteres läßt sich nicht auf die »Wiederkehr des Verdrängten« als einer ausschließlichen Bedingung zurückführen.

Es lassen sich einzelne Zitate aus seinen Schriften anführen, aus denen hervorgeht, daß *Freud* – vor allem bei der klinischen Beschreibung der neurotischen Phänomene – mit Schwierigkeiten konfrontiert wurde, die theoretische Trennung von Verdrängung als Ich-Vorgang und von Symptombildung als Es-Vorgang (Wiederkehr des Verdrängten) aufrechtzuerhalten (z. B. 1915b, S. 284, 1926b, S. 132 und 145; vgl. auch *Laplanche-Pontalis*, 1972, S. 631 u. 490). In seiner theoretischen Reflexion jedoch hat *Freud* sich nie dazu durchringen können, dem Ich einen Anteil an der Symptombildung einzuräumen. Der Grund dafür dürfte

[4] = Symptom wird hier und im folgenden in der breiteren psychoanalytischen Bedeutung verstanden, so daß es neben den Symptomen im engeren Sinn auch Charakterveränderungen, neurotische Verhaltensmuster und Hemmungen umfaßt.

sein, daß Symptome primär-prozeßhafter Natur sind und daher in *Freuds* Auffassung dem Es zuzuordnen.

Dies wird aus einer Beschreibung der Wiederkehr des Verdrängten und der Symptombildung deutlich, die in »Die Verdrängung« (1915 a, S. 257) auf den oben zitierten Abschnitt folgt. Aus dieser nach den drei bekanntesten Psychoneurosen aufgegliederten Analyse ergibt sich, daß sich die Wiederkehr des Verdrängten durch Verschiebung, Verdichtung, Symbolbildung und über oberflächliche Assoziationen vollzieht. Diese sind aber die charakteristischen Mechanismen des Primärprozesses, von dem *Freud* angenommen hat, daß er ausschließlich dem System Ubw, bzw. dem Es angehöre. In der »Traumdeutung« hatte er den Satz formuliert, »daß solche abnorme psychische Bearbeitung eines normalen Gedankenzuges nur dann vorkommt, wenn dieser zur Übertragung eines unbewußten Wunsches geworden ist, der aus dem Infantilen stammt und sich in der Verdrängung befindet« (1900, S. 603). In der Logik dieser theoretischen Überzeugung konnte der verdrängenden Instanz, dem Vbw, bzw. dem Ich kein Anteil an der Symptombildung zuerkannt werden[5].

Außerdem werden dem Ich in der *Freud*schen Lehre gerade solche Aufgaben wie Bindung von Energie, Triebaufschub und Realitätsprüfung, also typisch sekundärprozeßhafte Funktionen zugeschrieben. Auch die Einleitung der Verdrängung durch das Ich geschieht nach *Freuds* Beschreibung im Zuge von Bindung, Aufschub und einer gewissen Form von Realitätsprüfung. Daher verträgt sich der Gedanke, daß in den Abwehrvorgängen der Primärprozeß vorherrsche, nicht ohne weiteres mit dem herkömmlichen Ich-Konzept.

Wir haben es hier mit jener Zweiteilung zu tun, die das psychoanalytische Denken beherrscht: System Ubw, Verdrängtes, Wiederkehr des Verdrängten, Es-Vorgänge unterliegen dem Primärprozeß, während Ich-Funktionen und Abwehr sich nach dem Sekundärprozeß vollziehen. Bis vor kurzem ist diese Auffassung in der psychoanalytischen Theorie praktisch unbestritten geblieben, obgleich – wie dargelegt – manche klinisch beobachtbaren Phänomene ihr zu widersprechen scheinen.

[5] Bemerkenswert ist, daß *Freud*, nachdem er erkannt hatte, daß das Ich in seinen Abwehrbemühungen weitgehend unbewußt operiert, den dann naheliegenden Gedanken nicht diskutiert hat, daß es in der Abwehr auch nach dem Modus des Primärprozesses tätig werden kann. Dies hätte deswegen auf der Hand gelegen, weil er sich in der sehr frühen, aber posthum veröffentlichten Schrift »Entwurf einer Psychologie« die Aufgabe gestellt hatte, eine Erklärung dafür zu suchen, »daß bei einem Ichvorgang (der hysterischen Abwehr) sich Folgen einstellen, die wir nur bei Primärvorgängen gewohnt sind«.

Erst 1963 hat *Merton Gill* in seiner großen Studie: »Topography and Systems in Psychoanalytic Theory« (Kap.: »The Functioning of Defense«) sich um eine Klarstellung bemüht.

Er führt zunächst aus, daß die klinischen Fakten es nicht erlauben, den Primärvorgang auf verdrängte Regungen zu beschränken. Auch an der Abwehr lassen sich Mechanismen wie Verschiebung, Verdichtung, alogische Verknüpfung etc. beobachten. Das zwingt auf theoretischer Ebene zu der Schlußfolgerung, daß sie teilweise primärprozeßhaft funktioniert.

Für die weitere Frage, wie sich ein solcher Einfluß des Primärprozesses auf die Abwehr theoretisch in das Ichkonzept und die Es-Ich-Überich-Gliederung einordnen läßt, hat *Gill* (l.c., S. 114–115) eine – allerdings recht komplizierte – Lösung vorgeschlagen, bei deren Darstellung er sich, wie mir scheint, in Widersprüche verwickelt.

Auf eine Diskussion mit *Gill* kann ich an dieser Stelle nicht eingehen. Vielmehr möchte ich einige eigene Überlegungen zur metapsychologischen Interpretation eines primärprozeßhaften Funktionierens der Abwehr vortragen.

Ich werde dabei von der revidierten Fassung der Theorie des Primärprozesses von *Rapaport* in: »Towards a Theory of Thinking« (1951) ausgehen. Außerdem berücksichtige ich eine Arbeit von *Robert Holt*: »On the Development of the Primary Process« (1967).

Ich erwarte, daß sich auf der Grundlage der gleich auszuführenden Lösung des Problems differenzierter klären läßt, warum – und vor allem – unter welchen Bedingungen Abwehr vom Gegenbesetzungstypus zu welcher Art von Ichschwächung führt.

Verdrängung bewirkt eine strukturelle Ich-Schwächung

Wir haben oben gesehen, daß *Freud* in seiner Lehre von der Verdrängung und der Symptombildung darum bemüht ist, die beiden an dem Konflikt Beteiligten (Triebregung und Abwehrkräfte) und die von jeder der beiden ausgehende Wirkung getrennt zu halten und nach einer eigenen Gesetzlichkeit funktionieren zu lassen. Diese Darstellung verzerrt jedoch die wirkliche Natur dieser Vorgänge, die sich in einer reziproken Wechselwirkung von Triebregung und Abwehrinstanz vollziehen.

Wie stellt sich nun diese Wechselwirkung dar? Durch die Wahrnehmung der Bedrohlichkeit der Triebregung sieht sich das Ich veranlaßt, die von ihm ausgehende Besetzung zurückzuziehen, wodurch dem Triebwunsch die Umsetzung in eine Handlung vorenthalten wird. Dies wirkt auf den Triebwunsch in der Art zurück, daß seine Unlustspannung gesteigert wird, daß das Ich unter vermehrten Druck gerät und über die Auslösung des Angstsignals eine Gegenbesetzung vornimmt. Diese wiederum drängt die Triebbesetzung auf ein Nebengleis, wodurch es zur Besetzung einer Ersatzvorstellung kommt. Ist diese für das wahrnehmende Ich der ursprünglichen Wunschvorstellung noch zu nah, dann erfährt auch sie eine Gegenbesetzung, wodurch der Triebwunsch auf ein weiteres Nebengleis abgedrängt wird. Dieser Vorgang wiederholt sich, bis eine Vorstellung erreicht wird, die sich als Verschiebungsersatz des ursprünglichen Wunsches (und oft gleichzeitig als Verdichtung mehrerer Triebwünsche) eignet und diesen doch so weit entstellt, daß sie eine Besetzung seitens des Ichs erhalten kann. Sie wird in Gestalt eines Symptoms als Gegenbesetzung der unentstellten Regung benutzt.

Dieser Gesamtvorgang, der zwar durch ein Kräftegegenspiel zustandekommt, der sich aber nicht in zwei gesondert verlaufende Prozesse auflösen läßt, ist jene psychische Entität, der die Merkmale des Primärprozesses (Verdichtung, Verschiebung, Symbolbildung und alogische Vorgänge) anhaften.

Zur Erläuterung dieser These möchte ich auf zwei Punkte etwas ausführlicher zu sprechen kommen. Zum ersten Punkt sei zunächst zurückverwiesen auf unsere Erläuterung der Begriffe Ich und Es in der Einführung, wonach die Instanzen nicht als für sich existierende Teilsysteme, sondern als hypothetische Konstrukte zur Erklärung unterschiedlicher Aspekte eines psychischen Gesamtvorgangs aufzufassen sind. Mir scheint nun, daß bei der Zuordnung der beiden Prinzipien des psychischen Geschehens zum Es (bzw. System Ubw) respektive zum Ich aus dem Auge verloren worden ist, daß Primär- und Sekundärprozeß als Regulationsprinzipien psychischer Gesamtvorgänge aufzufassen sind.

Zwar kann man von einer Affinität der beiden Prozesse zum Ich, respektive zum Es sprechen, aber diese kann nicht so verstanden werden, als würde das eine Prinzip die Esvorgänge, das andere die Ichvorgänge, die beide als solche und für sich nicht real existieren, regulieren. Wie sie wohl zu verstehen ist, läßt sich an dem zweiten Punkt erläutern.

Der zweite Punkt, auf den zur Erläuterung meiner These kurz einzugehen ist, betrifft die Weiterentwicklung der *Freud*schen Theorie des Primärprozesses durch *Rapaport* (1951); vgl. auch *Houben* (1970). Sich stützend auf psychologische, psychoanalytische und psychopathologische Befunde, hat dieser Autor dargelegt, daß motiviertes Handeln, Affektgeschehen und Denkprozesse, also Vorgänge, die *Freud* dem Ich zuordnet, sich gemäß einer kontinuierlichen Abstufung von mehr primärprozeßhafter bis zu mehr sekundärprozeßhafter Regulierung vollziehen. *Freuds* Überlegungen gehen mehr von den befremdenden Phänomenen der Verdichtung, Verschiebung, alogischen Verknüpfung, dem Nebeneinander von widersprüchlichen Vorstellungen, also von der »Andersartigkeit« im Vergleich zu den »normalen« psychischen Vorgängen aus (*Freud* spricht von einer »neurotischen Währung«) (1911, S. 238) und führen so zu einer Konzeption von Primär- und Sekundärprozeß als einer Alternative. *Rapaport* hingegen hebt deutlicher die in all diesen scheinbar abartigen Phänomenen sinnvoll vereinheitlichenden Prinzipien hervor, nämlich: eine Organisation des Handelns, Denkens und der Affekte, die vom Triebgeschehen her bestimmt wird (Primärprozeß), und, als Gegenpol, eine solche, die von der Wahrnehmung der äußeren und inneren Realität ausgeht (Sekundärprozeß). Die Affinität von Primär- bzw. Sekundärprozeß zu Es und Ich besteht demnach darin, daß solche Vorgänge, die dem Es bzw. Ich zugeordnet werden, die Führung im psychischen Gesamtvorgang übernehmen und für alle übrigen psychischen Teilfunktionen eine Orientierung nach ihren Gesetzlichkeiten bewirken.

Rapaport hat – vor allem in »Organization and Pathology of Thought« – ein begründetes Modell vorgelegt, wie die Genese einer sich vom Triebgeschehen herleitenden Organisation der psychischen Prozesse verstanden werden kann. Das für unsere Fragestellung Bedeutsame läßt sich folgendermaßen zusammenfassen:

1. Trieb als psychische Begebenheit ist eine Unlusterregung, von der ein Drängen nach ihrer Aufhebung (= Lustgewinn) auf kürzestem Wege ausgeht (Vorherrschaft des Lust-Unlust-Prinzips).

2. Das Ziel des Triebes, Lustgewinn, ist an das Vorhandensein spezifischer Objekte gebunden. Fehlt nun in einem frühen Entwicklungsalter mit entsprechend schwachen Ichfunktionen ein solches Objekt, dann findet das Drängen (= Triebenergie) keine unmittelbare Abfuhr, sondern *erleidet* Aufschub (wohl zu unterscheiden von der Aufschub schaffenden Aktivität des Ichs). Die Energie jedoch sucht – weil sie dem Lustprinzip unterliegt – eine Entladung und erreicht diese, allerdings nur teilweise, auf mehreren Wegen nebeneinander:

a) diffuse Abfuhr in das motorische und sekretorische System, die sich psychisch als Affekt (z. B. Angst, Ärger) repräsentiert;

b) Spannungsentladung mittels halluzinatorisch lebhafter Bilder des Objektes oder vorangegangener Befriedigung;
c) Spannungsentladung mittels Ersatzobjekte (z. B. Lutschen am Finger statt an der Brust).

3. Weil auf diese Weise kein die Unlusterregung ganz aufhebender Lustgewinn erreicht werden kann, ergreift die Energie das ganze Erlebnisfeld der aufgeschobenen Triebregung: alle Empfindungen und Wahrnehmungen in der Periode des Aufschubs, die Ersatzobjekte, die halluzinierten Objekte und Befriedigungen, sowie einzelne ihrer Details oder Teilaspekte werden energetisch besetzt und bilden ein dauerhaftes assoziatives Gefüge von Vorstellungen und Erinnerungsspuren um die betreffende Triebregung herum. Sie sind mittels dieser außerdem mit den Affekten verbunden, in die sich die gestaute Erregung partiell entladen hat.

4. Da die Triebenergie eine freibewegliche ist, kann sich die Besetzungsenergie fortan bei gegebenem Anlaß auf jede Vorstellung aus dem assoziativen Gefüge um den Trieb konzentrieren. Weil jedoch eine so besetzte Ersatzvorstellung mittels der originären Triebregung auch mit der Affektspur assoziativ verknüpft ist, enthält sie eine Disposition, auch die Affekterregung auf sich zu ziehen.

In der Konsequenz dieser Rapaportschen Theorie nehme ich an, daß sich vor allem in der frühen Kindheit eine Anzahl solcher Muster von Ersatzobjekten, Erinnerungsspuren, Vorstellungen und Affektspuren bilden, die ich in Anlehnung an *Holt* (1967) *primärprozeßhafte Strukturen* nenne. Weil die Energie des Triebes in diesem System leicht verschiebbar ist, kann sich die Besetzung wechselnd auf einzelne Teile des Ganzen konzentrieren. Daher weisen solche Strukturen zwar Stabilität ihrer Grundgestalt auf, ihre Erscheinungsgestalt kann aber wechseln. Bsp.: nacheinander auftretende variierende Traumbilder, die sich in der Analyse als Ausdruck gleichartiger Triebwünsche erweisen.

Da sich diese Strukturen durch das gebieterisch fordernde Drängen der Triebe bei einem erlittenen Befriedigungsaufschub bilden, scheint es berechtigt, sie dem Es zuzuordnen. Beim Einsetzen der Gegenbesetzungsabwehr erweisen sie sich als Konstellationen, die dann geeignet sind, den Primärprozeß über ihren eigenen Bereich auf den gesamten psychischen Konfliktverlauf nach seinen Es- und Ich-Aspekten übergreifen zu lassen.

Wenn das Ich nämlich zwecks Bindung einer verpönten Triebbesetzung das Angstsignal auslöst, kann ein denkerisches Probehandeln mit kleinen Besetzungsverschiebungen einsetzen, das zu einer sekundärprozeßhaften Konfliktlösung durch Anpassungsleistung führt. Zieht das Ich aber eine solche Ichbesetzung von der Triebregung zurück, d. h. nimmt es eine Verdrängung vor, dann wird die Triebregung von ihrer Umsetzung in eine Befriedigungshandlung abgehalten. Die gestaute Triebregung breitet ihre Besetzung dann in ihrem zugehörigen Umfeld aus, aber auch der Angstaffekt wird (über seine assoziative Verknüpfung mit den Affektspuren der vorgegebenen primärprozeßhaften Struktur) in dieses Umfeld des Triebes hineingezogen, und zwar primärprozeßhaft (= Unlustbeseitigung auf schnellstem Weg).

Welche Ersatzobjekte oder Erinnerungsvorstellungen die Triebregung unter Verkennung der Realität auch immer besetzen mag, der Angstaffekt und die von ihm ausgehende Gegenbesetzung folgen ihr blind nach, allen Ersatzbildungen entlang, bis in einem Symptom dadurch ein relativer Ausgleich zustandekommt, daß Ersatzbefriedigung und Abwehrbedürfnisse sich in ihm in entstellter Weise die Waage halten. In dieser Weise werden Angst und Abwehr einseitig an wechselnde Ausformungen eines Triebwunsches gekettet, auf die sie gleichzeitig Einfluß nehmen. Dabei verlieren Angst und Abwehr den Bezug zur realen Gefahr, und der Triebwunsch den zur realen Befriedigung.

Der Vorgang läßt sich an nahezu jedem beliebigen Beispiel einer analysierten Neurose aufzeigen. Ich wähle das Beispiel des »Kleinen Hans«, weil *Freud* bei der Entwicklung und Darstellung seiner Abwehrlehre sich vor allem auf diese Krankengeschichte bezogen hat (*Freud*, 1909).

Hans ist im Alter von etwa viereinhalb Jahren ein lebhafter, intelligenter Bub, der sich in der altersentsprechenden phallischen und ödipalen Phase der Triebentwicklung befindet; er zeigt auffallendes Interesse für den (libidinös stark besetzten) hochgeschätzten Penis, treibt fleißig Sexualforschung, umwirbt seine Mutter und versteht durch ängstlich getönte zärtliche Wünsche sie zu bewegen, ihn zu sich ins Bett zu nehmen, worüber der Vater sein Mißfallen ausdrückt. Eine Kastrationsdrohung seitens der Mutter (l.c., S. 245) beantwortet er schlagfertig und ohne erkennbare Angst oder Schuldgefühle. Während eines Ferienaufenthaltes stellen sich gewisse Komplikationen für seine ödipalen Wünsche ein. Seine beiden Konkurrenten, die kleine Schwester und der Vater, machen ihm die Zuwendung der Mutter streitig. Hans richtet seine Triebwünsche auf Ersatzobjekte: Spielkameraden oder ihm zufällig begegnende Mädchen, mit denen er erotische Spiele macht oder in die er sich sogar förmlich verliebt. Außerdem aber stellt sich durch eine wiederholte Abwesenheit des Vaters während dieser Ferien eine Erfüllung seiner durchaus ambivalenten ödipalen Beseitigungswünsche ein, die bei der Rückkehr des Vaters und durch die Anwesenheit der kleinen Schwester andererseits auch wieder frustriert werden.

Trotz einer solchen verstärkten Triebtätigkeit und der ebenfalls erheblichen Versagungen sind zu dieser Zeit noch keine Anzeichen einer krankhaften Störung des psychischen Gleichgewichts erkennbar. Aber in Anbetracht einzelner Elemente des späteren Symptombildes und des Gefüges von Phantasien, die es begleiten, nehme ich – im Sinne der vorgetragenen theoretischen Konzeption – an, daß sich eine primärprozeßhafte Struktur von Ersatzobjekten, Erinnerungsspuren und Vorstellungen, die libidinöse Nebenbesetzungen der zärtlichen und feindseligen phallisch-ödipalen Triebregungen erhalten haben, gebildet hat. Wie sie ausgestaltet gewesen ist, dürfte uns größtenteils unbekannt sein. Wir kennen nur jene Elemente, die später, als die betreffenden Triebwünsche der Verdrängung anheimfielen, zu Bestandteilen des in der Analyse erkennbaren Trieb-Abwehrkonflikts werden. Dieser ersten, noch sehr lokkeren Struktur mußten demnach z. B. Vorstellungen angehört haben wie – Abreise des eigenen Vaters – Abreise von Lizis Vater – dabei getane Äußerung: »Gib den Finger nicht zum weißen Pferd, sonst beißt es dich« – Pferd – Wagen – Gepäck aufladen – Badewanne –, »Gib den Finger nicht zum Wiwimacher«, Wiwimacher – masturbatorische Lust – Pferd spielen als Lust – harmlose Verwunderung des Fritzl, als er beim Pferdspielen fällt – etc.

Diese Vorstellungen sind, wie ich annehme, alle untereinander durch ihre gemeinsame Zugehörigkeit zum gleichen Triebkomplex verknüpft, mit dessen Energie sie jederzeit besetzt werden können.

Hans' Erkrankung beginnt kurze Zeit nach der Rückkehr nach Wien, als durch den Ausfall der Spielkameraden als Ersatzobjekte für die Mutter und durch die dauernde Anwesenheit des Vaters die eigentlichen ödipalen Regungen keine Abfuhr mehr auf Nebengleisen erfuhren. Wir nehmen an, daß in dieser Konstellation eine Verdrängung eingesetzt hat. Ihre ersten Spuren zeigen sich im Verhalten bei dem Erlebnis, mit dem eine pathologische Angst bei Hans begonnen hat. In Begleitung der Mutter sieht er auf der Straße ein Stellwagenpferd umfallen und mit den Füßen zappeln. Er erschrickt heftig; eine einfühlbare Reaktion. Nicht mehr dem Anlaß entsprechend ist, daß sich diese Angst mit den Vorstellungen verknüpft, das Pferd sei tot, und künftig würden alle Pferde umfallen. Die analytische Erklärung ist naheliegend. Der verdrängte, aber nachdrängende Wunsch, der Vater möge tot sein, besetzt anläßlich der zufälligen Begebenheit jene Vorstellungen aus der vorgegebenen primärprozeßhaften Struktur, die sich assoziativ an den wahrgenommenen Vorgang anschließen: Pferd – Fallen des Fritzl. Abreise des Vaters – Verwunderung. Das Angstsignal der Verdrängung folgt der Verschiebung des Todeswunsches und tritt als Angst auf mit dem Inhalt: alle Pferde fallen um und sind tot. Inhalt der Angstregung ist demnach der entstellte Todeswunsch. Aber Angst und Abwehr sind von diesem Augenblick an in das Gefüge der primärprozeßhaften Struktur einbezogen. In den nächsten Tagen zeigen sich Sehnsüchte nach der Mutter nämlich unverhüllt (l.c., S. 259), aber sie gehen jetzt mit heftigen Angstaffekten einher. Zweifellos fungiert diese Angst auch noch als Mittel zum Ziel, aber ihre Erscheinungsform hat sich gegenüber der früheren, harmlosen, halb gespielten Ängstlichkeit, durch die Hans sich in durchaus zweckmäßiger Weise Zugang zum Bett der Mutter verschafft hatte, deutlich verändert. Die Angst hat jetzt panisch-traumatischen Charakter. Der inzestuöse Wunsch zieht jetzt das ursprünglich gegen den Todeswunsch gerichtete Angstsignal nach sich, aber nicht mit dem Inhalt der aktiven, sondern der passiven Kastrationsdrohung. Es handelt sich auch nicht mehr um Kastration als solche, wie sie in Hans' Erinnerungsschatz vorhanden ist, sondern in jener entstellten Form, welche genau die Entstellungen der verdrängten Triebregung nachgemacht hat: »Ich habe mich gefürchtet, daß mich ein Pferd beißen wird.«

In: »Hemmung, Symptom und Angst« gab gerade die Beobachtung, daß im phobischen Symptom die Entstellung nicht an der zu verdrängenden Triebregung, sondern an der Abwehr vorgenommen wurde, *Freud* Anlaß zu schreiben: »Etwas ist also da nicht in Ordnung, entweder an unserer Auffassung der Verdrängung oder in unserer Definition des Symptoms.« Es sei hiermit zur Diskussion gestellt, ob die hier vorgeschlagene Anwendung der *Rapaport*schen Fassung der Theorie des Primärprozesses auf die Vorgänge beim Abwehrkonflikt eine theoretisch konsistente, klinisch verifizierbare Erklärung bietet. Jedenfalls würde sich aus ihr erklären, daß der Grund, weshalb Abwehr vom Gegenbesetzungstypus Ich-Schwächung nach sich zieht, primär nicht im Kräfteverschleiß, wie *Fenichel* und *Freud* gemeint haben, liegt, sondern darin, daß psychische Vorgänge unter die Dominanz des Primärprozesses geraten und deshalb von einem adäquaten Realitätsbezug ausgeschlossen sind.

Meine These ist, daß wenn bei einem innerpsychischen Konflikt die Auslösung des Angstsignals dazu führt, daß Verdrängung und sonstige Gegenbesetzungsabwehr einsetzt, der gesamte weitere (Wahrnehmungs- und Gedächtnisleistungen, Affekt und motorische Aktionen umfassende) Vorgang nach der Gesetzlichkeit der Triebprozesse abläuft. Sämtliche, den Konflikt berührende psychische Vorgänge werden nach dem für das Es eigentümlichen Lust-Unlust-Prinzip organisiert, unter Ausschluß des Einflusses des Realitätsprinzips. *Blinde*, d. h. reale Verhältnisse nicht mehr berücksichtigende Suche nach Lust und Vermeidung von (Angst-)Unlust übernehmen im psychischen Ablauf die Regulation. Dies führt deswegen zu einer Schwächung des Ich, weil es durch die einseitige Zentrierung seiner Funktionen auf trieb- und angstrelevante[6] Momente im Umfeld des Konflikts an seiner vermittelnden und Anpassung schaffenden Funktion gehindert wird. Meine Darlegungen in den folgenden Abschnitten dieses Kapitels vorwegnehmend, sei hier bereits vermerkt, daß Schwäche des erwachsenen Ich vornehmlich dadurch bedingt wird, in welchem Ausmaß primärprozeßhaft verlaufende infantile Trieb-Abwehr-Konflikte im Seelenleben um sich gegriffen haben. Die Stärke des Ich hingegen hängt vor allem davon ab, inwieweit im Zuge des sekundären Abwehrkampfes synthetische Ich-Funktionen einen solchen Einfluß auf die Konfliktabkömmlinge gewinnen, daß die Dominanz des Primärprozesses zugunsten des Sekundärprozesses eingedämmt wird. Wie dies vor sich geht, und welche Ich-Funktionen hierfür bedeutsam sind, ist in den folgenden Abschnitten zu erörtern.

Vorweg sei noch darauf hingewiesen, daß ich die primärprozeßhafte Konfliktbewältigung auf dem mitgedachten Hintergrund eines polar ausgerichteten Modells beschrieben habe (vgl. *Houben*, 1970, S. 147). Sie nimmt ihren Ausgang davon, daß das Ich im Anschluß an die Auslösung des Angstsignals seine denkerische Probebesetzung zurücknimmt und statt dessen eine Gegenbesetzung vornimmt. So gerät der weitere Verlauf bis zur Symptombildung von der Trieb-, wie auch von der Abwehrseite (Angstsignal) unter den ausschließlichen Einfluß des Lust-Unlust-Prinzips.

Als Gegenpol zu diesem Verlauf ist jener anzusehen, in dem die Wirkung des Angstsignals auf die eines Signals beschränkt bleibt, das Triebaufschub herbeiführt. Hierdurch wird Raum und Zeit für denkerisches Probehandeln gewonnen und so kön-

[6] Angst als Affektspur traumatischer infantiler Erlebnisse im Gegensatz zu einer Furcht, die als den wirklichen Risiken einer bestimmten Handlung adäquat gelten kann.

nen die sekundärprozeßhaften Lösungen, die nach dem Realitätsprinzip ablaufen und Anpassung schaffen, zustande kommen.

Im einzelnen werden sich die konkreten Konfliktbewältigungen meistens an irgendeiner Stelle eines zwischen diesen Polen Primär- und Sekundärprozeß zu denkenden Kontinuums vollziehen und in unterschiedlichem Ausmaß unter der Wirkung beider Prinzipien des Psychischen stehen. (Beispiel: In manchen Fällen scheint ein Symptom von vorneherein derart geeignet, einen reellen Nutzen zu gewährleisten oder Anpassungsbedeutung zu haben – social modalities – daß man mit *Jay Katz* (1963, S. 12) vermuten kann, daß realitätsbezogene Ichaktivität zu der spezifischen Symptomwahl beigetragen hat.) (Vgl. weiter *Richter*: »Patient – Familie«, 1970, und *Erikson*: »Kindheit und Gesellschaft«, 1957)

4.2. Sekundärer Abwehrkampf und Entwicklung von Apparaten sekundärer Autonomie

Solche primärprozeßhaften Formen von Konfliktbewältigung können in allen Stadien der menschlichen Entwicklung auftreten, aber die im Erwachsenenalter vollziehen sich immer durch regressiven Rückgriff auf infantile Neurosen oder neurosenartige Prozesse.

Auf die Mechanismen der Regression und ihre Bedeutung für Stärke bzw. Schwäche des Ichs soll im übernächsten Abschnitt eingegangen werden. Zunächst wollen wir die Folgen der infantilen primärprozeßhaften Konfliktlösung für die Ichentwicklung untersuchen. Bei der Schwäche des sich während der Kinderjahre erst allmählich durch Reifung und Lernprozesse entwickelnden Ichs kommt es – wie uns im übrigen die analytische Erfahrung bestätigt – normalerweise zu Verdrängungen und Abwehrvorgängen, die Teile der psychischen Prozesse unter die Dominanz des Primärvorgangs bringen. Jene innerpsychischen Abläufe, die im Symptom ihren verhaltensmäßigen Ausdruck finden, sind als Strukturen aufzufassen, die, weil sie auf der Wirkung des Lust-Unlust-Prinzips beruhen, dem Es zuzuordnen sind. Der mögliche Einwand, daß es eine Inkonsistenz sei, Symptome, die u. a. als Icheinschränkungen, Charakterveränderungen und Fehlanpassungen in Erscheinung treten, auf Es-Strukturen zurückzuführen, trifft in der hier vorgetragenen Konzeption nicht zu. Wir haben die Affinität des Primärvorganges zum Es nämlich derart definiert, daß Es-Vorgänge im psychischen Gesamtvorgang die Führung übernehmen und für die übrigen

Teilfunktionen eine Orientierung nach ihren Intentionen bewirken.

Die vor der Verdrängung gegebenen primärprozeßhaften Strukturen von Erinnerungen, Vorstellungen und Affektspuren um einen Trieb herum (siehe oben, S. 58), die wir in ihrer Erscheinungsgestalt als instabil gekennzeichnet haben, erfahren im Zuge der Verdrängungs- und Symptombildungsvorgänge eine Stabilisierung. Besetzung und Gegenbesetzung konzentrieren sich nämlich schließlich auf solche Ersatzobjekte und -vorstellungen, die sich als geeignet erweisen, die aneinander geketteten gegensätzlichen Besetzungen im Kompromiß des Symptoms zu einem Ausgleich kommen zu lassen. Wir wollen diese Strukturen, die bewirken, daß künftig alle erneuten Erregungen der betreffenden verdrängten Triebregung jene Ersatzbildungen, die zum Auftreten des Symptoms führen, besetzen, *stabilisierte primärprozeßhafte Strukturen* nennen. Sie behalten ihren primärprozeßhaften Charakter, weil sie *nicht* durch Energiebindung entstehen; diese würde ja beinhalten, daß die Ichkräfte den Drang zur Entladung kontrollieren können. Primärprozeßhafte Strukturen sind dadurch gekennzeichnet, daß sich Trieb und Abwehr gegenseitig bedingen und daß sie durch eine Art Patt von freibeweglicher Besetzung und Gegenbesetzung entstehen.

»Stabilisierte primärprozeßhafte Struktur« ist ein struktureller Begriff. Er bezeichnet ein hypothetisches Konstrukt, das Erklärungswert für jene klinisch beobachtbaren Phänomene hat, die Lorenzer (1970) als »klischeebestimmtes, blindes Agieren und Reagieren« beschrieben hat. Er charakterisiert damit treffend jene besondere Art, wie Menschen, die an einer Neurose leiden, in den von ihrer Störung betroffenen Lebensbereichen erleben und reagieren.

Der Patient mit einer Höhenphobie, der lähmende Ängste empfindet, wenn er in ein oberes Stockwerk gehen soll, erkennt meistens die Absurdität einer solchen Angst, aber dieses Wissen vermag er nicht zur Verhaltenskorrektur anzuwenden. Er wird entgegen der eigenen Vernunft und Absicht von etwas gequält, das ihn nötigt, bestimmte Handlungen zu vermeiden und gleichzeitig dadurch in einem Teilbereich aus der verständlichen Kommunikation mit seinen Mitmenschen herauszutreten. Ich habe de Hypothese aufgestellt, daß dies dadurch zu erklären ist, daß sich eine Struktur gebildet hat, die das betreffende Verhalten primär-prozeßhaft organisiert.

Derartige Phänomene, die hier in den Begriff stabilisierte primärprozeßhafte Strukturen gefaßt werden, dürfte *Freud* gemeint haben, als er in »Hemmung, Symptom und Angst« schrieb:

»Der Vorgang, der durch die Verdrängung zum Symptom geworden ist, behauptet nun seine Existenz außerhalb der Ichorganisation (Sekundärprozeß) und unabhängig von ihr. Und nicht er allein, auch alle seine Abkömmlinge genießen dasselbe Vorrecht, man möchte sagen, der Exterritorialität, und wo sie mit Anteilen der Ichorganisation assoziativ zusammentreffen, wird es fraglich, ob sie diese nicht zu sich herüberziehen und sich mit diesem Gewinn auf Kosten des Ichs ausbreiten.«

Hiermit hat *Freud* eine mögliche Weiterentwicklung aufgezeigt, nämlich die Ausdehnung solcher, zunächst ein begrenztes Segment von psychischen Vorgängen beeinflussender primärprozeßhafter Strukturen auf immer mehr Bereiche. Aus dem bisher Ausgeführten ist deutlich, daß Verdrängung zu einer Schwächung des Ichs führen muß, die *qualitativ* dadurch gekennzeichnet ist, daß die Anpassung schaffenden, synthetischen und sekundär-prozeßhaften Funktionen auf das Verhalten in bestimmten Bereichen keinen Einfluß mehr nehmen können, während solche Personen in anderen Bereichen ohne übermäßige Schwierigkeiten in der Lage sind, ihre Triebwünsche und Interessen realitätsgerecht und unter Wahrung einer subjektiv bejahten Anpassungsform durchzusetzen. *Quantitative* Differenzen einer solchen Ichstärke ergeben sich durch die unterschiedliche Ausdehnung der primärprozeß- bzw. sekundärprozeßhaft dominierten psychischen Bereiche.

Wir begegnen in der psychoanalytischen Praxis regelmäßig solchen Patienten, bei denen eine vielgestaltige und doch auch stark verdichtete neurotische Symptomatik und Problematik zu beobachten ist. Bereits die biographische Anamnese und die Erstinterviews ergeben, daß Verhaltens- und Anpassungsstörungen seit der Kindheit fortbestehen und sich allmählich ausdehnen. Charakteristisch ist, daß Vorstellungsabläufe, Affektvorgänge und Verhalten in den betroffenen Lebensbereichen nach einem eingefahrenen schematischen Automatismus ablaufen, der von den Patienten selbst u. U. als abwegig und ihrem sonstigen Benehmen völlig zuwiderlaufend erkannt wird. Sie sind aber nicht in der Lage, dieser Einsicht im Sinne einer Verhaltenskorrektur Geltung zu verschaffen. Therapeutisch erweisen sich korrigierende Erfahrungen, Beratung oder Lerntraining dann auch als völlig wirkungslos.

Ein Patient berichtet im Erstinterview, daß er seit der Kindheit auftretende Ängste dadurch kontrolliert hat, daß er ausprobiert hat, ob sich das jeweils Befürchtete tatsächlich als schlimm erweist, oder ob er in der Lage ist, es zu meistern. Er hat sich mit der Zeit zu einem couragierten, durchsetzungs- und kontaktfähigen sowie geschickt und flexibel operierenden

Funktionär im politischen Bereich entwickelt. Im Kontakt mit Frauen überfallen ihn jedoch bereits bei oberflächlichen Begegnungen panische Ängste, denen er sich teilweise hilflos ausgeliefert fühlt, teilweise nach einem eingefahrenen kontraphobischen Mechanismus zu begegnen sucht, dessen pathologische Art er einsehen, aber nicht korrigieren kann.

Analytisch ließ sich diese Symptomatik auf einen Konflikt im Stadium des Übergangs von der oralen zur analen Phase zurückführen, der mit jeder neuen Entwicklungsstufe entsprechende Teile der fortschreitenden Trieb-, Ich- und Überich-Prozesse an sich riß. Trotz der Belastungen und des Kräfteverbrauchs in diesem seit vielen Jahren unablässig fortwuchernden Abwehrkonflikt würde der Patient nicht als schlechthin ichschwach gelten können. Er ist es nur in Bezug auf einen umschriebenen, in diesem Falle allerdings ziemlich ausgedehnten Verhaltensbereich, und zwar deswegen, weil dort sein Verhalten vom Primärprozeß gesteuert wird.

Die psychische Entwicklung kann aber im Anschluß an infantile Verdrängungen und Symptombildungen auch einen andersartigen Verlauf nehmen. *Freud* hat diese Möglichkeit in »Hemmung, Symptom und Angst« (1926 b, S. 125–127) unter der Überschrift: »Sekundärer Abwehrkampf« diskutiert:

»Einerseits wird das Ich durch seine Natur genötigt, etwas zu unternehmen, was wir als Herstellungs- oder Versöhnungsversuch beurteilen müssen. Das Ich ist eine Organisation, es beruht auf dem freien Verkehr und der Möglichkeit gegenseitiger Beeinflussung unter all seinen Bestandteilen, seine desexualisierte Energie bekundet ihre Herkunft noch in dem Streben nach Bindung und Vereinheitlichung, und dieser Zwang zur Synthese nimmt immer mehr zu, je kräftiger sich das Ich entwickelt. So wird es verständlich, daß das Ich auch versucht, die Fremdheit und Isolierung des Symptoms aufzuheben, indem es alle Möglichkeiten ausnützt, es irgendwie an sich zu binden und durch solche Bande seiner Organisation einzuverleiben. ... Im weiteren Verlauf benimmt sich das Ich so, als ob es von der Erwägung geleitet würde: das Symptom ist einmal da und kann nicht beseitigt werden; nun heißt es, sich mit dieser Situation befreunden und den größtmöglichen Vorteil aus ihr ziehen. Es findet eine Anpassung an das ichfremde Stück der Innenwelt statt, das durch das Symptom repräsentiert wird, wie sie das Ich sonst normalerweise gegen die reale Außenwelt zustande bringt. An Anlässen hierzu fehlt es nie. Die Existenz des Symptoms mag eine gewisse Behinderung der Leistung mit sich bringen, mit der man eine Anforderung des Überichs beschwichtigen oder einen Anspruch der Außenwelt zurückweisen kann. So wird das Symptom allmählich mit der Vertretung wichtiger Interessen betraut, es erhält einen Wert für die Selbstbehauptung, verwächst immer inniger mit dem Ich, wird ihm immer unentbehrlicher. ... Die Systembildungen der

Zwangsneurotiker schmeicheln ihrer Eigenliebe durch die Vorspiegelung, sie seien als besonders reinliche und gewissenhafte Menschen besser als andere; die Wahnbildungen und Paranoia eröffnen dem Scharfsinn und der Phantasie dieser Kranken ein Feld zur Betätigung, das ihnen nicht leicht ersetzt werden kann. Aus all den erwähnten Beziehungen resuliert, was uns als der (sekundäre) Krankheitsgewinn der Neurose bekannt ist. Er kommt dem Bestreben des Ichs, sich das Symptom einzuverleiben, zu Hilfe und verstärkt die Fixierung des letzteren. Wenn wir dann den Versuch machen, dem Ich in seinem Kampf gegen das Symptom analytischen Beistand zu leisten, finden wir diese versöhnlichen Bindungen zwischen Ich und Symptom auf der Seite der Widerstände wirksam.«

Freud beschreibt hier synthetische Bemühungen des Ichs in Bezug auf das Symptom, die seine pathologische Natur nicht verändern, sondern dazu führen, daß die Person einen Nutzen aus dem Symptom zieht, der sich im Endeffekt als Widerstand gegen den Verzicht auf das Symptom erweist.

Eines der bedeutendsten Erkenntnisse der Ichpsychologie in Anschluß an *Hartmann* ist, daß sich Konfliktabkömmlinge und Abwehrvorgänge durch synthetische Bemühungen des Ichs aus dem Konfliktzusammenhang weitgehend lösen und sich zu Apparaten sekundärer Autonomie entwickeln können, die realitätsgerechte Anpassungsfunktionen übernehmen (vgl. *Hartmann*, 1964, S. 338; 1970, S. 27).

Demnach ist a priori zu erwarten – und die klinische Erfahrung bestätigt das –, daß die von den Ichkräften ausgehenden Anstrengungen, die infantilen Symptome und zugehörigen Konfliktabkömmlinge in die Ichorganisation und damit in das Anpassungssystem der Person einzuordnen, zu Resultaten führen, die von pathologischen Fehlanpassungen bis zu Leistungs-, Genuß- und Kontaktfähigkeit fördernden Anpassungssystemen variieren.

Erstere sind dadurch gekennzeichnet, daß die sich entwickelnde Persönlichkeit dazu neigt, die Realitätsprüfung projektiv verfärbt vorzunehmen. In solchen Fällen ergibt die biographische Anamnese, daß sich die Betreffenden in ihrem Verhalten auf weite Strecken von einer bewußten oder unbewußten Einschätzung der inneren und äußeren Gegebenheiten leiten lassen, die geeignet ist, das Fortbestehen des Grundkonflikts und seiner Abkömmlinge zu garantieren und eine progressive Ichentwicklung zu verhindern. In Anlehnung an *Jay Katz* (1963, S. 28) bezeichne ich derartige Ergebnisse des sekundären Abwehrkampfes als *defensive Anpassungsformen.*

Als Beispiel solcher die Krankheit erhaltender Anpassungsmodi kann u. U. ein ausgedehntes System von Rationalisierungen gelten, mit denen neurotisches Verhalten als sozial und moralisch überaus wertvoll und zweckmäßig deklariert wird. So kann z. B. ein Sohn immer neue Nöte seiner Eltern und Geschwister als Grund dafür anführen, daß er sich fürsorglich um sie kümmern und sie finanziell unterstützen muß; deswegen fehlen ihm angeblich Zeit und Finanzen, um eine eigene Familie zu gründen und unter diesen Umständen sei es nur klug, den persönlichen Kontakt mit Frauen zu meiden.

Ein solches Anpassungssystem gewährt dann einerseits narzißtische und masochistische Befriedigung und sichert andererseits das Fortbestehen eines im Symptom einer Potenzstörung »gelösten« Konflikts.

Auf die Dauer ergibt sich daraus eine Schwächung des Ichs, die qualitativ durch Sekundärprozesse vom »Scheuklappen-Typus« (einseitige und inadäquate Realitätsprüfung) und häufig auch durch stagnierende Ichentwicklung gekennzeichnet ist.

Eine Zunahme der Ich-Stärke ergibt sich je nachdem, ob die synthetischen Bemühungen des Ichs in bezug auf das infantile Symptom in geringerem oder größerem Maße zu *»autonomen« Anpassungsformen* führen (vgl. *Katz,* 1963, S. 28). Diese sind dadurch gekennzeichnet, daß Konfliktabkömmlinge, wie Symptome und Abwehrsysteme, durch die synthetischen Bemühungen des Ichs (und u. U. durch günstige soziale und erzieherische Einflüsse) einen »Funktionswechsel« im Sinne von *Hartmann* erfahren, wodurch sie sich aus ihrer Konfliktbezogenheit teilweise lösen, d. h. in den eingeführten Begriffen ausgedrückt, daß sie in solcher Weise in sekundärprozeßhafte Strukturen (Anpassungssysteme) eingeordnet werden, daß damit eine Lokkerung ihrer Verkettung mit den stabilisierten primärprozeßhaften Strukturen einhergeht.

Oben im *Freud*-Zitat wurde die narzißtische Befriedigung erwähnt, die Zwangsneurotiker sich aus ihrer Ordentlichkeit und Gewissenhaftigkeit verschaffen können. Nun beobachten wir Fälle, wo ein solches »sich besser fühlen« ausschließlich aus den pathologischen Erscheinungen wie Waschzwängen, übersteigerter Hygiene, moralisierender Supergewissenhaftigkeit genährt wird. In diesen Fällen haben wir es mit einer defensiven Anpassung zu tun. Wir kennen auch die anderen Fälle, wo derartige Reaktionsbildungen im Laufe der Entwicklung zu Charakterzügen wie Korrektheit, Ordnungsliebe und gewissenhafter Genauigkeit werden. Es mag sein, daß sie durch ein einseitiges Überwiegen auf Kosten andersartiger Werte Spuren ihrer Konfliktherkunft in sich tragen, aber sie sind überwiegend zu autonomen Ichstrukturen geworden. Das Individuum kann sie realitätsbezogen und flexibel verwenden, um seine Anpassung in einer vorgegebenen oder auch eigens gewählten Umwelt (z. B. durch geeignete Berufswahl) zu realisieren.

In solchen Fällen entsteht eine Ichstärke, die einerseits durch weitgehende Ausschaltung der Schwächung durch stabilisierte primärprozeßhafte Strukturen gekennzeichnet ist, die aber andererseits von ihrer Herkunft her gefährdet bleibt. Wenn Umstände eintreten, in denen sich ein solches Anpassungssystem nicht mehr bewährt, kommt es zu Krisen und regressiven Erscheinungen. Wie sich diese auf die Ichstärke auswirken, wird im übernächsten Abschnitt erörtert werden.

Zunächst ist im folgenden Abschnitt auf die primär autonome Ichausstattung einzugehen, die nach *Hartmann* von großer Bedeutung dafür ist, ob sich in der Folge der infantilen Konflikte defensive oder autonome Anpassungssysteme entwickeln.

4.3. Reifung und Entwicklung der primär autonomen Ich-Apparate

In der bisherigen Erörterung der Determinanten der Ichstärke bzw. -schwäche bin ich, wie *Hartmann* es nennt, »vom Grenzland des Ichs«, d. h. von der Konfliktsphäre ausgegangen (1970, S. 19). Es mag sein, daß ich die Bedeutung der dort vorherrschenden Verhältnisse für die Leistungsfähigkeit des Ichs stärker gewichte als *Hartmann* es in der erwähnten Schrift tut. Trotzdem gilt, daß »auch die Unterstützung oder der Mangel der Unterstützung, die vom Hinterland ausgehen, maßgebend für die Widerstandskraft der Armeen an der Grenze ist« (1970, S. 19).

Hartmann meint hiermit die von ihm beschriebenen primär autonomen Ichfunktionen wie Gedächtnis, Wahrnehmung, Denken, Motorik, Sprache etc. Die Frage, ob es zweckmäßig ist, diese Funktionen als solche in analoger Weise wie die konfliktbezogenen als Ichfunktionen aufzufassen, kann hier nicht eingehend diskutiert werden. Mir scheint, daß man sie als Apparate, durch die eine biologische Anpassung zwischen Organismus und Umgebung gewährleistet wird, nicht in den Begriff des Ichs einbeziehen sollte. Dieses verstehen wir nämlich als jene Organisation von Funktionen, die aktiv (allo- und autoplastisch) Anpassung zuwege bringen und zwar über eine vorgegebene Entsprechung von Umgebung und Organismus hinaus.

Ein gut funktionierendes Gedächtnis, differenzierte Wahrnehmung, motorische Geschicklichkeit, hohe Intelligenz garantieren zunächst ein besseres biologisches Angepaßtsein. Sofern sie im Gefüge der Ich-Organisation zu aktiven Anpassungsleistungen beitragen, funktionieren sie als Ichapparate. Insbesondere sind sie beteiligt an der Realitätsprüfung, der sie nützen oder schaden, je nachdem, ob sie für eine Prüfung der inneren und äußeren (vor allem sozialen) Realität verwendet werden, die unter Vorherrschaft[7] des Sekundärvorgangs erfolgt, oder ob die Realitätsprüfung unter den Einfluß des Primärprozesses gerät. Als Beispiel sei hier verwiesen auf die oben unterschiedenen defensiven und autonomen Anpassungsleistungen.

Wenn ein hochbegabter Rechtsanwalt es fertigbringt, die Gerichte 25 Jahre lang mit seinem fadenscheinig begründeten Anspruch auf einen Adelstitel zu beschäftigen und dazu sein beachtliches Vermögen zu verbrauchen, dann mag er dabei brillante intellektuelle Leistungen juristischer Argumentation zeigen. Es ist aber offenkundig, daß dieselbe Intelligenz in bezug auf Realitätsprüfung zum Schaden seiner Ichstärke versagt hat. Deshalb kann die Realitätsprüfung als Angelpunkt für eine Diskussion der Bedeutung der primär autonomen Ichapparate für die Leistungsfähigkeit des Ichs angesehen werden[8].

Für die Entwicklung der psychoanalytischen Auffassung der Realitätsprüfung sei auf ein Übersichtsreferat von *Marvin Hurvich* (1972, S. 853–880) verwiesen.

Für die Diskussion des Themas Ichstärke scheinen folgende Punkte von besonderer Wichtigkeit zu sein:

a) In den Formulierungen über die zwei Prinzipien des psychischen Geschehens« hat *Freud* einige grundlegende Erkenntnisse über die Bedeutung der Realitätsprüfung im psychoanalytischen Modell und über ihre Funktionsweise formuliert. Realitätsprüfung ist jene Funktion, die in gegenseitiger Wechselwirkung mit Triebaufschub Primärvorgänge in Sekundärvorgänge überleitet. Es werden in dieser *Freud*schen Schrift bereits jene Teilfaktoren der Realitätsprüfung erwähnt, die auch in der heutigen Literatur noch unterschieden werden (*Hurvich*, 1972, S. 863). Die Realitätsprüfung beginnt damit, daß Phantasievorstellungen und Wahrnehmungen, die im Primärvorgang nicht oder nicht wirkungsvoll unterschieden werden, psychisch voneinander abgehoben werden. Dynamisch wird dieser Vorgang durch den Be-

[7] Ich verwende den Ausdruck Vorherrschaft im Unterschied zum ausschließlichen Einfluß des Sekundärvorgangs. Jene Prozesse, z. B., die *Kris* als Regression im Dienste des Ichs beschrieben hat, können erhebliche primärprozeßhafte Anteile enthalten, aber in solcher Weise, daß der Sekundärvorgang jederzeit wieder herstellbar ist.

[8] Damit soll nicht gesagt sein, daß Realitätsprüfung eine primär autonome Ichfunktion ist. Inwieweit sie als solche gelten kann, ist unter c) zu erörtern.

friedigungsmangel der primärprozeßhaften halluzinatorischen Wunscherfüllungen und der Ersatzhandlungen in Gang gesetzt. Strukturell wird dies dadurch möglich, daß »eine besondere Funktion eingerichtet (wurde), welche die Außenwelt periodisch abzusuchen hatte, ... die Aufmerksamkeit. Diese Tätigkeit geht den Sinneseindrücken entgegen, anstatt ihr Auftreten abzuwarten«. (*Freud*, 1911, S. 232).

Als weitere Funktionen, die an der Realitätsprüfung beteiligt sind, nennt *Freud*: Gedächtnis und unparteiische Urteilsfällung, die vor allem die Genauigkeit der Wahrnehmungen überprüfen.

Jenen Denkvorgang, in den die Realitätsprüfung gipfelt, und der die Überleitung einer primärprozeßhaften Triebregung in sekundärprozeßhaftes Handeln einleitet, beschreibt *Freud* als »Probehandeln mit Verschiebung kleinerer Besetzungsqualitäten, unter geringerer Verausgabung (Abfuhr) derselben« (1911, S. 233). Realitätsprüfung bedeutet demnach nicht, die Realität genauestens in ihrer objektiven Beschaffenheit erkennen, sondern sie daraufhin untersuchen, welche subjektiv realisierbaren Möglichkeiten angepaßten, Befriedigung schaffenden Verhaltens in einer gegebenen realen Situation vorhanden sind. Dieser Gesichtspunkt wird von *Hartmann* (1964, S. 406–412) nachdrücklich hervorgehoben und in seinen praktischen Konsequenzen erörtert.

b) Die Realitätsprüfung ist demnach eine Ichfunktion, die sich im und am Konflikt von Trieberregung und sich ihr entgegenstellender realer Gegebenheit entwickelt und kann infolgedessen nicht als primär autonom angesehen werden. Wichtige Anstöße für ihre Entwicklung ergeben sich aus Versagungssituationen, denen das Individuum von klein auf ausgesetzt ist, sofern diese seine sich entfaltenden Ichkräfte nicht überfordern. Überfordernde Versagungssituationen treiben das Individuum in Verdrängungen hinein, von denen wir im ersten Abschnitt dargelegt haben, daß sie eine Regression in den Primärprozeß einleiten und infolgedessen die Realitätsprüfung außer Kraft setzen.

Andererseits ist »die Annahme, daß in dem hypothetischen Falle einer ständigen und völligen Befriedigung die objektivierenden und antizipierenden Funktionen stark geschädigt werden würden, in der Tat sehr überzeugend« (*Hartmann*, 1964, S. 400).

Ob sich eine gut oder weniger verläßlich funktionierende Realitätsprüfung entwickelt, wird demnach zweifellos von infantilen Konfliktverläufen und deren Begleitumständen beeinflußt. Aber – und das ist eine zentrale These der Ichpsychologie – die Entstehung des Ichs im allgemeinen und der Realitätsprüfung im besonderen können wir nicht ausschließlich auf den Zusammenprall der Es-Regungen mit Realitätsforderungen zurückführen. Aus diesem »Zusammenprall« entsteht nur deswegen Ich (und Realitätsprüfung), weil anlagemäßig autonome Ichapparate vorgegeben sind, die durch Reifung und Lernprozesse einen bestimmten Entwicklungsstand erreicht haben. Auch die Fortentwicklung des Ichs (und der Realitätsprüfung) wird nicht ausschließlich von den Konflikten her bestimmt, sondern über die autonomen Apparate auch von pädagogischen und soziokulturellen Einflüssen aus dem konfliktfreien Raum beeinflußt. Allerdings ist klarzustellen, daß man konfliktbezogene und -unabhängige Einflüsse zwar unterscheiden sollte, aber nicht trennen kann. Sie beeinflussen die Fortentwicklung der Realitätsprüfung vielmehr in gegenseitiger Wechselwirkung.

Für eine adäquate Einschätzung der jeweiligen Ichstärke bei individuell oder gruppenspezifisch differenzierenden Formen von Realitätsprüfung scheint es mir wichtig, dies zu berücksichtigen. Auf diesen Punkt wird später im Zusammenhang mit den Objektbeziehungen noch näher eingegangen werden.

An dieser Stelle sei beispielhaft auf folgendes hingewiesen. Sozialisationsprozesse vollziehen sich schicht- und subkulturspezifisch[9]. Das Kind lernt den Sprachstil und den Sprachschatz seines Milieus, es lernt gemäß der Bedeutung wahrzunehmen, die bestimmten Phänomenen in seiner Umwelt zuerkannt wird; es lernt urteilen nach Werten, die im Kreis seiner Familie und seiner »peer-groups« gelten; es lernt mehr oder weniger antizipierend und planend zu denken oder über innere Vorgänge zu reflektieren, je nachdem ob ihm dies in seiner sozialen Schicht vermittelt wird oder nicht. In dieser Weise erwirbt es eine Ausstattung an Ich-Apparaten, die für eine erfolgreiche Beherrschung der Begebenheiten seiner Schicht oder Subkultur u, U. wichtig sein können. In einem solchen Sozialsystem mag die aufwachsende und erwachsene Persönlichkeit ichstark sein; bei einem Wechsel in ein anderes Sozialsystem ist eine solche primäre Ausstattung allerdings nicht mehr den Verhältnissen angepaßt, und was zuerst eine Stärke des Ichs war, verwandelt sich dann u. U. in eine Schwäche.

In einer Gesellschaft, in der einerseits stark strukturierte Subkulturen bestehen und andererseits Entwicklungen einsetzen, die die Grenzen zwischen ihnen durchlässiger werden lassen, müssen wir mit »neurotischen« Anpassungsstörungen rechnen, die sich psychodynamisch von den herkömmlichen Neurosen dadurch unterscheiden, daß die Bedeutung der Wiederbelebung

[9] siehe dazu *Oevermann, U.* (1969), *Neidhardt, F.* (1968), *Erikson, E.* (1957)

infantiler Konflikte im Vergleich zu dem Versagen der Ichausstattung als Krankheitsursache mehr oder weniger abnimmt.

Anders gesagt: Belastungen infolge Milieuwechsel können Ichkräfte derart überfordern, daß es zu Ängsten, Hemmungen, depressiven Versagungsgefühlen und vereinzelten symptomatischen Reaktionen kommt. Eine damit u. U. einhergehende regressive Neubesetzung infantiler Verhaltensweisen erweist sich in solchen Fällen als eine reversible, die sich automatisch zurückbildet, wenn — mit oder ohne therapeutische Hilfe — eine Neuorientierung der primären Ichapparate erfolgt, wodurch bessere Voraussetzungen für eine der neuen Situationen adäquate Realitätsprüfung geschaffen werden.

Das Thema gehört zusätzlich in den Zusammenhang des nächsten Abschnittes: Ichentwicklung durch Krisen, Regression. Es sei auf die dort anzustellenden Überlegungen und auf ein dort einzufügendes Fallbeispiel verwiesen.

c) In den »Bemerkungen zum Realitätsproblem« (1964, S. 401) hat *Hartmann*, gestützt auf Untersuchungen von Charlotte *Bühler* (1954), die Hypothese formuliert, daß »eine gewisse Bereitschaft, sich mit der Realität zu befassen«, den Versagungserlebnissen, aus denen sich nach *Freud* das Realitätsprinzip entwickelt, vorausgeht. Damit hat der Autor angedeutet, daß außer den bereits genannten primär autonomen Ichapparaten ein weiterer zur Realitätsprüfung *spezifisch* disponierender beobachtet werden kann.

White (1963) hat in einer ausführlichen Monographie den Versuch unternommen, die Eigenart der von *Hartmann* vermuteten »Bereitschaft, sich mit der Realität zu befassen«, im Sinne einer Ichfunktion herauszuarbeiten. Es ist sein zentrales Anliegen, darzulegen, daß diese Funktion mit eigenen, nicht von Trieben hergeleiteten Energien operiert. *S. O. Hoffmann* (1072, S. 405—422) hat neuerdings *Whites* Beitrag zu diesem Problemkreis diskutiert. Obgleich die Energiefrage wahrscheinlich für das Thema der Ichstärke nicht ohne Bedeutung ist, scheint sie mir so kompliziert und noch dermaßen voll offener Probleme, daß ich es vorziehe, sie bei meinen jetzigen Überlegungen auszuklammern.

Auch wenn man sich auf die von *White* referierten Beobachtungsdaten aus der analytischen und psychologischen Forschung und auf experimentelle Ergebnisse beschränkt, lassen sich für die Realitätsprüfung und Ichstärke bedeutsame Schlußfolgerungen ableiten.

White geht davon aus, daß empirische und experimentelle Befunde, die von einer Anzahl von Wissenschaftlern aus verschiedenen psychologischen Disziplinen erhoben worden sind[10], dahingehend konvergieren, daß sich bei Tieren und Kindern (bereits in den ersten Lebenswochen) manipulatives Verhalten und neugierig exploratorisches Spiel beobachten läßt, das von der Erregung der Triebbedürfnisse und von deren Befriedigung unabhängig ist. Alle Beobachtungen und Untersuchungen bestätigen, daß Kinder offenbar mit Lust immer wieder probieren, was sie mit den Gegenständen in ihrer Umgebung »machen« können, und es interessieren sie solche Gegenstände am meisten, bei denen sie eine »Wirkung« erzielen können. Herauszufinden, was man mit diesen Gegenständen machen kann und was nicht, ist offenbar ein Ziel für sich, ohne daß der Nutzen dieser Tätigkeit für eine Befriedigung primärer Triebe zunächst eine Rolle spielt.

Das Problem der Energie für eine solche Betätigung beiseite lassend[11], kann man in Anlehnung an *White* diese Bereitschaft, auf die Umwelt Einfluß zu nehmen, als »effectance« oder – in der Übersetzung von *Hoffmann* – als »Wirkungsdrang« bezeichnen.

Unser Bild von der Realität gewinnen wir demnach nicht bloß aus passiv erlebten Sinneseindrücken und Erfahrungen, sondern zu einem großen Teil durch aktives Probierverhalten. Gerade dabei wird gelernt, »welche Aktionen an welchen Objekten welche Effekte bewirken« (*White*, S. 186).

Diese aktive Realitätserfahrung, durch die sich allmählich ein Kompetenzgefühl (*White*: sense of competence) entwickelt, ist von *Freud* zwar nicht übersehen, aber doch unterbewertet worden, als er seine bekannte Beschreibung von der Schwäche des Ichs gab, das den gegensätzlichen Forderungen von Trieb und Wirklichkeit ausgeliefert ist (vgl. *Freud*, G. W. Bd. 14, S. 275). In dem Bild des Reiters, der sein Pferd nicht mehr beherrscht, hat *Freud* ein Ich beschrieben, das einer übermächtigen inneren und äußeren Realität gegenüber aktionsunfähig ist. Je mehr jemand in manipulierender und explorierender Betätigung die mannigfaltigen Möglichkeiten, mit sich und seiner Umwelt umzugehen, kennengelernt hat, desto besser ist er gerüstet, die möglichen Folgen alternativer Aktionen zu antizipieren (denkerisches Probehandeln). Auf Grund seines Kompetenzgefühls ist er dazu disponiert, in Konfliktsituationen solche Lösungen zu finden und zu praktizieren, die Anpassung gewähren und beim

[10] Für die diesbezügliche Literatur sei auf *White* verwiesen. Folgende Arbeiten können als die wichtigsten gelten: *Berlyne, D. E.* (1950), *Butler, R. A.* (1958), *Piaget, J.* (1937), *Wolff, P.* (1959), *Benedek, T.* (1938).

[11] *White* meint mit »effectance« eigentlich die von ihm postulierte neutrale Ichenergie, die solches Verhalten zuwege bringt.

sekundären Abwehrkampf eher autonome als defensive Anpassung zuwegebringen[12].

Wie sehr die Ichstärke von der jeweiligen Ausprägung und dem Entwicklungsstand gerade dieser autonomen Funktion beeinflußt ist, ergibt sich auch daraus, daß sie geeignet ist, den die Ichkräfte beeinträchtigenden Auswirkungen der Angst entgegenzuwirken. Oben wurde erwähnt, daß Signalangst die Affektspur eines infantilen traumatischen Erlebnisses *totaler Hilflosigkeit* ist. Ihre Entbindung ermöglicht dem Ich Einflußnahme auf das Drängen eines Triebwunsches im Simme von Aufschub, aber gleichzeitig wird es an seine Hilflosigkeit erinnert. Im subjektiven Erleben stellt sich uns Angst dementsprechend als Ohnmachtsgefühl einer drohenden Gefahr gegenüber dar. Kompetenzgefühl wirkt daher als Gegenaffekt der Angst. Ob die Angst-Unlust-Entbindung auf eine Signalwirkung beschränkt bleibt, oder ob die Ichkräfte in ihrer synthetischen Aufgabe blockiert werden, hängt davon ab, ob zugleich mit der Angst auch ein Kompetenzgefühl mobilisiert werden kann. Dieses verhindert nämlich, daß die Person durch die aufkommende Angst gelähmt wird und wirkt sich außerdem als Motiv, das Probehandeln fortzusetzen, aus. (Vgl. Kap. 3, These 8 und 9.)

Wirkungsdrang ist eine primär autonome Ichfunktion, die sich durch Übung und Verstärkung nach dem Muster des Operanten Lernens entwickelt. Gleichzeitig ist es aber auch jene Ichfunktion, die mehr als alle anderen durch Trieb-Abwehr-Konflikte beeinträchtigt und für bestimmte Lebensbereiche außer Kraft gesetzt werden kann.

Ein ausgedehntes System von Verdrängungen, das bekanntlich eine Tabuisierung jener Gegebenheiten, die assoziativ mit dem Verdrängten verknüpft sind, nach sich zieht, schränkt das Betätigungsfeld des Wirkungsdranges ein. Das gleiche gilt für phobische Vermeidungstendenzen, Reaktionsbildungen und masochistische Einstellungen. Solche den Wirkungsdrang und das Kompetenzgefühl schädigenden Folgen stellen sich vor allem dann ein, wenn eine Kindheitsneurose sich über die Latenzperiode hinweg progredient fortentwickelt (siehe S. 65) oder wenn vorwiegend defensive Anpassungsformen (vgl. S. 67) eine Kindheitsneurose zementieren. Die Schädigung besteht nicht nur darin, daß die Ichfunktion gehemmt wird, sie wird außerdem in ihrer Lernentwicklung beeinträchtigt. Wo hingegen autonome Anpassungsformen vorherrschen, dürfte dies einerseits einem intakten Kompetenzgefühl mit zu verdanken sein;

[12] Die These wird empirisch gestützt durch Untersuchungen von *Benedek* (1938, S. 200—215).

andererseits beeinflussen die autonomen Anpassungsformen den »Lernfortschritt des Wirkungsdranges« günstig.

In Kap. 6 S. 125 wird erörtert werden, daß es vor allem davon abhängt, wie ausgeprägt sein Kompetenzgefühl ist, ob ein Ratsuchender, nachdem er sein Problem neu zu sehen gelernt hat, bei der Realisierung einer Lösungsalternative eine weitere beraterische Begleitung braucht.

4.4. Krisen — Objektbeziehungen — Regression

In den vorhergehenden Abschnitten kam bereits am Rande zur Sprache, daß die Entwicklung des Ichs auch von sozialen Faktoren und Gruppenprozessen beeinflußt wird.

Dieser Aspekt der Ich-Psychologie wird in der neueren Literatur zwar keineswegs übersehen, ist aber noch wenig systematisch ausgearbeitet worden. In der *Hartmann*schen Ich-Psychologie ist soziale Anpassung zum Beispiel zwar ein zentrales Thema, es werden aber einseitig die auto- und alloplastischen Anpassungsbemühungen des Individuums erörtert. Der Einfluß den Gesellschaft und soziale Gruppen auf die Anpassungsprozesse ihrer Mitglieder ausüben, wird bei weitem nicht mit der gleichen Sorgfalt untersucht.

Die Bedeutung der Objektbeziehungen ist während der letzten Dezennien allgemein in Praxis und Forschung der Psychoanalyse zunehmend erkannt worden. Sie werden auch programmatisch als Interrelationen, d. h. als Wechselbeziehungen, verstanden. Trotzdem überwinden wir Psychoanalytiker nur mühsam die individualistische Perspektive, welche der Lehre der Objektbeziehungen infolge ihrer Herleitung aus dem Triebkonzept eigen ist. *Richter* hat dies kürzlich wie folgt beschrieben: »Der einzelne Mensch erscheint (in dieser Betrachtungsweise) als das zentrale Subjekt, das sich der Objekte seiner Umwelt bemächtigt, um sich mit ihrer Hilfe zu entfalten. Sie sind letztlich nur die Identifizierungsquelle zum Aufbau seines Ichs, die Adressate seiner Triebregungen und das Material, an dem er seine ... Komplexe entwickelt und möglicherweise erledigt« (1972, S. 19). Es besteht kein Grund, solche von der Psychoanalyse erarbeiteten Erkenntnisse in ihrer Bedeutung zu minimalisieren oder gar fallen zu lassen, sie bedürfen aber der Ergänzung durch eine adäquate Berücksichtigung des Umstandes, daß in jeder sozialen Beziehung beide Beteiligten zugleich als Objekt und als Subjekt funktionieren.

Im folgenden will ich abschließend versuchen, auf einige Aspekte der Ich-Stärke bzw. -schwäche aufmerksam zu machen, die sich aus Interaktionsprozessen des Individuums mit seinen sozialen Gruppen ergeben. Ich beschränke mich darauf, die Beiträge von *Erikson* (1957, 1953, 1956) *A. Freud* und *Richter* (1967, 1970) zur psychoanalytischen Sozialpsychologie auf ihre Relevanz für unser Thema zu untersuchen.

Erikson geht bekanntlich davon aus, daß die psychosexuelle und psychosoziale Entwicklung korrespondierend verlaufen und sich gegenseitig fortwährend beeinflussen. Außerdem vollziehen sich beide gemäß des *epigenetischen Prinzips*. Dieses vom Wachstum der Organismen in utero abgeleitete Prinzip besagt — bei einiger Verallgemeinerung — »... daß alles, was wächst, einen *Grundplan* hat, aus dem die *Teile* erwachsen, wobei jeder Teil eine Zeit des Übergewichts durchmacht, bis alle Teile zu einem funktionierenden Ganzen herangewachsen sind« (1953, S. 6).

Ein solcher Grundplan der psychischen Entwicklung ist damit gegeben, daß die von *Freud* beschriebenen oralen, analen und genitalen Körperzonen nacheinander erlebnis- und verhaltensmäßig vorrangige Bedeutung erlangen. In jeder Phase erlebt und lebt der sich entwickelnde Mensch vorwiegend nach einem der betreffenden Zone entsprechenden Modus (z. B. Einverleiben, Hergeben und Festhalten, Eindringen). Jeder Modus breitet sich allerdings über die ihm eigene Körperzone hinaus aus. Der Säugling z. B. weitet seine primär sich mit dem Mund vollziehende Einverleibung zu einer allgemein rezeptiven Annäherung an das Leben aus, und zwar sowohl körperlich als auch seelisch-geistig.

Solche im Laufe der Entwicklung nacheinander vorherrschenden Modi schaffen zugleich »... eine Aufeinanderfolge von Möglichkeiten für bedeutsame Wechselwirkungen mit der Umwelt« (1957, S. 52). Durch seinen oralen Modus der rezeptiven Annäherung z. B. trägt der Säugling an seine Umgebung eine Rollenerwartung heran, die in etwa heißen könnte: »Du bist zum Geben da.« Diese Rolle wird von den Beziehungspersonen in einer bestimmten Weise — die nach Eigenarten des Kindes, des Rollenträgers, der Beziehung zwischen ihnen und nach soziokulturellen Normen variiert — angenommen. Daraus resultiert rückwirkend wiederum eine Rollenerwartung an den Säugling, daß er nämlich annimmt, was ihm gegeben wird. In dieser Weise werden Modi zu *gegenseitigen* Funktionen, zu »sozialen Modalitäten«. Beide Beteiligten, Individuum und Beziehungspersonen, müssen ihr gegenseitiges Funktionieren in Übereinstimmung mit der Art, in der der Partner sein Verhalten organisiert, regulieren lernen.

Am Beispiel der oralen Phase heißt dies, daß dem Kind gestattet wird, seine angeborene und im Organ des Mundes zentrierte Bereitschaft zu bekommen, zu entwickeln und mit dem Verhalten seiner Mutter zu koordinieren. Dies kann nur dadurch erreicht werden, daß diese auch ihre Mittel des Gebens entwickelt und auf Aktionen und Reaktionen des Kindes abstimmt. Sofern dieser *wechselseitige Prozeß der Anpassung* gelingt, lernt das Kind zugleich ein Zweifaches, nämlich: anzunehmen, was gegeben wird, und jemanden dafür zu gewinnen, ihm zu geben, was es wünscht. Wo aber eine solche wechselseitige Anpassung mißlingt, tritt eine Krise ein. Die Situation zerfällt in eine Vielfalt unkoordinierter und verkrampfter Anstrengungen, die von beiden Seiten unternommen werden. Der Säugling stößt die Nahrung bald nach der Aufnahme wieder aus, oder er entwickelt vorzeitig einen Beißreflex oder den analen Modus des Festhaltens. Auch die Mutter neigt dann dazu, die Angelegenheit zu forcieren, indem sie z. B. dem Kind die Brustwarze in den Mund drängt, *nervös* die Stillzeiten und Nahrungszusammensetzung wechselt und außerstande ist, sich während der Stillprozedur zu entspannen, oder dem Kind durch Vermittlung von geeigneten Ersatzbefriedigungen (Wiegen, Anschmiegen, Wärmen, Anlächeln) zu helfen.

Je nachdem, wie es den beiden Beteiligten, Mutter und Kind, gelingt, ihre Aktivitäten zu koordinieren, bildet sich im Ich des Kindes eine Struktur, die auf einer Dimension zwischen den Polen Ur-Vertrauen und Ur-Mißtrauen lokalisierbar ist (vgl. *Erikson,* 1953, S. 11—20), und entsprechend als Stärke oder Schwäche des Ichs hinsichtlich der sozialen Modalität des Empfangens und Gebens zu werten ist.

Allerdings, auch bei günstigem Ausgang dieser frühesten psychosozialen Integration enthält diese im Urvertrauen gegebene Ichstärke doch auch einen Keim von Schwäche. Sie ist nämlich der strukturelle Niederschlag einer funktionierenden wechselseitigen Beziehung und birgt infolgedessen eine Abhängigkeit von eben dieser Beziehungsform in sich. Diese Gefahr kann dadurch überwunden werden, daß das Kind im Zuge seiner fortschreitenden Entwicklung sich seiner selbst als ein Einzelwesen bewußt wird und gleichzeitig die Erzieher entsprechende neuartige Rollenvorschriften anbieten. Urvertrauen als Struktur im Ich bleibt zwar erhalten, aber erweist sich doch auch als unzureichend, den neuartigen Gegebenheiten gerecht zu werden.

Auf einer neuen Stufe der Entwicklung, wo jetzt die Beherrschung der Ausscheidungsfunktionen und des Muskelsystems allgemein und die sich daraus ergebende Vorstellung des »Selbst-Könnens« erlebnismäßig vorherrschend werden, muß eine Integration des Neu-Erwachenden mit dem Vorhandenen, der neuartigen Triebregungen mit den Ich-Kräften zuwege gebracht werden. Dies aber kann sich nur vollziehen im Rahmen einer sich verändernden Beziehung des Kindes zu seiner Umwelt und der Erzieher zum Kind, die aus einer neuen Koordination des beiderseitigen Umgangs miteinander erfolgt.

Dieser Vorgang der phasenspezifischen psychosozialen Integration, den wir versucht haben am Beispiel der oralen und der einsetzenden analen Phase in seinen wesentlichsten Zügen zu erläutern, wiederholt sich das ganze Leben hindurch an einer Aufeinanderfolge von immer neuartigen psychosexuellen und sonstigen Wachstumsprozessen. Auf jeder Stufe gerät die sich fortentwickelnde Persönlichkeit erneut in eine Krise. An ihr lassen sich jedesmal zwei Aspekte unterscheiden:

a) eine Übergangskrise, und
b) eine psychosoziale Krise.

ad a) ein bisheriges Anpassungssystem entspricht nicht länger der fortschreitenden Es- und Ich-Entwicklung. Die eingefahrenen Reaktions- und Verhaltensmuster dieses Systems werden zunehmend untauglich. Neuartige müssen erst noch gelernt werden. Der Organismus gerät dadurch in einen Zustand der Verunsicherung und der erhöhten Irritierbarkeit.

ad b) Die sich vollziehenden Reifungsprozesse fordern das Individuum selbst auf, die eigenen sozialen Rollenvorstellungen zu ändern und enthalten zugleich einen Appell an die sozialen Gruppen, denen es angehört, ihre Rollenvorschriften abzuwandeln. Wird diese Aufforderung zur Rollenneugestaltung auf einer oder beiden Seiten nicht angenommen, dann kommt es zu verschärften und protrahierten Entwicklungskrisen, mit anhaltenden, regressiven Erscheinungen. Unter diesen Umständen erhöht sich, wie später zu erörtern sein wird, die Gefahr, daß die Krise zum neurotischen Konflikt wird.

Aber auch wenn die Notwendigkeit, die sozialen Beziehungen dem fortschreitenden Wachstum entsprechend neu zu gestalten, erkannt und akzeptiert wird, heißt das noch keineswegs, daß die psychosoziale Integration glatt verlaufen wird.

Das Individuum appelliert – meist in Form einer Kampfansage – an sein soziales Milieu, seinen sich neu entwickelnden Kräften zur sozialen Wechselwirkung dienstbar zu sein, und das Milieu trägt an das Individuum eine Rollenerwartung heran, in welcher Weise es diese Kräfte im Rahmen des jeweiligen (Sub-)Kultursystems zu verwenden hat. Die Bedürfnisse des Individuums und die von den Erziehern vermittelten sozialen Normen sind keineswegs von vornherein aufeinander abgestimmt, sondern eher teilweise miteinander in Widerstreit. Sie müssen in einem oft konfliktreichen Lernprozeß zur Koordination in komplementäre Rollen gebracht werden.

Psychoanalytischerseits hat vor allem *Richter* (1967, 1970) gezeigt, daß die Rollenvorschriften, welche Eltern ihren Kindern oder Partner einander zuweisen, nur zum Teil eine (vor-)bewußte Interpretation der jeweiligen sozio-kulturellen Normen darstellen, zum anderen, (oft erheblichen) Teil aber eigenen, unbewußten Phantasien entstammen können. Solche an das Kind oder den Partner gerichteten Rollenerwartungen entbehren der Rücksichtnahme auf deren Interessen, weil sie vor allem der neurotischen Bewältigung eigener Konflikte dienen.

Auf die vielfältigen *neurotischen* Fehlentwicklungen der zwischenmenschlichen Beziehungen, die sich daraus ergeben können, braucht hier nicht eingegangen zu werden (vgl. *Richter*, l.c.). Aber auch wenn es nicht zu einer derartigen pathologischen Entwicklung kommt, führen solche unbewußten Rollenvorschriften beim Aufbau psychosozialer Beziehungen oft zu schwer zu bewältigenden Komplikationen, die die Krise verschärfen und ihre Lösung erschweren können.

Aus all diesen Gründen wird sich auf jeder Entwicklungsstufe die psycho-soziale Integration krisenhaft vollziehen.

Der *Begriff Krise* läßt sich in diesem Zusammenhang folgendermaßen erläutern: Da die aufwachsende Persönlichkeit auf jeder Stufe eine neuartige, für sie akzeptable Rollenanpassung finden und gleichzeitig ihre individuell unverzichtbaren Ansprüche gegenüber den jeweiligen Erziehungspersonen und sozialen Gruppen durchsetzen muß, befindet sie sich in einer Situation, wo sie ihr bisheriges inneres und soziales Funktionieren neu anpassen muß. Demnach stellt sich ihr ein Problem, das sie mit ihren eingefahrenen, bis dahin bewährten Abwehrmechanismen und sozialen Interaktionsmustern nicht mehr unmittelbar und wie selbstverständlich lösen kann. Der Betreffende, ob noch Kind oder schon erwachsen, fühlt sich aus der Bahn geworfen. Es stellt sich ein Zustand unlustvoller Spannung ein, der mit einem Empfinden, hilflos zu sein, und einer gewissen Disorganisation des psychischen Funktionierens einhergeht.

Letzteres äußert sich vor allem in Erscheinungen, die *A. Freud* (1968, S. 97—105), *Frijling-Schreuder* (1967) und *Lampl de Groot* (1965) als »normale Ich-Regressionen« beschrieben haben.

Gerade dieser besondere regressive Aspekt der Krisen ist geeignet, ihre Relevanz für die Entwicklung des Ichs zur Stärke oder Schwäche darzulegen.

A. Freud hebt normale, gesundheitserhaltende Ich-Regressionen von der uns vertrauten Triebregression ab. Während letztere eine Rückkehr zu Fixierungsstellen der infantilen Entwicklung darstellt, lassen sich Ich-Regressionen als eine rückläufige Bewegung beschreiben, die beginnend bei den letzten Neuerwerbungen der Ich-Organisation in einem sich allmählich ausweitenden Abbau von Ich-Funktionen besteht.

Naturgemäß zieht solch vorübergehendes Aussetzen höherer Ich-Organisationen häufig ein Wiederauftauchen von Triebregungen oder triebdominiertem Verhalten aus früheren Stadien der Entwicklung nach sich, ohne daß dies einer Rückkehr zu Fixierungsstellen gleichkäme. Diese sind nämlich nach den Beobachtungen im analytischen Prozeß dadurch gekennzeichnet, daß sie ein Gefüge von persistierenden archaischen Imagines, Wahrnehmungs- und Reaktionsschemata darstellen, in die die Person immer wieder unbewußt hineingezogen wird. Ein derartiges Gefüge ist durch neuartige Erfahrungen und Umwelteinflüsse nicht korrigierbar. Es hält die psychischen Prozesse in einem bestimmten Bereich von der natürlichen Vorwärtsbewegung ab und führt dazu, daß sich der Betreffende in Vorstellungen, Objektbeziehungen und Verhaltenssequenzen nach dem Schema der oben beschriebenen stabilisierten primärprozeßhaften Strukturen verstrickt[13].

Jene Funktionsregressionen hingegen, die bei erhöhten Anforderungen an die synthetischen Ich-Leistungen auftreten, enthalten einen Anpassungsaspekt, weil sie bei den unlustvollen Spannungen und Frustrationen der Vorwärtsentwicklung einen Rückzug zu Verhalten und Befriedigungen einer bereits bewältigten Entwicklungsstufe bedeuten. Dadurch nämlich sind sie zunächst geeignet, Entspannung und Entlastung zu schaffen, und so einer Überforderung vorzubeugen. *Frijling-Schreuder* l.c., S. 316) berichtet von Beobachtungen an Kindern, die — vor eine neue Situation gestellt — »die Lage eine Zeitlang studieren, ohne aktiv teilzunehmen. In dieser Zeit kann man dann manche regressiven autoerotischen Tatigkeiten beobachten: Daumenlutschen, Spiel am Genitale, usw. Zugleich sind die Augen des Kindes jedoch eifrig dabei zu erfassen, was vor sich geht.« Kinder, die in dieser Art reagierten, waren gewöhnlich nach kurzer Zeit besser in der Lage, die neue Situation zu beherrschen als andere Kinder, die sie von Anfang an sehr aktiv aufgegriffen

[13] Regression, Fixierung und Wiederholungszwang sind Konzepte, die in Forschung und Praxis der Psychoanalyse ständig benutzt werden, ohne daß die Reflexion über ihr Wesen und ihren Erklärungswert entsprechend vorangetrieben wurde. Im Kapitel V werde ich versuchen, die Problematik zu definieren und einige Überlegungen zur Klärung beizusteuern, die die hier vorgebrachten Auffassungen näher begründen.

hatten, oder die durch ihre Mütter an solchem vorübergehenden Regredieren durch Kritik oder Ermahnungen gehindert worden waren.

Demnach erweisen sich solche »normalen Regressionen« als Mechanismen, die im Dienst der Aufschubfunktion und des Probehandelns stehen, und so zu Lösungen nach dem Sekundärvorgang beitragen.

Allerdings sind *A. Freud* und *Frijling-Schreuder* der Meinung, daß sie ihre förderliche Wirkung nur insoweit ausüben, als sie kurzdauernd sind und wieder rückgängig gemacht werden. Halten sie zu lange an, dann verwandeln sie sich in pathogene Faktoren. Das Verharren in vergangenen Befriedigungsformen enthebt gleichsam das Ich seiner Aufgabe, eine Lösung der Krise und der psychosozialen Konflikte zuwege zu bringen.

In relativ günstig verlaufenden Fällen bleibt die pathogene Wirkung darauf beschränkt, daß bei anhaltender Krise Entwicklungsprozesse stagnieren oder daß es dem Individuum nicht gelingt, bestimmte soziale Beziehungen in Abstimmung mit den betreffenden Partnern zu gestalten (für Beispiel siehe S. 85).

Allerdings nimmt die Krise meistens bei fortdauernder Ich-Regression mehr oder weniger rapide eine Wende ins Neurotische. Dabei handelt es sich um jene Art pathogenetischer Verläufe, die uns aus der analytischen Praxis als regressive Wiederbelebung infantiler Konflikte, die durch aktuelle Belastungen ausgelöst wurde, vertraut ist. Wenn nämlich die Ich-Regression, die ohnehin zur rückläufigen Progression tendiert (*A. Freud*, 1968, S. 97–102), defensiv verwendet wird, um eine Lösung der Krise zu vermeiden oder ihr Vorhandensein gar zu verleugnen, gibt das Ich in dem betreffenden Sektor seine synthetische Funktion gemäß des Sekundärvorganges auf. Entsprechend gewinnen dann primärprozeßhafte Denk-, Affekt- und Motivationsabläufe zunehmend an Raum. Dadurch erhöht sich die Chance, daß über irgendwelche assoziative Verknüpfungen eine Verbindung zu einer der oben beschriebenen stabilisierten primärprozeßhaften Strukturen entsteht.

Die Erregungen der beiden psychischen Konflikte verbinden sich dadurch. Der aktuelle Krisenkonflikt gibt dem infantilen neuen Zündstoff, und der infantile greift mit seiner primärprozeßhaft strukturierten Verkettung von Besetzung und Gegenbesetzung auf die Inhalte der Krise über[14]. Dadurch wird

[14] Ökonomisch und dynamisch handelt es sich um den gleichen Mechanismus, den *Freud* im 7. Kapitel der »Traumdeutung« (1900, S. 598–608) für die Verknüpfung von Tagesrest und unbewußtem Wunsch zu primärprozeßhaft organisierten Traumbildern postuliert hat. In struktureller Hinsicht ist allerdings ein Unterschied gegeben.

diese zum neurotischen Konflikt und das Ich erleidet jene Schwächung, die im Abschnitt »Primärprozeßhafte Organisation der Abwehr« ausführlich diskutiert wurde.

Zusammenfassend ist festzuhalten, daß Entwicklungs- und Schicksalskrisen sich regelmäßig wiederholende Situationen sind, in denen das Ich in inhaltlich wechselnder Weise vor einer Bewährungsprobe gerade seiner synthetischen und integrierenden Funktion gestellt wird.

Aus der oben referierten Analyse der dabei auftretenden psychischen Prozesse leiten sich m. E. für Stärke, bzw. Schwäche des Ichs folgende Schlußfolgerungen ab:

1. Mit zunehmender Zahl der erfolgreich bewältigten Krisen lernt das Individuum, wechselnde eigene Wünsche und Interessen in Koordination mit den entgegenkommenden, aber auch mit den sich ihm entgegenstellenden Anliegen seiner Umwelt zu gestalten, zu modifizieren und zu verwirklichen.

Dieser Lernprozeß schlägt sich im Ich in Form von zwei Substrukturen nieder, von denen die eine als habituelles Gefühl und die andere als eine Fähigkeit beschrieben werden kann.

Mit dem Gefühl ist das gemeint, was *Erikson* (1953, 1956) als Ich-Identität beschrieben hat. Es besteht in dem angesammelten Vertrauen, in der Lage zu sein, den eigenen und den sozialen Wandel aufzunehmen und doch sein Selbst in einer inneren Einheitlichkeit und Kontinuität aufrechterhalten zu können, deren Wert von der Gemeinschaft und den Beziehungspersonen erkannt und anerkannt zu werden verdient.

Nach dieser Definition verweist das Identitätsgefühl bereits auf die andere, die Fähigkeitsstruktur. Diese besteht darin, daß im Zuge der nacheinander bewältigten Krisen die Fähigkeit erworben wurde, seine Anpassungsreaktionen beim Lösen von Problemen und Fassen von Entschlüssen sowie bei der Entwicklung von Wegen zu Lustgewinn, Wohlbefinden und sozialer Integration *variabel* zu wählen. Im Erwerb dieser Fähigkeit wirkt sich das epigenetische Prinzip in der psychischen Entwicklung aus, wonach die in den einzelnen Phasen erworbenen Strukturen die vorherigen nicht ersetzen, sondern mit diesen zu einem funktionierenden Ganzen zusammenwachsen. Bei fortschreitender, positiv verlaufender psychosozialer Entwicklung ist das Ich zunehmend weniger darauf angewiesen, stereotypisiert und ge-

In dem von mir angenommenen Modell ist es die primärprozeßhafte Struktur, die sich der an der Krise beteiligten Vorstellungen bemächtigt. In Kapitel V werden die Determinanten und Mechanismen dieser regressiven Prozesse eingehend analysiert werden.

mäß festen Schemata auf Trieb- und Umweltsanforderungen zu reagieren[15].

Diagnostisch ist es nicht immer leicht, diese auf Ich-Identität und flexible Anpassungsfähigkeit beruhende Ich-Stärke von einer chamäleonartigen Anpassungsfähigkeit mittels ständig wechselnder identifikatorischer Objektbeziehungen zu unterscheiden. Obwohl letztere die betreffenden Personen zur extremen Abhängigkeit und damit zur Ich-Schwäche disponiert, machen diese oft doch einen Ich-starken Eindruck. Dieser entsteht dadurch, daß sie in ihren sozialen Beziehungen aktiv und unter Umständen recht erfolgreich und sogar durchsetzungsfähig sind, weil sie von Milieu zu Milieu in der Lage sind, sich anders zu identifizieren, sich die Ziele des Milieus zu eigen zu machen und sich den jeweiligen Rollenvorschriften anzupassen. Allerdings erleiden sie durch eine solche Abhängigkeit vom Milieu und das unaufhörliche Erfüllen-müssen von aufgedrängten Rollen Frustrationen, und sind dann wiederum genötigt, die daraus resultierenden Aggressionen abzuwehren. Nicht selten resultiert daraus – zur Überraschung der Umgebung des Betreffenden – irgendwann eine Kurzschlußhandlung oder Affektreaktion, oder es stellt sich eine chronische Niedergeschlagenheit ein, die dem Betreffenden in Anbetracht seines äußeren Wohlergehens subjektiv unerklärlich ist.

2. Während einer Krise treten regressive Erscheinungen auf, die sich darin äußern, daß höher entwickelte Ich-Strukturen aussetzen und entwicklungsmäßig frühere Verhaltensformen, Wünsche und Einstellungen wieder überhand nehmen.

Es liegen Untersuchungen von *Janis, I.* (1958), *Koos, E. L.* (1946), *Silber, E.* et al. (1961), *Caplan, G.* (1960, 1961), *Kris, E.* (1955), *Bibring, G.* (1959) und *Bibring, G.* et al. (1961) vor, die verschiedene Arten von Krisen in ihrem Verlauf empirisch untersucht haben. Dabei wurde übereinstimmend nicht nur das Auftreten von Regressionen, sondern auch ihre eher positive Bedeutung für eine erfolgreiche Bewältigung der Krise festgestellt. Einige Autoren, z. B. *Janis,* fanden, daß bei fehlender Regression die Krise statistisch weniger gut bewältigt wurde.

Die folgende Zusammenfassung von *Grete Bibrings* Ergebnissen bei ihrer Untersuchung von schwangeren Frauen mit psy-

[15] Die beschriebene Fähigkeitsstruktur kommt dem, was *Joffe* und *Sandler* (1967, S. 731–733) als »Ich-Autonomie« bezeichnen, sehr nahe. In meiner Definition wird der soziale Aspekt nachdrücklich hervorgehoben. Ich habe allerdings den Terminus »Ich-Autonomie« nicht übernehmen wollen, weil dieser in der Ich-Psychologie bereits in einem anderen Sinne verwendet wird.

chischen Störungen können in dieser Hinsicht als exemplarisch gelten.

Bei einer großen Zahl von schwangeren Frauen, die mit psychischen Störungen in die Klinik eingeliefert wurden, stellte die Mehrheit eines Forschungsteams auf Grund der vorgelegten Interview-Protokolle die Diagnose: Grenzfall (border-line case). Diese Diagnose wird bei den Patienten der sonstigen Abteilungen der Klinik weit seltener gestellt. Auf Grund der schweren, stark regressiven und archaischen Störungsanzeichen und der Leichtigkeit, mit der dieses Material in wenigen Interviews erhoben werden konnte — was auf eine weit durchlässigere Abwehr als bei neurotisch gestörten Patienten hinweist — schien diese Annahme einer derart schweren psychopathologischen Störung berechtigt. Dem widersprach allerdings die Tatsache, daß in der Anamnese dieser Patienten vor der Schwangerschaft nur selten eine ausgeprägte neurotische Symptomatik oder pathologisches Verhalten angetroffen wurde.

Letzteres gab Anlaß zu der Hypothese, daß es sich bei diesen Patienten doch nicht um Grenzfälle handeln würde, sondern daß die regressiven Erscheinungen als Äußerungen einer Krise im oben von mir dargelegten Sinne zu werten seien. Zur Prüfung dieser Hypothese wurde bei einigen Patienten der Versuch einer therapeutischen Beeinflussung mit einfachen, verständnisvoll stützenden Maßnahmen gemacht. Diese erwiesen sich in einem Maße wirkungsvoll, wie es bei Grenzfällen kaum je der Fall ist.

Birbing berichtet z. B. von einer Schwangeren, die trotz wiederholtem Verbot in die Zimmer ihrer Mitpatienten drang und diese ohne Aufhören mit immer neuen Fragen über Schwangerschaft und Geburt belästigte. Das Verhalten hatte einen zwanghaften Charakter und konnte weder durch Maßnahmen des Klinikpersonals, noch durch die Verärgerung und Abwendung der Mitpatienten abgestellt werden. Im Gegensatz zu diesem beunruhigten Fragen, vernachlässigte die Patientin jede Vorbereitung auf die Ankunft ihres Babys, trieb nach wie vor in gewohnter Weise Sport.

Eine warm fühlende Sozialarbeiterin erhielt den Auftrag, sich der Patientin anzunehmen und aufrichtiges Interesse und Anerkennung für ihre Schwangerschaft und Rolle als Mutter zu zeigen. Als diese verständnisvoll auf die aktuelle Problematik der Patientin, die bei ihrem Eheman keine Anerkennung für ihre künftige Rolle als Mutter fand, einging und damit zugleich (aber ohne zu deuten) ihrer Tendenz entgegenwirkte, sich ihrer ehrgeizigen Mutter zu unterwerfen, die von ihr eine künstlerische Karriere verlangte, vollzogen sich erstaunliche Veränderungen. Sie hörte damit auf, ihre Mitpatienten zu belästigen, fing an, Babykleidung zu stricken und bemühte sich aktiv und mit Erfolg darum, das Interesse ihres Ehemannes für die bevorstehende Geburt und seine Vaterrolle zu wecken.

Bibring hebt mit Nachdruck hervor, daß solche »therapeutischen« Erfolge ohne direkte, Einsicht vermittelnde Klarifikation oder Deutung erreicht werden konnten.

Sie zieht daraus die im Bezugssystem der psychoanalytischen Theorie schlüssige Folgerung, daß die aufgetretenen Störungen nicht als *neurotische* Symptome, sondern als Äußerungen einer Krise zu werten seien.

Der hypothetische Grund dafür ist m. E., daß die Verhaltensstörungen dieser Patientinnen auf Ich-Regressionen beruhen. Die in ihrer Folge auftretende regressive Bewegung der psychischen Gesamtvorgänge ist offenbar nicht bis zur Wiederbesetzung infantiler Konfliktkonstellationen fortgeschritten. Allenfalls hat sie (wie im angeführten Beispiel) auf Konfliktanteile, die im hierarchischen Aufbau des Trieb-Abwehrsystems höher liegen, d. h. bewußtseinsnäher und für Beeinflussung nach dem Sekundärvorgang zugänglicher sind, übergegriffen[16]. Das Ich ist zwar geschwächt, desorganisiert und mehr oder weniger hilflos, weil es sich einem Problem gegenübergestellt sieht, das es mit seinen gewohnten Reaktionsmustern nicht bewältigen kann. Die Äußerungsformen einer solchen Schwächung sind durchaus regressiver Art und pathognomisch oft recht dramatisch.

Aus dynamischer, ökonomischer und struktureller Sicht ist diese Ich-Schwäche allerdings von jener anderen zu unterscheiden, welche auf einer Verstrickung in primärprozeßhaft organisierte Trieb-Abwehr-Konflikte beruht (siehe oben, S. 64).

Im wesentlichen besteht die Differenz darin, daß, obwohl Auswirkungen des Primärprozesses durchaus gegeben sind, dieser den Gesamtvorgang doch (noch) nicht beherrscht. Sofern sich die Regression der Ich-Funktion spontan oder dank (therapeutischer) Hilfestellung zurückbildet, verschwindet auch das übrige regressive Gebahren.

Da an der Entstehung von Krisen (wie oben, S. 77—80, dargelegt) oft in erheblichem Maße Milieueinflüsse, die dem Individuum eine psychosoziale Koordination und Rollenanpassung erschweren (oder fast unmöglich machen) beteiligt sind, läßt sich die Rückbildung der Ich-Regression oft über eine Änderung des Milieus oder im Rahmen therapeutischer Bemühungen durch Vermittlung korrigierender Erfahrungen erreichen.

Ein, wie mir scheint, recht eindrucksvolles Beispiel hierfür bringt *Richter* in »Patient Familie« (S. 160—170). Er zeigt, wie

[16] Dieser Interpretation liegt das Konzept einer hierarchisch aufgebauten Abwehrorganisation (und infolgedessen auch des Konflikts) zugrunde. Siehe dazu in der Literatur *Greenson, R. R.* (1967) und *Gerö, G.* (1951).

ich glaube, außerdem, daß eine Krise gelegentlich längere Zeit fortdauert, ohne daß es zu einer vollen Wiederbelebung infantiler Konflikte kommt. Reduziert auf die für die Theorie der Ich-Stärke relevanten Daten läßt sich dieser Fall folgendermaßen zusammenfassen.

Eine Ehefrau, die unter Kopfschmerzen und Magenbeschwerden leidet, drückt beim Psychotherapeuten spontan ihr Gefühl aus, daß dies damit zusammenhänge, daß sie von ihrem Ehepartner tief enttäuscht sei. Seit längerer Zeit spricht er kaum mit ihr, er hat kein liebes Wort und keine Zärtlichkeit mehr für sie und mit seinem Sohn schimpft er nur.

Als der Therapeut daraufhin eine Unterredung mit dem Ehemann arrangiert, begegnet er einem »mürrisch dreinblickenden wortkargen Monteur«, dem man anmerkt, »er mag sich eigentlich nicht äußern«. Als er merkt, daß ihm entgegen seinen Erwartungen keine Vorhaltungen gemacht werden, läßt das Mißtrauen nach und er rückt damit heraus, daß man ihm im Elternhaus »noch nie etwas Anerkennendes gesagt habe«.

Und dann nimmt er ein Stück Papier, das beim Arzt auf dem Tisch liegt und zeichnet auf, was er alles schon an dem Bauerhof geändert und renoviert habe, alles ganz genau. Er will immer wieder vom Arzt wissen, ob dieser es auch verstehe. Da geht dem Therapeuten auf: Jetzt faßt dieser Mann Zutrauen, jetzt testet er mich, ob ich ihn wohl dadurch anerkennen würde, daß ich etwas Gutes zu seinen Arbeiten sage. Der Arzt bestätigte ihn in dieser Erwartung. »Sehen Sie«, sagt der Mann, »und da hat mein Vater gesagt, das ist alles gar nichts, und ein Handwerker hätte das besser gemacht.«

So geht das fort und fort. So ungeheuer drückt ihn der Zweifel, ob er überhaupt zu etwas tauge, daß er die Gelegenheit des Kontaktes mit dem Therapeuten fast ausschließlich dazu nützt, sich zu rechtfertigen und sich gut heißen zu lassen, wie ein kleiner, immer kritisierter Junge, der zum ersten Mal jemanden gefunden hat, der mit ihm malt oder mit dem Baukasten baut.

Das therapeutische Handeln des Arztes in bezug auf den Ehemann besteht nach der Falldarstellung darin, daß er eine ihm angetragene Rollenerwartung annimmt, nämlich dem Patienten »echte, sachverständige Würdigung seiner Leistungen« zu geben. Er gestattet dem Patienten, ihm stundenlang Pläne für Umbauarbeiten und für eine »kniffllige« Verlegung von Leitungen aufzuzeichnen.

Wie *Richter* andeutet, hat der Therapeut verstanden, daß dieser Mann »sich so lange nicht als verantwortlicher Ehemann und Vater fühlen kann«, als er noch um seine Identität kämpft. Entwicklungsmäßig befindet er sich noch im Stadium einer nicht bewältigten Pubertät und dementsprechend wendet der Therapeut eine Technik an, die eher dem Stil der Behandlung von Jugendlichen folgt. Indem er nämlich eine Vaterrolle auf sich nimmt, seinen Sohn »streng examiniert«, ihn dann aber akzeptiert: »Du hast deine Sache so gut gemacht, daß du jetzt ein Recht hast, ein erwachsener Mann zu sein!«, vermittelt er ihm eine korrigierende Erfahrung und erleichtert es ihm, zu einer für seinen Entwicklungsfortschritt erforderlichen psychosozialen Koordination zu finden.

Die Erfolge des therapeutischen Rollenspiels zeigen sich dementsprechend in Entwicklungsfortschritten: wachsendes Selbstbewußtsein, Selbstbehauptung, Lösung von den Eltern und Befreiung von einem sadistischen Über-Ich.

Die anamnesischen Angaben über das Elternhaus (»in dieser Familie werden die Strenge und der Haß immer von einer Generation an die nächste weitergegeben«) und die masochistische Haltung des Mannes, die ihn daran gehindert haben dürfte, von sich aus auf anderen Wegen die Krise zu bewältigen, lassen eine latente Neurose vermuten, aber die Eheschwierigkeiten, soweit aus der Falldarstellung ersichtlich, sind unmittelbar durch das Scheitern der sozialen Koordination in einer Entwicklungskrise bedingt.

Das nach *Richter* referierte Fallbeispiel hat u. a. deswegen mein Interesse geweckt, weil ich den Patienten – über den dort referiert wurde – vergleichen konnte mit einem Analysanden, der ebenfalls und in nahezu gleichartiger Weise mit seinen Eltern (Mutter und Stiefvater) in unaufhaltsamer Wiederholung einen sado-masochistischen Kampf um Anerkennung seiner Leistungen führte.

Auch bei ihm hatte die psychische Entwicklung stagniert. Seit der frühen Pubertät war es sein nahezu ausschließlicher Lebensinhalt, gute Leistungen im Studium, Wissenschaft und Beruf nachzuweisen. Während er mit seinen immer von neuem unternommenen Versuchen, dafür endlich die Bewunderung seiner Eltern zu erringen, nur entwertende und abschätzige Bemerkungen erntete, fand er bei Professoren und Studienkollegen, und später in seiner beruflichen Tätigkeit, volle Anerkennung.

Aber diese »korrigierende Erfahrung« nützte ihm keineswegs. Im Gegenteil, er bagatellisierte und entwertete solche sozialen Erfolge. Vom Analytiker nahm er an, daß dieser ihn für wissenschaftlich bedeutungslos halten würde, und überschüttete ihn mit Vorwürfen, daß er sich auf seine psychoanalytische Wissenschaft so viel einbilden würde.

Analytisch läßt sich dieser Unterschied zum *Richter*schen Patienten dadurch erklären, daß sich ein phallischer und ödipaler Konflikt der Entwicklungsprozesse der Latenzperiode bemächtigt hatte. Sein Vater war, als der Patient 10 Monate alt war, im Krieg gefallen. Als er 6 Jahre alt war, heiratete die Mutter zum zweiten Male. Als Bub hatte er schreckliche Befürchtungen, an einer bedrohlichen Krankheit zu leiden, weil sein Skrotum voller Krampfadern sei. Bei seinen regelmäßigen Inspektionen stellte er fest, daß dieser Körperteil zunehmend verschrumpfte. Über Jahre hinweg litt er unter entsetzlichen Ängsten, bis er endlich mit erspartem Geld fürs Honorar, und ohne seine Eltern zu informieren, einen Arzt konsultierte. Von dessen Feststellung, daß mit seinem Genitale alles in Ordnung sei, ließ er sich beruhigen. Kurze Zeit später gewöhnte er sich an ein charakteristisches Strecken des gesamten Körpers. In der Analyse hatte er es nicht erwähnt, bis er es während einer Stunde vor meinen Augen machte. Die Verschiebung der genitalen Erektion auf den Gesamtkörper war nicht zu übersehen. Der Patient, der einem regelmäßig wiederkehrenden Drang, sich so zu strecken, nicht widerstehen konnte, empfand diese Bewegung allerdings nicht als angenehm.

Etwa seit er diese Gewohnheit entwickelt hatte, wurde er von beängstigenden Träumen, in denen er in Kriegshandlungen verwickelt war, geplagt. Dabei hatte er im Traum die Vorstellung, den Tod seines natürlichen Vaters zu verschulden.

Als ihm während einer Stunde der »absurde Einfall« kam, daß seine Streckgewohnheit solche Träume hervorrufen würde, konnte ihm die Verschiebung seiner dem Stiefvater geltenden ödipalen Beseitigungswünsche auf den natürlichen Vater gedeutet werden.

In diesem letzten Fallbeispiel hat die psychische Entwicklung auf der Stufe der Latenzperiode stagniert, und kam trotz realer korrigierender Erfahrungen nicht wieder in Gang, weil die Krise regressiv in den Griff des primär-prozeßhaft organisierten phallisch-ödipalen Konflikts geraten war.

Demnach müssen wir für die in Krisensituationen auftretenden regressiven Prozesse zwischen zwei grundsätzlich verschiedenen Verläufen unterscheiden:

1. Die regressive Bewegung bleibt auf Ich-Regressionen und sich daraus ergebende primärprozeßhafte Denk-, Affekt- und Verhaltensweisen beschränkt. Letztere stellen dann Einbrüche des Primärprozesses bei zwar nachlassendem, aber nicht aufgehobenem Einfluß des Sekundärprozesses dar. *Die daraus resultierende* (mehr oder weniger andauernde) *Ich-Schwäche ist situationsabhängig.* Sofern eine solche Situation sich durch zufällige oder von anderer Seite vorsätzlich herbeigeführte Außenfaktoren im entlastenden Sinne ändert, stellt sich die ursprüngliche Funktionsfähigkeit des Ich wieder her. Sofern das Subjekt durch seine Einwirkung entweder aus eigener Kraft oder mit Fremdhilfe die schwierige Lage zu bewältigen lernt, gewinnt das Ich nicht nur seine Funktionsfähigkeit zurück, sondern es wird im allgemeinen dadurch sogar stärker.
2. Die regressive Bewegung schreitet zu Fixierungsstellen vor, wodurch die Krise in einen infantilen Konflikt einbezogen wird. Das bedeutet, daß stabilisierte primärprozeßhafte *Strukturen* die Organisation der psychischen Vorgänge im Bereich der Krise übernehmen. *Diese nehmen dadurch einen situationsunabhängigen Verlauf.* Die dann eingetretene Ich-Schwäche läßt sich nur durch Auflösung der primärprozeßhaften Struktur, d. h. durch Lösung der infantilen Konflikte beheben.

Ob in einer Krise die eine oder die andere Entwicklung eintreten wird, hängt von verschiedenen Faktoren ab:

1. ob die Krise durch ihre Eigenart eine Affinität zu infantilen Konfliktkonstellationen hat,
2. ob der »sekundäre Abwehrkampf« der Kindheitsneurose eher zu autonomen oder zu defensiven Anpassungsformen geführt hat (vgl. S. 67–69),
3. ob ein gut entwickeltes Kompetenzgefühl gegeben ist (vgl. S. 74–76),
4. ob vorhergehende Krisen eher einen positiven oder negativen Ausgang gefunden haben (vgl. S. 83 f.),
5. ob rechtzeitig Hilfe zur Bewältigung der Krise geboten wird.

5. Zwei Formen und Stufen von Regressionen

Bei der Erörterung des Krisenverlaufs als eine Determinante der Ichstärke wurden empirische Untersuchungen und casuistische Beispiele angeführt (Kap. 4, S. 84–89), die zeigen, daß neurotisch anmutende Verhaltensstörungen vorkommen, die ohne eine beharrliche Widerstandsanalyse und ohne Durcharbeitung infantiler Konflikte therapeutisch so beeinflußt werden können, daß außer der symptomatischen Besserung auch Fortschritte einer vorher stagnierenden Entwicklung und Anpassung verzeichnet werden können.

Ich habe mit *Grete Bibring* daraus die Schlußfolgerung gezogen, daß in solchen Fällen die Beschwerden nicht neurotischer Art sein können, sondern als direkte Auswirkungen von Krisen betrachtet werden müssen. Diese hypothetische Erklärung geht davon aus, daß Neurose und Krise psychodynamisch, energetisch und nach ihrer strukturellen Organisation unterschiedliche Prozesse darstellen. Beide können aber ursächlich Verhaltensstörungen, Fehlanpassungen und Symptome bedingen.

Diese Hypothese weicht vom traditionellen psychoanalytischen Denken ab, das Krisen oder aktuelle Traumata als *auslösende* Momente für die Neubelebung infantiler Neurosen, die allein ursächlich die Krankheitserscheinungen bewirken, ansieht (vgl. auch Kap. 6, S. 120–122). In dieser letzten Auffassung werden rasch und mit einfachen Mitteln zuwegegebrachte Heilungen dann auf Übertragungsreaktionen, Identifikation und Suggestion (*Glover*, 1931) zurückgeführt. Diese Erklärung – die in vielen Fällen zutreffen mag – ist trotzdem unbefriedigend, weil offen bleibt, warum diese Mittel sich in einem Fall als wirksam erweisen und in einem anderen nicht. Außerdem differenziert diese Erklärung für sich genommen ungenügend zwischen »Ichstützenden« und »Ich-befähigenden« therapeutischen Effekten. Wissenschaftlich ist sie als eine Erklärung zu werten, die mit der Theorie inkonsistente Fakten durch eine Anzahl ad hoc Hypothesen mit ihr in Einklang bringt.

Demgegenüber bietet die auf der Unterscheidung von Neurose und Krise als pathogene Prozesse beruhende Erklärungshypothese den Vorteil einer *grundlegenden* Differenzierung, wodurch sich die Effektivität verschiedenartiger therapeutischer Techniken in die übergeordneten Zusammenhänge der psychoanalytischen Theorie einordnen läßt. Allerdings stellt sich dann die Aufgabe, theoretisch aufzuzeigen, wie die Unterscheidung von Krise und Neurose als *potentiell* eigenständige pathogene

Faktoren sich aus den klinischen Beobachtungen ergibt und im psychoanalytischen Modell interpretieren läßt.

Dies ist um so mehr erforderlich, weil die Argumentation im vorigen Kapitel, daß therapeutische Effekte, die ohne Durcharbeitung infantiler Konflikte erzielt werden können, auf eine Pathogenese vom Krisentypus rückschließen lassen, eine Systemimmanente ist. Sie gilt nur, wenn man von der Gültigkeit zentraler psychoanalytischer Hypothesen, wie z. B. Kindheitsgenese der Neurosen und unbewußter Widerstand gegen die Maßnahmen, die auf Symptombeseitigung ausgerichtet sind, auszugehen bereit ist.

Wenn nun Fakten darauf hinzudeuten scheinen, daß Krisen entgegen der herkömmlichen psychoanalytischen Theorie unter gewissen Bedingungen direkt ursächlich Verhaltensstörungen bewirken können, dann fordert gerade eine systemimmanente Argumentation, daß der Versuch unternommen wird, die betreffenden Fakten in ihrer Einordnung in die allgemeinen Gesetze der Theorie zu erkennen und so zu erklären.

Zum rechten Verständnis der nachfolgenden Ausführungen ist es erforderlich, eine Vorbemerkung zu machen. Um theoretische Klarheit zu gewinnen, bin ich genötigt, Neurose und Krise scharf zu unterscheiden und voneinander abzuheben. Dadurch könnte der Eindruck entstehen, als wenn ich sie als voneinander unabhängige oder gar sich gegenseitig ausschließende Prozesse auffasse. Dies ist keineswegs der Fall. Infantile Neurosen oder durch sekundär autonome Anpassungssysteme bzw. psychosoziale Abwehr latent gewordene infantile Konflikte gehören zur Bedingungskonstellation für das Entstehen von Krisen. Umgekehrt gilt — wie nachher darzulegen sein wird —, daß Krisen immer ein Risiko enthalten, daß sie zum erneuten Ausbruch einer Neurose führen.

Da nach psychoanalytischer Auffassung Regression das Bindeglied zwischen auslösendem Trauma und Neurose ist und außerdem jede Krise mit Ich-Regression einsetzt, ist es zweckmäßig, das Thema anhand einer theoretischen Reflexion des psychoanalytischen Konzepts der Regression zu diskutieren.

Für die Ausarbeitung einer psychoanalytisch fundierten Beratungsstrategie dürfen wir uns davon mehr Einsicht erhoffen, unter welchen Bedingungen eine Krise sich wohl oder nicht zur Neurose entwickelt. Daraus lassen sich zumindest vorläufige Kriterien für die Indikation zur Beratung ableiten. Außerdem gewinnen wir differenziertere Erkenntnisse über den Einfluß unbewußter Prozesse auf Entscheidungsvorgänge, die in einer Beratung Berücksichtigung finden müssen.

5.1. Allgemeine Bemerkungen zum psychoanalytischen Verständnis von Regression

Der Begriff Regression wird in der psychoanalytischen Literatur im Vergleich zur allgemein-psychologischen nicht nur häufiger, sondern auch weit differenzierter verwendet. Das mag damit zusammenhängen, daß die Psychoanalyse wie keine andere psychologische Disziplin psychische Vorgänge *topisch* als Erregungen, die den psychischen Apparat durchlaufen, und *genetisch* und *strukturell* ebenfalls als ein Durchlaufen von Phasen und aufeinander aufbauenden Strukturen versteht. Unter *ökonomischem* Aspekt geht das eine wie das andere mit einer Transformierung der Energieformen einher. Bei einem solchen Grundverständnis des Psychischen liegt es auf der Hand, auch *»Rückschritte« von einem bereits erreichten Punkt aus bis zu einem vor diesem gelegenen Punkt* besonders zu beachten.

Tatsächlich hat die Psychoanalyse solche Rückschritte sehr differenziert beachtet und beschrieben. *Freud* hat zunächst den Traum als regressiven Vorgang erkannt, indem er seine bildhaft halluzinatorische Darstellungsform als *topische* Regression gedeutet hat. Während im Wachen die Erregungsabläufe vom sensorischen System progredient zur Motilität hin verlaufen, regredieren die Vorstellungen, denen im Schlaf der Zugang zur Motilität versperrt ist, über die rein assoziative Verknüpfung von Erinnerungsspuren zum System Wahrnehmung, und erscheinen im Traum als sinnliche Bilder von halluzinatorischem Charakter. Die beiden anderen Formen von Regression, die *Freud* in »Die Traumdeutung« unterscheidet, wendet er explizit noch nicht auf den Traum an, obwohl er die betreffenden Phänomene, nämlich die Rückkehr zu genetisch früheren Etappen (*zeitliche* Regression) und den Übergang zu mehr primärprozeßhaften Denkformen (*formale* Regression) als Eigentümlichkeiten des Traumes beschreibt.

Während anfänglich — der Entwicklung der Psychoanalyse entsprechend — die Regression der libidinösen Vorgänge und Objekt-Beziehungen studiert wurde, errang später zunächst die Verwendung der Regression als Abwehr und dann auch die Ich-Regression mehr Aufmerksamkeit. Letztere wurde analog der Triebregression als Rückkehr zu solchen früheren Stadien der Ich-Entwicklung, wo sich eine Fixierung an bestimmte primitive Formen von Ich-Tätigkeit eingestellt hatte, verstanden (z. B. die Rückkehr zum magischen Denken beim Zwangsneurotiker). (Vgl. *Fenichel* [1945, S. 53] und *Sandler* und *Joffe* [1965 und 1967]). *A. Freud* (1968), *Kris* (1955) und *Frijling-Schreuder* (1967) hingegen meinen, daß Ich-Regressionen nicht als Rückkehr zu Fixierungsstellen verlaufen, sondern als eine stufenweise rückläufige Bewegung. Beginnend bei den letzten Neuerwerbungen der Ich-Organisation und sich allmählich rückwärts ausweitend, lassen einzelne Ich-Funktionen oder -Strukturen in ihrer Wirksamkeit nach.

E. Jacobson (1964, S. 16) hat die energetische Regression untersucht, die vor allem in einer Entneutralisierung der Aggressivität und der Libido besteht, wodurch primitive und aggressive Triebkräfte wirksam werden können. *Balint* (1966) hat ausführlich die Regression zu frühesten Stadien der Objektbeziehung (Primäre Liebe, Oknophilie und Philobatismus) beschrieben und *Kris* (1952) hat auf die Regression im Dienste des Ichs als Komponente schöpferischer Tätigkeit aufmerksam gemacht.

Zum größten Teil sind diese Differenzierungen der regressiven Phänomene aufgrund des Studiums der Übertragung im psychoanalytischen Prozeß vorgenommen worden. Diese selbst erwies sich damit als ein vielgestaltiger regressiver Vorgang.

In den bisher erwähnten Zusammenhängen wurde Regression eher als *deskriptiver* Begriff verwendet, dessen Nützlichkeit darin besteht, eine Anzahl sehr verschiedener Phänomene unter einem gemeinsamen Aspekt zu beschreiben, um dem Psychotherapeuten das Verstehen der betreffenden Vorgänge zu erleichtern.

Zumindest in einer Hinsicht allerdings wird der Regressionsbegriff von der Psychoanalyse als ein *erklärender* herangezogen. Mittels Regression im Sinne einer Rückkehr zu einer niederen Stufe der Entwicklung beansprucht die Psychoanalyse die Verknüpfung zwischen aktuellem äußeren Konflikt als Auslöser und infantilem, intersystemischem Konflikt als Ursache neurotischen Leidens zu erklären.

Allerdings sind die Ursachen oder Bedingungen, die Gesetzmäßigkeiten und Mechanismen dieser Regression bisher nicht so gründlich erforscht und geklärt worden, wie es für ihre Verwendung als Erklärungsbegriff erforderlich wäe.

Ohne eine Lösung sämtlicher hiermit zusammenhängender Fragen zu beanspruchen, will ich im folgenden versuchen, einige Überlegungen zu diesem Thema beizusteuern, die sich als Arbeitshypothese für die Beratung und für weitere Forschung verwenden lassen.

Dazu ist es zweckmäßig, zunächst die zwei Grundformen von zeitlicher Regression zu referieren, die nach *Alexander* (1956) in den *Freud*schen Schriften beschrieben werden.

5.2. Zwei Grundformen von Regression

Diskussion mit *F. Alexander*

Bekanntlich nehmen wir in der Psychoanalyse an, daß sich im Laufe der Entwicklung Fixierungen ausprägen. Damit ist gemeint, daß die Libido stark an Personen oder Imagines oder an gewisse Befriedigungsweisen, die auf einer bestimmten Entwicklungsstufe bedeutsam oder charakteristisch waren, verhaftet bleibt.

Bei einer Durchsicht der neueren Literatur findet man bei den verschiedenen Autoren keineswegs einheitliche Ansichten darüber, wie und wodurch solche Fixierungen entstehen. Ich kann hier nicht im einzelnen darauf eingehen und möchte vielmehr zurückgreifen auf zwei Stellen bei *Freud*, wo er die Fixierung ausführlicher behandelt.

a) In der 22. Vorlesung zur Einführung in die Psychoanalyse geht *Freud* (G. W. Bd. XI) vom phasenmäßigen Verlauf der Sexualentwicklung aus und meint, daß diese eine zweifache *Gefahr* mit sich bringt, nämlich:

1. Die Gefahr der Fixierung
   Im Laufe der Entwicklung werden nicht alle vorbereitenden Phasen angemessen durchlaufen und vollständig überwunden. Das bekannte Bild eines Volkes auf Wanderung benutzend, welches Teilverbände auf Zwischenstationen zurückläßt, nimmt *Freud* für jede einzelne Sexualstrebung an, »daß einzelne Anteile von ihr auf früheren Stufen der Entwicklung zurückgeblieben sind, wenngleich andere Anteile das Ziel erreicht haben mögen.«
2. Die Gefahr der Regression
   Diese besteht darin, daß auch die Anteile, die es weiter gebracht haben, leicht auf diese früheren Stufen zurückkehren können. Das wird dann geschehen, wenn die Strebung auf Hindernisse stößt, die Befriedigung in der höher entwickelten Form zu erreichen.

Demnach scheint *Freud* Fixierungen als gefährliche Beeinträchtigungen der psychischen Entwicklung und als pathogen wirkende Faktoren zu betrachten (G. W. Bd. XI, S. 353).

Wenn man von dem epigenetischen Modell der Entwicklung nach *Erikson* (vgl. Kap. 4, S. 77) ausgeht, ergeben sich zu dieser *Freud*schen Konzeption von Fixierung zwei kritische Bemerkungen.

1. Die *normale* psychische Entwicklung vollzieht sich nach *Erikson* in aufeinanderfolgenden Stufen, wobei jeweils Teile des werdenden Ganzen eine Zeit der Vorherrschaft durchmachen. Diese Teile, also die Partialtriebe, die zugehörigen Modi und sozialen Modalitäten kommen dann zur Entfaltung. Beim Eintritt in die nächste Phase treten die Errungenschaften der vorhergehenden zwar in ihrer aktuellen Bedeutung zurück,

aber sie bleiben doch erhalten, beeinflussen die Entwicklungsvorgänge der nächsten Stufen und wachsen mit den sich später entwickelnden Teilen zu einem funktionierenden Ganzen zusammen. Für die Sexual-Entwicklung hat *Freud* sich bereits an diesem Modell orientiert, als er darlegte, daß die Partialtriebe in der Pubertät unter den Genitalprimat gebracht werden.

Nun meine ich nicht, daß eine solche Persistenz der phasenspezifischen Errungenschaft identisch ist mit jener klebrigen Verhaftung an archaische Befriedigungsformen und Objektbeziehungen, die wir in der Analyse als Widerstand erfahren und die *Freud* als Fixierung bezeichnet hat.

Es liegt jedoch wohl die Hypothese nahe, daß die gemeinten, analytisch beobachtbaren Phänomene, die *Freud* Fixierungen nannte, Auswüchse von durchaus normalen Entwicklungsprozessen sind. Diese Hypothese würde implizieren, daß zum Verständnis und zur Erklärung der Pathologie von den normalen Prozessen auszugehen ist.

2. Die *Freud*sche Erörterung von Fixierung und Regression bezieht sich zu ausschließlich auf isolierte Es-Vorgänge und vernachlässigt weitgehend den Ich-Anteil. Wie ich im Kap. 4, S. 46 f. dargelegt habe, scheint es mir problematisch, die psychischen Instanzen als existierende und für sich operierende Teilsysteme zu behandeln. Vielmehr ist auch die Regression als psychischer Gesamtvorgang, an dem alle Instanzen beteiligt sind, zu konzipieren.

Mir scheint, daß die von *A. Freud, Fryling-Schreuder* und *Kris* unterbreitete Konzeption der »normalen Regression« (vgl. Kap. 4, S. 80—83) einen Ansatz bietet zu erklären, wie es in der Folge und unter Beteiligung von Ich-Vorgängen zu jenen Auswüchsen normaler Entwicklungsvorgänge kommt, die wir als *eine Form* von pathologischer Regression und Fixierung beobachten können.

Bevor ich diesen Gedanken näher ausführe, ist es zweckmäßig, auf eine andere Stelle bei *Freud* hinzuweisen, wo er eine — wie mir scheint — *andere Form* von Fixierung erwähnt.

b) In »Jenseits des Lustprinzips« (G. W. Bd. XIII, S. 18) hat *Freud* auf in der Analyse beobachtbare Fixierungsphänomene aufmerksam gemacht, die sich von den unter a) referierten dadurch unterscheiden, daß sie nicht im »klebrigen Festhalten« an Errungenschaften einer bestimmten *Entwicklungsstufe*, sondern in der unablässigen Wiederholung eines infantilen *Traumas* bestehen.

Freud beschreibt dies folgendermaßen:

Die neue und merkwürdige Tatsache aber, die wir jetzt zu beschreiben haben, ist, daß der Wiederholungszwang auch solche Erlebnisse der Vergangenheit wiederbringt, die keine Lustmöglichkeit enthalten, die auch damals nicht Befriedigungen, selbst nicht von seither verdrängten Triebregungen, gewesen sein können. ...

Die Frühblüte des infantilen Sexuallebens war infolge der Unverträglichkeit ihrer Wünsche mit der Realität und der Unzulänglichkeit der kindlichen Entwicklungsstufe zum Untergang bestimmt. Sie ging bei den peinlichsten Anlässen unter tief schmerzlichen Empfindungen zugrunde. Der Liebesverlust und das Mißlingen hinterließen eine dauernde Beeinträchtigung des Selbstgefühls als narzißtische Narbe, ...

Die Sexualforschung, der durch die körperliche Entwicklung des Kindes Schranken gesetzt werden, brachte es zu keinem befriedigenden Abschluß; daher die spätere Klage: Ich kann nichts fertig bringen, mir kann nichts gelingen. Die zärtliche Bindung, meist an den gegengeschlechtlichen Elternteil, erlag der Enttäuschung, dem vergeblichen Warten auf Befriedigung, der Eifersucht bei der Geburt eines neuen Kindes, die unzweideutig die Untreue des oder der Geliebten erwies, der eigene, mit tragischem Ernst unternommene Versuch, selbst ein solches Kind zu schaffen, mißlang in beschämender Weise; ...

Alle diese unerwünschten Anlässe und schmerzlichen Affektlagen werden nun vom Neurotiker in der Übertragung wiederholt und mit großem Geschick neu belebt. Sie streben den Abbruch der unvollendeten Kur an, sie wissen sich den Eindruck der Verschmähung wieder zu verschaffen, den Arzt zu harten Worten und kühlem Benehmen gegen sie zu nötigen, sie finden die geeigneten Objekte für ihre Eifersucht, sie ersetzen das heiß begehrte Kind der Urzeit durch den Vorsatz oder das Versprechen eines großen Geschenkes, das meistens ebenso wenig real wird wie jenes. Nichts von alledem konnte damals lustbringend sein; man sollte meinen, es müßte heute die geringere Unlust bringen, wenn es als Erinnerung oder in Träumen auftauchte, als wenn es sich zu neuem Erlebnis gestaltete. Es handelt sich natürlich um die Aktion von Trieben, die zur Befriedigung führen sollten, allein die Erfahrung, daß sie anstatt dessen auch damals nur Unlust brachten, hat nichts gefruchtet. Sie wird trotzdem wiederholt; ein Zwang drängt dazu.

Dasselbe, was die Psychoanalyse an den Übertragungsphänomenen der Neurotiker aufzeigt, kann man auch im Leben nicht neurotischer Personen wiederfinden. Es macht bei diesen den Eindruck eines sie verfolgenden Schicksals, eines dämonischen Zuges in ihrem Erleben, und die Psychoanalyse hat von Anfang an solches Schicksal für zum großen Teil selbstbereitet und durch frühinfantile Einflüsse determiniert gehalten. ...

So kennt man Personen, bei denen jede menschliche Beziehung den gleichen Ausgang nimmt: Wohltäter, die von jedem ihrer Schützlinge nach einiger Zeit im Groll verlassen werden, so verschieden diese sonst auch sein mögen, denen also bestimmt scheint, alle Bitterkeit des Undanks auszukosten; Männer, bei denen jede Freundschaft den Ausgang nimmt, daß der Freund sie verrät; andere, die es unbestimmt oft in ihrem Leben wiederholen, eine andere Person zur großen Autorität für sich oder auch für die Öffentlichkeit zu erheben, und diese Autorität dann nach abgemessener Zeit selbst stürzen, um sie durch eine neue zu ersetzen; Liebende, bei denen jedes zärtliche Verhältnis zum Weibe dieselben Phasen durchmacht und zum gleichen Ende führt, usw. (G. W., Bd. XIII, S. 18–20)

Obwohl die zwanghafte Wiederholung des Unlustvollen, sogar des Schmerzvollen als eine unbestreitbare Gegebenheit der analytischen Erfahrung allgemein anerkannt wird, bereitet ihre theoretische Erklärung nicht nur *Freud* — der seine diesbezüglichen Überlegungen in der zitierten Schrift selbst als spekulativ und ungewiß bezeichnet hat — sondern auch den späteren Autoren große Schwierigkeiten (siehe *Laplanche-Pontalis*, 1972, S. 627–631).

Die folgenden Bemerkungen zu diesem Problem knüpfen an eine Veröffentlichung *Alexanders* (1956) an. Dieser greift zunächst *Freuds* Gedanken auf, daß solche unablässigen Wiederholungen traumatischer Konfliktsituationen letztlich nicht dadurch erklärt werden können, daß sie irgendeiner Lustbefriedigung, insbesondere dem Gewinn von Ersatzlust dienen, wie dies bei Regression zu Fixierungsstellen der psychischen Entwicklung (vgl. oben unter a) der Fall ist. Der im obigen Zitat beschriebene Wiederholungszwang ist von der Tendenz des Verdrängten, wiederzuerscheinen und zur Abreaktion zu gelangen, eindeutig zu unterscheiden.

Bei seiner Hypothese für eine Erklärung des Wiederholungszwanges geht *Alexander* davon aus, daß die fundamentale Aufgabe des Ichs darin besteht, ein stabiles Gleichgewicht innerhalb des seelischen Apparates aufrecht zu erhalten[1]. Er fährt dann fort: »Es versucht, seine Aufgabe nachholend zu erfüllen, die es unter traumatischen Bedingungen nicht leisten konnte. Wieder und wieder kehrt es zu den traumatischen Ereignissen zurück, um ihre schließliche Bewältigung zu erreichen. Die Definition eines Traumas ist, genau gesagt, eine Situation, in der das Ich von Reizen überwältigt wird, die es nicht auf ein optimales Niveau reduzieren kann; es wird überwältigt und versagt in seiner Grundfunktion. Die zwanghafte Rückkehr zu derartigen unbewältigten traumatischen Erlebnissen der Vergangenheit stellt

[1] Durch diesen eindeutig ich-psychologischen Ansatz knüpft *Alexander* an ein Teilstück der *Freud*schen Hypothesen in »Jenseits des Lustprinzips« an (G. W., S. 23–37), löst diese jedoch aus ihrer Verquikkung mit *Freuds* Todestriebtheorie im zweiten Teil der erwähnten Schrift.

eine andere Form der Regression dar. Sie unterscheidet sich grundsätzlich von der früher beschriebenen Regression, die genau das Gegenteil bewirkt, nämlich eine Rückkehr zu ehemals *erfolgreichen* Formen der Anpassung. Bei der letztgenannten Regressionsform sucht der seelische Apparat Befriedigung an Hand alter Verhaltensweisen; in der vorher erwähnten unternimmt er den Versuch einer Bewältigung ungelöster Spannung. Er sucht eine Lösung für etwas, das in der Vergangenheit nicht bewältigt wurde.«

In dieser *Alexander*schen Erklärung bleibt allerdings die Frage ungelöst, wodurch das Ich veranlaßt wird, zu unlustvollen traumatischen Situationen zurückzukehren. Anders als bei kurz zurückliegenden äußeren traumatischen Erlebnissen sind die infantilen Konflikttraumata der Vergessenheit anheimgefallen und im Zuge des sekundären Abwehrkampfes nachträglich u. U. soweit bewältigt worden, daß dem Individuum daraus ich-syntone Charakterzüge und neutralisierte Anpassungssysteme zugewachsen sind. Beides schließt ein, daß der infantile Konflikt in dynamischer Hinsicht beruhigt und zumindest soweit in Ich-Strukturen verarbeitet worden ist, daß sein unterschwelliger Fortbestand zwar als Gefährdungsmoment vorstellbar ist, nicht aber als Zwang, zwecks nachträglicher Bewältigung zu ihm zurückzukehren.

Ich übernehme *Alexanders* Auffassung, daß wir es in den Wiederholungsphänomenen mit einer zweiten Form von Regression zu tun haben. Im Unterschied zur ersten (unter a. erörterten), welche Ersatzbefriedigung ermöglicht und dadurch eine psychische Entlastung bringt, weist diese Merkmale auf, die darauf hindeuten, daß es sich um eine Rückkehr zu Fixierungsstellen traumatisch-konflikthafter Art handeln muß.

Während *Alexander* annimmt, daß die ehemaligen traumatischen Erlebnisse als solche diese Fixierungsstelle sind, möchte ich die Hypothese aufstellen, daß die Regression zu den im Kap. 4, S. 64 beschriebenen primärprozeßhaften Strukturen erfolgt. Nicht das Trauma, sondern die Struktur, zu der dieses im Zuge des von der Verdrängung ausgehenden psychischen Ablaufs verarbeitet worden ist, wäre in meiner Annahme die Fixierungsstelle. Die zweite Form von Regression wäre demnach primär eine topische und formale, während sie in *Alexanders* Theorie eine zeitliche ist.

Diese Hypothese ergibt sich m. E. aus dem übergeordneten Zusammenhang einer umfassenden Regressionstheorie, die im folgenden Abschnitt dargelegt und begründet werden soll. Dabei sollen sowohl die beiden hier unterschiedenen Grundformen berücksichtigt werden, als auch die Bedingungen herausgearbeitet werden, unter denen in einer Krise die eine bzw. die andere Regressionsform zustandekommt. Der psychologische Zusammenhang zwischen diesen beiden Grundformen, den ich hypothetisch annehme, legt es nahe, darzulegen, wie es bei einer Krise zunächst zu der ersten Grundform kommt und anschließend zu erörtern, unter welchen Bedingungen der Prozeß zur zweiten Grundform fortschreitet.

5.3. Gedanken zu einer Theorie der Regression

Im folgenden will ich versuchen darzulegen, daß sich durch Berücksichtigung dieser zwei Grundformen von Regression in Kombination mit der Annahme, daß stabilisierte primärprozeßhafte Strukturen die eigentlichen Fixierungsstellen bilden, Ansätze für eine umfassende Theorie der Regression ergeben. Ihre Vorteile bestehen m. E. darin, daß sie derart zwischen psychohygienischen und pathogenen Auswirkungen der Regression und zwischen Varianten der letzteren differenziert, daß die in Kap. 4, S. 84—89 referierten klinischen Beobachtungen eine konsistentere Erklärung finden.

5.3.1. Die defensive Variante der »normalen« Regression

Meine Überlegungen gehen von den »normalen Regressionen« aus, die *Kris, A. Freud* und *Frijling-Schreuder* bei Kindern beobachtet und als natürliche und notwendige Komponente der Entwicklungsvorgänge interpretiert haben. Ich fasse zunächst die in Kap. 4, S. 80—83 bereits referierten Hypothesen dieser Autoren zusammen.

Wenn eine höher organisierte Ich-Tätigkeit entweder durch die Zeitdauer ihrer Beanspruchung oder durch die Schwierigkeit der zu bewältigenden Aufgabe einen zu großen Kraftaufwand erfordert, setzt eine rückläufige Bewegung ein, wodurch Ich-Funktionen gegenläufig zu ihrer Entwicklung allmählich außer Kraft gesetzt werden. Die Regulierung des psychischen Gesamtgeschehens fällt dann genetisch früheren Strukturen zu und dies bringt mit sich, daß primitivere Formen von Triebmanifestation und Verhalten mit stärker primär-prozeßhaften Zügen hervortreten. Im Falle einer Überforderung infolge *lange anhaltender Beanspruchung* einer höheren Ich-Tätigkeit wird diese im allgemeinen durch die Entspannung, die das regressive Verhalten selbst mit sich bringt, ausgeglichen werden. Diese Variante kann daher für die weiteren Überlegungen außer Acht gelassen werden, weil es sich um Regressionen handelt, die — im allgemeinen — selbst ihre Ursache beheben.

Wenn hingegen *bei schwierigen Aufgaben* – also in Krisen – eine Regression erfolgt, behebt diese die Krise nicht unmittelbar und automatisch, sondern *erleichtert* allenfalls den für die Entscheidungsprozesse erforderlichen *Triebaufschub*. Anstelle der Befriedigung jener Triebregung, die das Ich nicht auf Anhieb durch eine realitätsangepaßte, Überich-gerechte und Ich-syntone Handlung herbeizuführen vermag (= Krise), führt das regressive Verhalten – gemäß der Verschiebbarkeit frei beweglicher Besetzungen, die den Vorgängen im Es eigen ist – über Ersatzbefriedigungen eine gewisse Spannungsabfuhr herbei. Der Triebdruck läßt dadurch nach und der für die Fortsetzung des Entscheidungsvorgangs notwendige Triebaufschub kann dann unter Hinnahme geringerer Frustrationen geleistet werden. Insofern haben diese »normalen« Regressionen Anpassungsbedeutung.

Andererseits können sie sich auch in pathogene Faktoren verwandeln. Die primitiveren Ersatzbefriedigungen vermögen nämlich u. U. das Drängen des eigentlichen Triebwunsches soweit abzuschwächen, daß das Ich seiner schwierigen Aufgabe, diesen in optimale Befriedigung gewährendes Verhalten überzuleiten, ausweichen kann. Eine solche Entwicklung nenne ich eine *defensive Variante der normalen Regression.*

Modellhaft läßt sich der Vorgang folgendermaßen darstellen:

Wenn die Schwierigkeiten, ein Triebbedürfnis A angemessen zu befriedigen, eine Krise ausgelöst haben und eine normale Regression, die Ersatzbefriedigungen gewährleistet, erfolgt ist, bietet sich u. U. eine Gelegenheit, den unlustvollen Spannungen, die jeder Krise eigentümlich sind, zu entkommen. Die Triebspannungsabfuhr mittels Ersatzhandlungen B, C, D etc. setzt die Intensität des Triebdruckes A herab. Wenn eine Person sich dann mit ihren Ichkräften den Komplikationen einer bestimmten zu bewältigenden Aufgabe nicht gewachsen fühlt (relative Ich-Schwäche), kann das Ich die zum Bedürfnis A gehörenden *Probebesetzungen zurücknehmen, ohne* daß es genötigt wäre, eine *Gegenbesetzung* aufzubauen. Der Triebdruck A hat nämlich erheblich nachgelassen, so daß nach erfolgtem Abzug der Aufmerksamkeit die Vorstellungsrepräsentanzen der Triebregung A nicht mehr jene »Intensität« besitzen, die erforderlich ist, um ihr Bewußtwerden zu erzwingen[2].

Der Triebwunsch A, und in seiner Folge die gesamte Krise, wird so *der Aufmerksamkeit* des Betreffenden, d. h. *dem Bewußtwerden entzogen, nicht* aber *verdrängt.*

Es dürfte zum besseren Verständnis beitragen, sich die Unter-

[2] Vgl. *Freud*, 1900, S. 546 und 598.

schiede zwischen defensiver Regression und Verdrängung zu vergegenwärtigen.

Wie wir oben (Kap. 3, These 8, und Kap. 4) erörtert haben, besteht Verdrängung darin, daß erstens eine Probebesetzung zurückgenommen, und zweitens durch eine Gegenbesetzung ersetzt wird, die den Triebwunsch daran hindert, als solcher vorbewußt und durch eine Handlung befriedigt zu werden. Aus den in wechselseitiger Verkettung gegeneinander operierenden Kräften von nachdrängender Triebregung und Gegenbesetzung entwickelt sich anschließend eine Ersatzvorstellung und ein Symptom, das Ersatzbefriedigung gewährt. Der gesamte Ablauf resultiert in eine stabilisierte primär-prozeßhafte Struktur (vgl. Kap. 4, S. 64), die dauerhaft das psychische Geschehen in dem betreffenden Bereich organisiert.

Diese an den Verdrängungsmechanismus geknüpfte Entwicklung setzt bei der defensiven Verwendung der »normalen« Regression nicht – jedenfalls nicht unmittelbar – ein, weil die dazu erforderliche Komponente der Gegenbesetzung (noch) fehlt.

Was im Falle der Verdrängung die Gegenbesetzung besorgt: nämlich das Ich nach dem Abzug der Probebesetzung vor dem erneuten Bewußtwerden der Triebforderung zu bewahren, das leistet im Falle einer defensiven Regression die Ersatzbefriedigung. Diese ist vorgegeben und ermöglicht daher von vorneherein eine Spannungsabfuhr, während im Falle der Verdrängung eine am Symptom gebundene Ersatzbefriedigung das Resultat des Konflikts ist.

Obgleich nach Rückzug der Probebesetzung die Ersatzbefriedigung garantiert, daß die Vorstellungsrepräsentanzen der Triebregung A, d. h. der eigentliche Trieb*wunsch* nicht erneut bewußt wird, vermag sie doch keine volle Abfuhr der Triebspannung herbeizuführen. Deswegen drängen Unlustaffekte des unterdrückten Triebwunsches ins Bewußtsein vor. Sie sind allerdings von der unbewußt bleibenden Vorstellungsrepräsentanz isoliert.

Letzteres manifestiert sich klinisch in Selbstvorwürfen oder in Gefühlen von Unzufriedenheit, Versagen und Resignation. Der Betreffende selbst erlebt diese Gefühle als »eigentlich unbegründet« oder – was meistens geschieht – er versucht, sie zu rationalisieren. Das Ausweichen in Ersatzbefriedigungen zeigt sich klinisch in einer dranghaft und mit Nachdruck vollzogenen Aktivität, die als unverzichtbar oder überaus wertvoll erlebt wird. Ein Außenstehender wird derartige Aktivitäten meist als ineffektiv, unangemessen oder als unreif erkennen. Der Patient selbst hingegen erlebt sie als ichsynton und tendiert häufig dazu, ihren Wert, ihre Bedeutung oder Notwendigkeit zu idealisieren.

Im Erscheinungsbild kann eine derartige Symptomatik einer neurotischen sehr ähnlich sein. Ihre Rückführung allerdings auf psychodynamische Prozesse, die sich von den neurotischen in der oben beschriebenen Weise unterscheiden, schließt die Annahme ein, daß sie therapeutisch andersartig beeinflußbar sind, als neurotisch bedingte.

Der Triebwunsch A wird durch die defensive normale Regression der Aufmerksamkeit, d. h. dem Bewußtwerden, entzogen, nicht aber unbewußt im Sinne von verdrängt. Man kann ihn allerdings auch nicht als einen vorbewußten Wunsch bezeichnen, weil in der psychoanalytischen Theorie vorbewußte Vorstellungen als zwar deskriptiv unbewußt, aber dem Bewußtsein zugänglich, definiert werden[3].

Nun ist die ursprüngliche *Freud*sche Auffassung, daß Unbewußtes mit Verdrängtem zusammenfällt, bereits durch die Erkenntnis, daß Verdrängung und Abwehr sich unbewußt vollziehen, überholt worden. Dynamisch unbewußt fällt also nicht mit verdrängt zusammen, sondern umfaßt alle psychischen Inhalte, die nicht ohne Überwindung von Widerständen bewußt werden können.

Die defensive Variante der normalen Regression läßt den Triebwunsch A und die Anforderung an das Ich, ihn in angemessenes Verhalten überzuleiten, schon dynamisch unbewußt werden, aber weil er nicht dermaßen entstellt wird wie eine verdrängte Regung und sich keine primärprozeßhafte Struktur bildet, sind die zu überwindenden Widerstände geringer, d. h. der Gesamtkomplex bleibt bewußtseinsnäher. Daher erklärt sich, daß Verhaltensstörungen, Anpassungsschwierigkeiten und Entwicklungskrisen durch konfrontative Deutungen, Vermittlung korrigierender Erfahrungen und verstehendes Helfen nachhaltig therapeutisch beeinflußt werden können.

Zur Illustration dieser relativ abstrakten Ausführungen verweise ich zunächst auf die in Kap. 4, S. 85–89, referierten Beispiele nach *Bibring* und *Richter*. In beiden Fällen ist den Patienten der Vollzug eines anstehenden Entwicklungsschrittes durch das abweisende Verhalten ihrer Partner – im *Birbing*schen Fall des Ehemannes, im *Richter*schen Fall sind es die Eltern des Mannes – erschwert worden. Sie gerieten in eine Krise und regredierten zu mehr infantilem Verhalten, welches ihnen eine Ersatzbefriedigung ermöglichte. Die schwangere Frau unterließ jede zweckmäßige Vorbereitung auf die Geburt und damit auf eine glückliche Mutterschaft. Statt dessen suchte sie für ihr Streben nach Generativität (vgl. *Erikson*, 1953, S. 136) Ersatzbefriedigung in infantilen Formen zwanghaften Fragens, wie es uns als Äußerung kindlicher Sexualforschung bekannt ist.

[3] Vgl. *Freud* (1938, S. 82): »Alles Unbewußte, das ... leicht den unbewußten Zustand mit dem bewußten vertauschen kann, heißen wir ... vorbewußt.

Der Ehemann im *Richter*schen Fall regredierte in seiner Identitätskrise zu Interessen und Strebungen der Latenzperiode. In der Beschreibung seiner Interaktion mit dem Therapeuten ist sein Streben, »die Dinge gut zu machen« und seine »Lust an der Vollendung seines Werkes durch Stetigkeit und ausdauerndem Fleiß« (*Erikson*, 1953, S. 125) unübersehbar. Statt um Respekt für seine Person in ihrer eigenen Identität, kämpft er um Anerkennung für die Qualität seiner Leistungen.

Abgesehen von diesen drang- und zwanghaft betriebenen Beschäftigungen sind beide Patienten apathisch und resigniert.

Die defensive Verwendung der »normalen« Regression läßt sich — wie mir scheint — auch an einem Typus von Patienten erläutern, der mir unter diesem Aspekt gesehen besonders aufgefallen ist. Meistens handelt es sich um junge Erwachsene zwischen 20 und 30 Jahren, die sich mit der Klage über sie bedrückende Kontaktprobleme an den Psychoanalytiker wenden. Trotz eines Freundeskreises, trotz Engagement im Rahmen von Clubs oder Gruppen für gemeinsame Interessen und trotz einer Partnerschaft oder lockerer Beziehungen, mit nachdrücklich als befriedigend hervorgehobenen sexuellen Kontakten fühlen sie sich tief einsam und unverstanden und leiden unter ihrem Mißtrauen, von jedem letztlich doch abgelehnt zu werden.

In manchen Fällen war dieses Kontaktproblem die einzige Beschwerde dieser Patienten, in anderen Fällen war es ein Teil eines umfangreichen — allerdings von Fall zu Fall variierenden — psychopathologischen Bildes.

Aber auch unter den letztgenannten Fällen fand ich öfters in der Anamnese anschließend an die Adoleszenz eine Periode zunehmender Kontaktschwierigkeiten der oben beschriebenen Art, während weitere Symptome, wie z. B. Erytrophobie, Sprach- und Redestörungen, hysterische Reaktionsmuster, Arbeitsstörungen oder Zwänge erst später hinzugekommen waren.

Da diese Patienten die letztgenannten Symptome rationalisierend als Ursache ihrer Kontaktprobleme auffassen, berichteten sie spontan meistens nicht über die vorausgegangene Zeit, als sie lediglich unter Isoliertheitsgefühlen litten. Ich erfuhr davon erst, als ich — ohne vorher die Rationalisierung in Frage zu stellen — mittels einer offenen Frage, mir über Freundschaften und Kameradschaften seit der Pubertät berichten ließ.

Als bei den therapeutischen Bemühungen aus gegebenem Anlaß die angeblich befriedigenden Sexualbeziehungen konfrontativ in Frage gestellt wurden, trat regelmäßig ein typischer Verlauf ein:

Obgleich die Patienten eine solche Interpretation anfänglich, manchmal mit Entrüstung, weit von sich wiesen, beschäftigte sie die Deutung trotzdem, sie kamen in den Sitzungen wiederholt auf sie zurück, wobei eine anfängliche Verunsicherung sich allmählich in das Gefühl »verstanden zu werden«, verwandelte.

Bei einigen Patienten setzte darauf in der Therapie eine Phase ein, sich intensiv mit der »Fragwürdigkeit einer dauerhaften partnerschaftlichen Bindung« zu beschäftigen: sie erörterten z. B. ausführlich das Scheitern der Ehe als Institution, oft von ihnen unmittelbar in der Scheidung oder in dem lebenslangen Zerstörungskampf ihrer Eltern erlebt; die soziale Unterdrückung der Frau und ihre entsprechende Rolle in jeder verpflichtenden Bindung; die Demaskierung der so hoch gewerteten Treue als Instrument gegenseitiger Besitzansprüche und Beherrschung; die Ansicht, daß »in Liebe zusammenleben« nichts anderes sein könne, als die Verschleierung einer mörderischen Aggressivität zwischen Menschen, die sich grundsätzlich als Feinde begegnen müssen. (1. Gruppe)

Bei anderen Patienten tauchte dieselbe Thematik erst an späterer Stelle im Therapieverlauf auf, nachdem zunächst innere Konflikte — die von Fall zu Fall andersartigen Bereichen angehörten — bearbeitet worden waren. (2. Gruppe)

Diese Beobachtungen veranlaßten mich zu der Hypothese, daß die Beschwerden dieser Patienten mit einer Krise in der Entwicklung von »sexueller Intimität« (vgl. *Erikson*, S. 134—135[4] und S. 137—139[5]) als auslösenden oder verursachenden Faktor zusammenhängen.

Meine anfängliche Hypothese, daß es sich bei der ersten Gruppe um Störungen im Rahmen einer Krise, und bei der zweiten um Neurosen handeln würde, sah ich auf die Dauer nicht bestätigt. Bei einigen Patienten der ersten Gruppe stellte sich heraus, daß ihre Beschäftigung mit der »sozialen Problematik einer dauerhaften Beziehung« als Widerstand funktionierte, der mich davon abhalten sollte, tief Verdrängtes anzusprechen.

Andererseits trat zumindest in einem Fall der zweiten Gruppe so wenig Widerstand auf, daß der Verlauf der (anscheinend erfolgreichen) Therapie eher eine Krise als eine Neurose vermuten ließ.

Allen diesen Patienten dürfte allerdings gemeinsam sein, daß sie große Schwierigkeiten hatten, den anstehenden Entwicklungsschritt zu vollziehen und in dieser Krise ihr ambivalent erlebtes Bedürfnis nach »Intimität« deswegen zu verleugnen suchten, weil die Aussicht, es ichgerecht befriedigen zu können, ihnen versperrt schien. Unter diesen Umständen regredierten sie zu oder verharrten in einem spätpubertären genitalen Sexualverhalten.

Der Ersatzcharakter dieser Befriedigungsart verriet sich darin, daß die Patienten, trotz der angeblich körperlich befriedigenden und als Momente von Liebesglück erlebten Sexualbeziehungen, eine intensive innere Einsamkeit empfanden. Die Tatsache, daß sie diese Form von Sexualbetätigung idealisierten und mir gegenüber unnötigerweise und sich wiederholend sittlich zu rechtfertigen suchten, ließ erkennen, daß dieses Verhalten zur Abwehr benutzt wurde. Welche Ängste und Triebregungen in concreto abgewehrt wurden, war von Fall zu Fall verschieden. In manchen Fällen war die Regression weit fortgeschritten in das anschließend zu beschreibende Stadium der Wiederbelebung infantiler traumatischer Konflikte, und war so zur Komponente einer vielschichtigen Abwehr geworden. Immer aber diente sie zumindest auch dazu, das Bedürfnis nach einer

[4] *Erikson, Z. H.*, »Wachstum und Krisen der gesunden Persönlichkeit«, Psyche VII, 1953.

[5] *Erikson, Z. H.*, »Das Problem der Identität«, in: *A. Mitscherlich* (Ed.): Entfaltung der Psychoanalyse, 1956.

umfassenderen persönlichen Bindung (»Intimität« nach *Erikson*) zu verleugnen und so einer Lösung der Krise auszuweichen.

Die Frage, unter welchen Bedingungen es dazu kommt, daß »normale« Regression sich zu der beschriebenen defensiven Variante entwickelt, ist noch ungeklärt. Hier liegt für die psychoanalytische Erforschung der Entscheidungsprozesse ein weites Feld brach.

Meine bei den erwähnten Therapien gemachten analytischen Erfahrungen geben Anlaß zu der Vermutung, daß folgende Umstände häufig eine defensive Verwendung der »normalen« Regression bedingen:

1. In der Gesellschaft oder Subkultur des Betreffenden herrschen Verhältnisse vor, die es ihm ausweglos erscheinen lassen, für die anstehende Krise eine ihm adäquate und sozial angepaßte Lösung zu finden. Das Verharren in primitiveren Ersatzbefriedigungen *kann* unter solchen Umständen eher als das kleinere Übel statt als krankhaft zu werten sein. Hingegen mag es angebracht sein, in solchen Fällen eher die sozialen Gegebenheiten als pathogen zu bezeichnen.

2. Ein u. U. weitgehend unbewußt ablaufender sozialer Rollenkonflikt (vgl. *Richter*, 1969 und 1970) führt häufig zu defensiver Regression in Ersatzbefriedigungen. Das geschieht dann, wenn eine pathologische Abwehr des einen Beteiligten ihn veranlaßt, den oder die anderen in eine Rolle zu drängen, die ihn selbst entlastet, es für den/die anderen aber schier unmöglich macht, zu einer angemessenen psychosozialen Koordination zu gelangen. Gerade in den Fällen, wo das Verhalten auf Seiten des einen Partners in erheblichem Maße neurotisch determiniert ist, kann es beim anderen – auch wenn er noch nicht neurotisch belastet ist – dazu kommen, daß er auf Dauer zu infantilem Verhalten regrediert.

In einem von mir gesehenen Fall z. B. scheiterte die vorhandene Bereitschaft zur »Intimität« einer jungen Frau, deren psychische Entwicklung bis dahin im Ganzen positiv verlaufen war, an einem unbewußten Rollenkonflikt mit ihrem Partner. Zur Abwehr eigener phallischer Konflikte und Kastrationsängste verlangte dieser von ihr, daß sie ihm ein phallisches Weib sei: strahlend schön und sehr sexy, soll sie ihn erregen und beim Coitus sämtliche Techniken und Stellungen aktiv beherrschen. Er führte ihr Literatur zu und veranlaßte Kinobesuche, die bewirken sollten, daß sie immer »besser« wird. Wenn ihr körperlich oder seelisch unwohl war, mied er sie, denn wenn sie zusammen waren, sollte sie jedesmal zur Erotik aufgelegt sein. Zweimal hatte die Frau die Beziehung schon abgebrochen, weil, wie sie sagte, »ich mir einen Freund wünsche, dem menschlich mehr an mir gelegen ist«, beide Male nahm sie die Beziehung nach kurzer Zeit wieder auf. »Nachdem wir uns getrennt hatten, spürte ich erst richtig, wie glücklich er mich machen konnte.« Sie paßte sich mehr und mehr der unreifen, der eigenen Vorstellung widersprechenden Sexualrolle an, mimte ihrem Freund das »sunny girl« und genoß »selige Nächte«.

Zunehmende Arbeits- und Konzentrationsstörungen veranlaßten sie, psychotherapeutische Hilfe in Anspruch zu nehmen. Die gemeinsame Therapie des Paares erzielte in wenigen Sitzungen, daß die Frau die ihr aufgedrängte Rolle zu verweigern begann, wodurch die Beziehung des Paares in eine erneute Krise geriet. Letzteres trug dazu bei, daß der Mann den Vorschlag einer Psychoanalyse aufgriff. Trotz der einsetzenden heftigen Partnerschaftskrise konnte die Frau jedoch wesentlich konzentrierter studieren als vorher.

3. In manchen Fällen enthält eine bestimmte Krise für Personen mit gewissen latent fortbestehenden und nur geringfügig neutralisierten Konflikten von vorneherein so viele Momente der Ähnlichkeit mit diesen, daß ihre Lösung auf dem »Entscheidungsweg« für sie nicht angehbar ist. Die infantile Konfliktkonstellation greift – nach dem Muster des nachher zu beschreibenden Mechanismus – gleich auf die Krise über. In solchen Fällen können, neben der aus dem infantilen Konflikt stammenden Abwehr, u. U. auch Formen normaler Regression defensiv verwendet werden. Unter solchen Bedingungen sind allerdings auch letztere von vornherein in ein neurotisches, d. h. von primärprozeßhaften Strukturen organisiertes Geschehen einbezogen.

5.3.2. Die Regression zur infantilen traumatischen Fixierungsstelle

Gehen wir jetzt wieder der Beschreibung eines regressiven Ablaufs im Modell nach.

Wenn im Falle einer Krise die »normale« Regression in ihre defensive Variante übergeht, bedeutet das, daß die zur Krisenbewältigung erforderlichen Vorstellungen (Probehandeln) unterdrückt werden.

Über »unterdrückte Vorstellung« ist uns aus der Traumforschung folgendes bekannt:

Freud hat bei seiner Analyse jener Eigentümlichkeit der Träume, daß in ihnen Tagesreste mit Verdrängtem zum Trauminhalt verknüpft werden, eine Hypothese aufgestellt, die in späteren Experimenten (vgl. *Spence* und *Holland* 1962) eine gewisse Bestätigung erhalten hat und an der ich für meine weiteren Überlegungen anknüpfe. Tagesreste im Traum sind nach der *Freud*schen Hypothese Gedankengänge oder Vorstellungen, die im

Wachzustand vernachlässigt oder unterdrückt wurden. Bekanntlich nimmt *Freud* an, daß vorbewußte Inhalte dadurch zu bewußten Gedankengängen werden, daß sie eine Aufmerksamkeitsbesetzung, die von einer bestimmten Zielvorstellung ausgeht, erhalten. Der assoziative Verlauf eines solchen bewußten Gedankenganges wird von der Zielvorstellung gelenkt. Wird jedoch ein im Vorbewußten angeregter Gedanke vernachlässigt (d. h. erhält er keine Aufmerksamkeitsbesetzung) oder unterdrückt (d. h. wird eine initiale Aufmerksamkeitsbesetzung zurückgezogen), dann bleibt er seinen eigenen Erregungen überlassen.

Diese an der Analyse der Traumphänomene entwickelte Hypothese, die auch für die erwähnten experimentellen Ergebnisse eine schlüssige Erklärung bietet, enthält keine Komponente, die uns nötigt, ihre Gültigkeit auf die Traumphänomene zu beschränken. Es mag sein, daß zwischen Schlaf und wachem Leben ein Gradunterschied der Abwehrkraft des Ichs gegeben ist, wodurch sich unbewußte Wunschphantasien im Schlaf leichter auch flüchtigster Tagesreste bemächtigen können. Gedanken aber, die sich auf die Verwirklichung starker Triebregungen oder wichtiger Interessen beziehen, haben initial eine größere energetische Intensität. Wir müssen daher annehmen, daß nach einer Unterdrückung ihre assoziative Diffusion länger anhalten und sich im psychischen Feld weiter ausbreiten wird, bevor sie abklingen. Die Chance, daß sie sich auch bei voller Wachsamkeit des abwehrenden Ichs mit »Verdrängtem« verknüpfen, nimmt dadurch zu.

Gerade die durch defensive Regression unterdrückten gedanklichen Planungen zur Lösung einer Krise weisen naturgemäß eine solche Intensität auf, daß sich die von ihnen ausgehenden unterschwelligen Assoziationen anhaltend und weit im psychischen Feld ausdehnen. Sie geraten wiederholt mit unbewußten und vielfältigen Anteilen verdrängter Regungen in Berührung. Das führt dazu, daß die sekundäre Abwehrtätigkeit, die eine gewisse Beruhigung oder sogar Neutralisierung infantiler Konflikte erreicht hat und aufrecht erhält, auf die Dauer durchbrochen wird, so daß die Energie der unbewußten Regungen sich der unterdrückten Gedanken bemächtigt. Diese bleiben dadurch erhalten und dynamisch wirksam, allerdings ab jetzt als unbewußte Vorstellungen.

Die Psychoanalyse hat immer angenommen, daß damit die Krise in den infantilen Konflikt hineingezogen wird, d. h. daß die innerpsychischen Verarbeitungsweisen (Ängste, Verschiebungen, Verdichtungen, Symbolbildungen, Abwehrmechanismen, archaische Bestrafungen seitens des Über-Ichs, symptomatische Kompromißlösungen), die dem infantilen Konflikt eigen waren, in nahezu identischer Weise auf die Krise übergreifen. Diese verwandelt sich damit in eine Neurose, als deren Ursache der wiederbelebte infantile Konflikt anzusehen ist.

Viele im analytischen Prozeß beobachtbare Phänomene, insbesondere die Entwicklung der Übertragungsneurose, bestätigen einem erfahrenen Psychoanalytiker die Gültigkeit dieser Hypothese. Allerdings kann das Übergreifen infantiler Konflikte auf eine Krise noch nicht allein durch die Wiederbelebung verdrängter Triebwünsche theoretisch erklärt werden. Es müßte nämlich nicht unbedingt dazu führen, daß sie in einer solchen Neuauflage unter veränderten sozialen und innerpsychischen Verhältnissen (Entwicklungsfortschritte im Ich und Über-Ich) die nämliche Verarbeitung erfahren wie in der Kindheit. Gerade letzteres jedoch ist es, was wir in den Wiederholungsphänomenen und in der Übertragungsneurose beobachten.

Übernimmt man aber die in Kap. 4, S. 58–64, entwickelte Hypothese, daß in Anschluß an eine Verdrängung jene Verkettung von Trieb- und Abwehrreaktion einsetzt, die zur Bildung stabilisierter primärprozeßhafter Strukturen führt, dann impliziert die Wiederbelebung verdrängter Wünsche, daß sie mit allen Verschiebungen und Symbolbildungen, mit allen automatisch mit ihr verknüpften Abwehrmechanismen des Ichs und Straftendenzen des Über-Ichs erneut auftreten.

Stabilisierte primärprozeßhafte Strukturen wären demnach Fixierungsstellen, die durch alle Entwicklungen einer aufwachsenden Persönlichkeit hindurch erhalten bleiben. Vielfach sind einzelne ihrer Bestandteile im *Hartmann*schen Sinne neutralisiert worden und haben sich zu Apparaten sekundärer Autonomie entwickelt. Wir müssen aber annehmen, daß die sich in einer Art Patt gegenseitig blockierenden Besetzungen und Gegenbesetzungen solcher primärprozeßhaften Strukturen erhalten bleiben. Wenn die synthetischen Bemühungen des Ichs, Konfliktabkömmlinge nachträglich in seine Anpassungssysteme einzubauen (siehe Kap. 4, S. 67–69), relativ erfolgreich sind, können diese Strukturen über längere Zeit ohne großen Einfluß auf die psychischen Vorgänge abgekapselt bleiben. Tritt aber durch die oben beschriebenen Auswirkungen einer Krise in diesem Patt von Besetzung und Gegenbesetzung eine Kräfteveränderung ein, dann wird die Struktur insgesamt mobilisiert und ihre Automatismen organisieren sämtliche seelischen Vorgänge im Krisenbereich zu primärprozeßhaft ablaufenden neurotischen Prozessen um, in denen sich das ganze infantile Trauma mit allen schmerzlichen Affekten und Selbstbestrafungen wiederholt.

In den vorhergehenden Ausführungen wurde theoretisch eine scharfe Trennung zwischen den beiden Formen von Regression vorgenommen. Die erste zeigt sich in genetisch früheren Verhaltensweisen, die von einer entwicklungsmäßig primitiveren Ich-Organisation gesteuert werden und für Triebwünsche eine Ersatzbefriedigung gewährleisten. Die zweite besteht aus einem Zurückfallen auf eine primärprozeßhafte Struktur als Fixierungsstelle. Letztere ist die Organisationsform eines Instanzenkonflikts, in der Es-, Ich- und Überich-Anteile miteinander zu einer Struktur verkettet sind, die eine adäquate Realitätsprüfung und damit die Einflußnahme des Sekundärvorganges verhindert. Auch diese zweite Regressionsform garantiert der Person meistens eine gewisse Ersatzbefriedigung, allerdings in so enger Zusammenkopplung mit Abwehr und Bestrafung, daß der Lustgewinn zugleich Unlust erzeugt und die Erregungsabfuhr infolgedessen minimal ist. Im Verhalten äußert sich diese inner-psychische Konstellation in den Phänomenen des Wiederholungszwanges.

Zur Entwicklung meiner Gedanken schien es mir zweckmäßig, die eine Regressionsform als die der Krise, und die andere als die der Neurose zu erörtern. Dies könnte — im Widerspruch mit den klinisch beobachtbaren Gegebenheiten — beim Leser den Eindruck erwecken, als wäre zwischen der jeweiligen Art der Störung und der ihr zugeordneten Form der Regression eine exklusive Bindung gegeben. Daher sind einige ergänzende und korrigierende Bemerkungen erforderlich.

Zwar bin ich der Meinung, daß primärprozeßhafte strukturelle Organisation ein allen Arten von Neurosen[6] *gemeinsames* strukturelles Konstituens ist. Von weiteren strukturellen, dynamischen, genetischen und ökonomischen Gegebenheiten hängt es ab, welche Art von Neurose sich entwickelt und welche individuelle Ausprägung sie behält.

Als eine dieser, die spezielle neurotische Konstellation bedingenden Variablen kann die »regressive Wiederbelebung alter Triebpositionen« (*Moser*, 1964a, S. 61) gelten. »Bei dieser Regression werden frühere Befriedigungsweisen wiederbelebt, die mit bestimmten psychosozialen Verhaltensweisen gekoppelt sind

[6] Den Begriff »Neurose« verwende ich im Sinne von *Moser* (1964a) für konfliktbedingte Störungen, in denen Abwehr vom Gegenbesetzungstypus vorherrscht (siehe auch die Fußnote Kap. 4, S. 48). Jene präpsychotischen und psychotischen Zustände, die infolge Zerfall der Gegenbesetzungsfähigkeit eintreten und bei denen die Abwehr mittels »regressiver Mechanismen . . . über die Regulierung der mit dem Bedürfnisimpuls verknüpften Objektbeziehungen erfolgt«, (*Moser*, l.c. S. 60) brauchte ich im Rahmen des allgemeinen Themas: Beratung, nicht in meine Überlegungen einzubeziehen.

(z. B. mit einer oral-retentiven oder einer oral-rezeptiven Haltung). Sie erlauben eine Ersatzbefriedigung von Bedürfnissen, welche im Rahmen der abzuwehrenden Konfliktsituation nicht in adäquater Form erlebt und befriedigt werden können« (*Moser*, l.c., S. 61).

Jene Form von Regression, die ich oben als charakteristisch für Krisen beschrieben habe, kann demnach auch im Zuge einer Neurose vorkommen. Sie umfaßt – in der gleichen Weise, wie ich es für die Krise beschrieben habe – eine Aktivierung von Ich-Haltungen früherer Entwicklungsstadien und infolgedessen primitivere Formen von Objektbeziehungen, die sich durch größere Objektabhängigkeit auszeichnen, aber auch Ersatzbefriedigungen gewähren.

Das Erscheinungsbild der Regression zu primitiverem Verhalten mit Ersatzbefriedigung ist in einer Krise und in einer Neurose nahezu identisch. Unterschiedlich ist allerdings der psychodynamische Stellenwert. In der Krise steht diese Regression im Dienste des Aufschubs (normale Variante) oder sie ermöglicht es dem Ich, Entscheidungen auszuweichen, die zur Bewältigung eines psycho-sozialen Konflikts zu treffen wären (defensive Variante). In der Neurose fungiert sie als zusätzlicher Abwehrvorgang, der die Gegenbesetzungsabwehr (Verdrängung, Reaktionsbildung, Isolierung, Rationalisierung) verstärkt (siehe auch *Moser*, l.c., S. 61–64).

Für die Differentialdiagnose von Krise und Neurose bedeutet dies, daß eine Aktivierung von entwicklungsmäßig primitiveren Verhaltensweisen mit zugehörigen Ersatzbefriedigungen nur dann als Anzeichen einer Krise gewertet werden kann, wenn gleichzeitig die Indizien für pathologische Formen von Gegenbesetzungsabwehr und/oder für Wiederbelebung eines infantilen Konfliktes fehlen.

Auf die großen Schwierigkeiten dieser Differentialdiagnose beim heutigen Stand der Forschung werde ich später (Kap. 6, S. 132–136) zu sprechen kommen.

6. Ich-Stärkung in Psychoanalyse — Psychotherapie — Beratung

Nachdem in den vorhergehenden Kapiteln die Determinanten qualitativ variierender Ich-Stärke und insbesondere Unterschiede der Ich-Schwäche je nach Stufe der erfolgten Regression erörtert wurden, sollen in diesem Kapitel die Methoden der Ich-*Stärkung* diskutiert werden.

Ich gehe dabei von dem Grundgedanken aus, daß, je nachdem, welche vor allem qualitativ definierte Ich-Schwäche eingetreten und Ich-Stärke erhalten geblieben ist, jeweils andersartige Methoden zur Stärkung des Ichs angezeigt sind. Zunächst werde ich versuchen herauszuarbeiten, auf welche speziellen Formen von Ich-Schwäche und -Stärke die herkömmlichen Methoden der Psychoanalyse und Psychotherapie abgestimmt sind. Daraus ergibt sich eine Gegenüberstellung, aus der der eigene Stellenwert der Beratung hervorgeht, weil sie eine Methode darstellt, die auf bestimmte Konstellationen von intakten und beeinträchtigten Ichfunktionen spezifisch abgestimmt ist. Auf dieser Grundlage lassen sich Indikationsbereiche für verschiedene Verfahren abgrenzen.

6.1. Ichstärkung durch Psychoanalyse

Die Psychoanalyse als Therapie vollzieht sich in Form eines Prozesses der Aufdeckung und Bewußtmachung der unbewußten Vorgänge im Patienten. Dieses Vorgehen ist begründet in der Erkenntnis, daß neurotische Symptome, Charakteranomalien und erstarrte Verhaltensweisen (-muster) ursächlich aus unbewußten infantilen Konflikten herrühren. Mit dem Angebot der Psychoanalyse wird dem Patienten eine allumfassende kausale Therapie vorgeschlagen, die nicht unmittelbar auf seine Beschwerden einwirken oder sie erleichtern soll, sondern jene Strukturen der psychischen Instanzen. Es — Ich — Überich und ihres Zusammenspiels zu beeinflussen sucht, die als zu psychischen Störungen disponierende Fehlorganisationen anzusehen sind.

Es soll ausdrücklich festgehalten werden, welch ein anspruchsvolles *Ziel* die Psychoanalytiker sich damit setzen. Ihre kausale Therapie beschränkt sich nicht auf Beseitigung der spezifischen Ursachen der vorliegenden neurotischen Störung, sondern zielt auf eine allgemeine Umstrukturierung ab, die den Kranken für die Zukunft zu psychischer Gesundheit disponiert[1].

Zu heilen ist, strikte betrachtet, kein direktes Ziel einer Psychoanalyse, sondern ihr Ergebnis, das sich als Folge der Umstrukturierung notwendigerweise ergibt, weil durch diese die natürlichen vorgegebenen synthetischen und integrativen Ich-Kräfte freigesetzt werden. Auf diesen Punkt soll später weiter eingegangen werden.

Psychoanalyse als Therapie enthält drei essentielle Elemente, die untereinander in komplementärer Wechselwirkung stehen: Übertragungsneurose, Arbeitsbündnis, deutendes Durcharbeiten.

Das sogenannte psychoanalytische Setting führt dazu, daß sich eine Übertragung einstellt. Der Analysand wird aufgefordert, dem Analytiker ohne zu reflektieren alles zu sagen, was ihm in den Sinn kommt. Um dies zu erleichtern, liegt er in den viermal wöchentlich stattfindenden Sitzungen so entspannt wie möglich auf einer Couch.

Der Analytiker sitzt außerhalb seines Blickfeldes und verhält sich abstinent, d. h. äußert keine eigenen Meinungen oder Gefühle, wertet nicht und erwähnt nichts über seine Person und sein Leben.

Dieses ungewöhnliche Arangement führt — aus Gründen, die hier nicht erörtert werden können — erfahrungsgemäß dazu, daß der Analysand eine intensive, vielschichtige und von Gefühlsschwankungen geprägte Beziehung zum Analytiker entwickelt. Für das subjektive Erleben des Analysanden gelten solche Affekte dem Analytiker, tatsächlich jedoch handelt es sich um eine Wiederholung und Verschiebung von konfliktbeladenen Reaktionen, die in seiner Kindheit einer wichtigen Bezugsperson gegolten haben. Diese sogenannten Übertragungsreaktionen steigern sich allmählich zur Übertragungsneurose, in der die ganze infantile Konfliktdynamik des Patienten sich derart auf seine Beziehung zum Analytiker zentriert, daß diese sich zur Akme seines emotionalen Lebens entwickelt.

Die Vergangenheit wird dadurch im hic et nunc der analy-

[1] Die psychoanalytische Auffassung von psychischer Gesundheit läßt sich m. E. in Anlehnung an *Waelder* (1969, S. 47—49) folgendermaßen umschreiben: Psychisch gesund ist ein Mensch, der zwischen den sich in seinem Selbst und in seiner Umwelt vollziehenden Entwicklungen und Veränderungen eine flexible (oder dynamische) Anpassung herzustellen in der Lage ist (sowohl mittels Umorganisation des Selbst, als mittels Einwirkung auf die Umwelt); und zwar eine Anpassung, die es ermöglicht, einen befriedigenden oder wenigstens erträglichen Grad innerer Harmonie aufrecht zu erhalten und doch ein Maß an ich-gerechter Befriedigung zu erreichen, das die Versagungen einer solchen Anpassung aufwiegt.

tischen Situation emotional gegenwärtig und dadurch einer erneuten erlebnishaften Bewältigung zugänglich.

Voraussetzung dazu ist allerdings, daß gleichzeitig noch eine andere Beziehung zwischen Analytiker und Analysand gegeben ist. *Greenson* (1966, 1967) hat sie als »Arbeitsbündnis« beschrieben. Es handelt sich dabei um eine wechselseitige ich-syntone kooperative Beziehung zwischen dem Patienten in seinen von der Krankheit verschont gebliebenen Ich-Anteilen und dem Analytiker. Solche einsichtsfähigen Ich-Anteile versetzen den Analysanden in die Lage, sich teilweise mit dem Vorgehen des Analytikers zu identifizieren, die Aufforderung zur freien Assoziation zu befolgen und so »im Dienste des Ichs zu regredieren«. Dadurch entwickelt sich neben der Übertragung eine tragfähige Beziehung zum Therapeuten, die bei allen Versagungen, Enttäuschungen und emotionalen Spannungen, die sich aus der Übertragung ergeben, den Patienten dennoch die gemeinsame Arbeit fortsetzen läßt.

Der analytische Prozeß kann nur gelingen, wenn der Analysand mit Hilfe des Analytikers[2] in der Lage ist, zwischen der Übertragung mit ihrem mehr vom Primär-Prozeß dominierten Erleben und dem Arbeitsbündnis, das introspektives, sekundärprozeßhaftes Beobachten verlangt, zu oszillieren.

Sterba (1934, S. 117—126) hat dies als »therapeutische Ich-Spaltung« beschrieben. Eine Analyse, die in Übertragungsagieren ausmündet, muß ihr Ziel verfehlen, und eine, die zur bloßen rational-intellektuellen Introspektion wird, ebenfalls.

Arbeitsbündnis und Übertragungsneurose wären demnach unverzichtbare und essentielle Mittel der Psychoanalyse, die in gegenseitiger Ergänzung Bedingungen herstellen für eine wirksame interpretative Bewußtmachung.

Letztere ist als ein allmählich fortschreitender Vorgang zu verstehen, bei dem der Analytiker die rational erkennbaren Gegebenheiten und Zusammenhänge des vom Patienten gebrachten Materials übersteigt und einen unbewußten, logisch nicht erschließbaren Prozeß, der aber das manifeste Verhalten determinieren dürfte, empathisch rekonstruiert und dem Patienten mitteilt. Eine solche Rekonstruktion fungiert dann im weiteren Verlauf als Arbeitshypothese, die in nachfolgenden Reaktionen (Erlebniserweiterung, Assoziationsverlauf, auftauchende Widerstandsanzeichen, Träume, Wiedererinnerungen, etc.) allmählich dadurch bestätigt und auch differenziert wird, daß im

[2] *Greenson* (1966, S. 100—103) zählt Maßnahmen des Analytikers auf, durch welche dem Analysanden eine der analytischen Technik entsprechende Hilfe geboten werden kann, das Arbeitsbündnis aufrechtzuerhalten.

Lichte der betreffenden Interpretation ein psychodynamisches Gesamtgefüge erkennbar wird. Indem diese psychodynamische Konfliktkonstellation in alle ihre vergangenen und aktuellen Verästelungen im Leben und in der Übertragung verfolgt wird (Prozeß des Durcharbeitens) und sich sinnvoll zusammenfügt mit anderen interpretierten und durchgearbeiteten unbewußten Vorgängen, wächst das subjektive Evidenzerleben des Analytikers und — was therapeutisch entscheidend ist — des Patienten.

Durch die Bewußtmachung der infantilen Konflikte wird das entscheidende Hindernis für ihre adäquate Erledigung beseitigt. Der Zustand der Unbewußtheit nämlich erhält den infantilen Konflikt durch alle situativen Neuerungen, soziokulturellen Entwicklungen und Reifungsprozesse des Individuums hindurch und von ihnen so gut wie unbeeinflußt als abgespaltenen psychischen Komplex[3]. An Triebimpulsen, die dem Individuum längst keine Lust mehr bringen würden, wird infolgedem festgehalten. Es werden Gefahren gefürchtet, die längst keine mehr sind, oder sie werden überbewertet. Einmal eingefahrene Abwehrformen und unzweckmäßige Konfliktlösungen werden in starrer Wiederholung immer wieder von neuem reproduziert.

»Durch die Bewußtmachung wird bewirkt ..., daß zwischen dem zentral gesteuerten bewußten Ich und den bewußt gemachten Anteilen des Konflikts eine Spannung entsteht, die, da das Bewußthaben durch die fortgesetzte analytische Arbeit aufrechterhalten wird, nicht mehr zur Abstoßung aus dem Bereich des Ich führt, sondern zu einer Preisgabe der bisherigen Erledigungsformen und der Suche nach neuen, dem zentralen Ich adäquaten Lösungen, schließlich zu deren Befestigung« (*Bibring*, 1937 a, S. 35).

Dies bedeutet eine Umstrukturierung des pathologisch geschädigten Ichs, die sich vor allem deswegen heilend auswirkt, weil die »natürliche Heilkraft des Ichs«, nämlich »seine synthetische Funktion« (*Bibring*, l.c., S. 34) freigesetzt wird, wodurch das Individuum die Kräfteverhältnisse zwischen seinen psychischen Instanzen flexibel im Dienste einer befriedigenden Anpassung zu beeinflussen in der Lage ist[4]. Die krankhaften Lö-

[3] Meiner Meinung nach ist dies außerdem auf die primärprozeßhafte Strukturierung des Konflikts zurückzuführen.

[4] Für den Gang unserer nachfolgenden Argumentation konnten wir die Beschreibung des psychoanalytischen Heilungsvorgangs auf die Umstrukturierung im Ich beschränken. Es sei jedoch daran erinnert, daß die analytische Arbeit auch Umschichtungen im Es und Veränderungen im Überich zuwege bringt, ohne welche die Prozesse im Ich nicht zustande kommen und nicht effektiv werden können. (Vgl. dazu *Bibring*, l.c., S. 20—31)

sungen, die zur neurotischen Symptomatik geführt hatten, werden dadurch überflüssig.

Im Hinblick auf unsere Diskussion der Beratung als klinisch-psychologische Technik scheint es bedeutsam, zusammenfassend folgendes festzuhalten:

Die Psychoanalyse ist bestrebt, das emotionale Neuerleben der gesamten infantilen Konfliktsituationen in der Übertragungsneurose durch interpretative Bewußtmachung in eine erneute Auseinandersetzung überzuleiten. Das interpretative Durcharbeiten bewirkt allmählich,

1. daß die infantilen Fixierungen (d. h. die stabilisierten primärprozeßhaften Strukturen (vgl. Kap. 4) sich auflösen,
2. daß die natürlichen vorgegebenen psychischen Kräfte der psychischen Instanzen aus dem Griff der sie lähmenden pathologischen Entartungen (d. h. der primärprozeßhaften Verkettungen von Trieb und Abwehr) befreit werden.

Dieser Prozeß gipfelt in der Wiederherstellung der vollen Funktionstüchtigkeit der synthetischen Ichfunktion.

Der Psychoanalytiker fungiert in diesem Prozeß für den Patienten als Hilfs-Ich. Allerdings übernimmt er hilfsweise nicht beliebige Aufgaben des Ich, sondern spezifisch jene, deren Ausfall ursächlich zur neurotischen Fehlentwicklung geführt hat: nämlich die primärprozeßhaften und unbewußt ablaufenden Konflikt-Lösungen für den korrigierenden Einfluß des realitätsbezogenen Sekundärvorgangs zugänglich zu machen. Dies erfolgt – wie oben dargelegt – dadurch, daß er empathisch verstehend mit dem Patienten die Konflikte in ihrer primärprozeßhaften Organisation durchlebt, nacheinander in ihren vielen Anteilen bewußt macht und so für das Ich des Patienten die Voraussetzungen für eine realitätsbezogene Umorganisation schafft.

Weil und insofern dadurch die infantilen Fixierungen (= primärprozeßhafte Strukturen) aufgelöst werden, bietet sich dem Individuum in künftigen Konflikten nicht mehr der Ausweg in die pathologische Regression. Vielmehr darf das Individuum als disponiert gelten, Konflikte durch ichgesteuerte Triebaufschübe, Sublimierung und konstruktive auto- und alloplastische Anpassungsleistungen zu lösen.

Der *Indikationsbereich* für Psychoanalyse läßt sich – allgemein betrachtet – durch zwei Kategorien von Kriterien bestimmen:

1. Indizien, die auf verfestigte infantile Konfliktkonstellationen (primär-prozeßhafte Strukturen) als vorwiegende Ursache

der aktuellen Beschwerden, Störungen oder Entwicklungsdefekte eines Patienten hinweisen.

2. Außerdem ist es erforderlich, daß der Patient, trotz der durch diese Konfliktverstrickung bedingten Ich-Schwäche, über bestimmte qualitativ definierbare Ich-Reserven verfügt, die erforderlich sind, um aus einer Psychoanalyse Nutzen ziehen zu können.

ad 1. Während *Freud* seine Methode lediglich bei Patienten mit sogenannten Übertragungsneurosen für erfolgversprechend ansah, ist in den Jahren 1940–1960 eine Tendenz zu verzeichnen, »fast jede Krankheit, Störung oder persönliche Problematik, die eine bedeutsame emotionale Komponente in ihrer Äthiologie aufweist, als mögliche Indikation für Psychoanalyse« (*Stone*, 1954) anzusehen. Im letzten Jahrzehnt breitet sich diesbezüglich eine kritische Zurückhaltung aus. *Tyson* und *Sandler* (1974) haben kürzlich die Fragwürdigkeit der sogenannten »diagnostischen Indikationsstellung« deutlich herausgestellt. Sie weisen darauf hin, daß das Vorliegen einer spezifischen Symptomatik keinen verläßlichen Hinweis für die Indikation einer Psychoanalyse enthält. Dem ist zweifellos zuzustimmen, weil die gleiche Symptomatik von Fall zu Fall auf sehr unterschiedliche psychodynamische Bedingungskonstellation zurückzuführen ist. Aus der Analyse der therapeutischen Strategie der Psychoanalyse möge deutlich geworden sein, daß diese aufwendige und langwierige Behandlung nur dann indiziert ist, wenn sich bei psychischen und psychosomatischen Störungen genetische und psychodynamische Zusammenhänge aufzeigen lassen, die auf strukturell gewordene infantile Konflikte (primär-prozeßhafte Strukturen) als vorwiegende Ursache verweisen.

ad 2. In Fällen, wo eine solche Bedingungskonstellation gegeben ist, muß außerdem sorgfältig geprüft werden, ob der Patient die persönlichen Voraussetzungen mitbringt, sich einer Psychoanalyse zu unterziehen und von ihr zu profitieren.

Gerade auf solche Eignungskriterien für eine Psychoanalyse ist im letzten Jahrzehnt mit zunehmendem Nachdruck von verschiedenen Seiten hingewiesen worden (*Freud, A., Nagera, H., Freud. E.*, 1965; *Strotzka*, 1969; *Tyson, Sandler*, 1974; *Kennel*, 1974).

Über die Frage, welche die Eignungskriterien sind, in welchem Ausprägungsgrad jedes einzelne gegeben sein muß, ob Schwächen in einem Bereich durch Stärke in einem anderen ausgeglichen werden kann, ist die Diskussion noch vollauf im Gang. Der interessierte Leser sei auf die angegebene Literatur verwiesen.

6.2. Die dynamischen Psychotherapien

Außer der beschriebenen klassischen Technik werden psychoanalytischerseits zur Behandlung von psychischen und psychosomatischen Störungen sogenannte Psychotherapien durchgeführt.

Neben den Einzel-Psychotherapien, die ein- oder zweimal wöchentlich, meistens im Sitzen über längere Zeit durchgeführt werden, unterscheidet man Gruppentherapien und verschiedene Formen von Kurztherapien (Notfalltherapie, Fokaltherapie). Allen diesen Methoden ist gemeinsam, daß »auf die *volle* Entfaltung einer regressiven Übertragungsneurose und deren endgültige Auflösung *allein* mit dem Mittel der Deutung« verzichtet wird (*Gill*, 1954, S. 771–779).

Beide, Psychoanalyse und Psychotherapie, beruhen auf der gemeinsamen Grundlage der psychoanalytischen Psychologie und Psychopathologie. Daher ist der Psychotherapeut – wie der Analytiker – bemüht, seinen Patienten im Modell psychoanalytischer Konstrukte zu verstehen. Während der Analytiker die Erkenntnisse, die er im strikt analytischen Vorgehen gewinnt, zum geeigneten Zeitpunkt seinem Patienten mitteilt, schränkt der Psychotherapeut seine Deutungsarbeit planmäßig ein. Er benützt die Einsichten, die er verstehend gewinnt, zur Planung der angemessenen therapeutischen Maßnahmen. Diese kann man in zwei Kategorien einteilen: aufdeckende und supportive.

Zur ersten Kategorie gehört die Klarifikation und Interpretation, zur zweiten rechnet man vor allem Suggestion, kathartisches Abreagieren-Lassen, manipulative bzw. pädagogische Interventionen und Vermittlung korrigierender Erfahrungen. Der Psychotherapeut arbeitet mit einer jeweils variierenden Auswahl und Kombination dieser Mittel mit dem Ziel, dem Patienten eine Umorientierung und adäquatere Anpassung zu ermöglichen.

Je nachdem, ob die eine oder die andere Kategorie von Interventionen vorherrscht, kann man mehr stützende von mehr aufdeckenden Psychotherapien unterscheiden.

Für die *aufdeckende Therapie* ist es charakteristisch, daß vornehmlich mit dem Mittel der Deutung gearbeitet wird; allerdings interpretiert man vorwiegend bestimmte, für die aktuelle Problematik kritische abgeleitete Konflikte, während die tiefsten infantilen Grundkonflikte weitgehend unberührt bleiben. Um letzteres zu ermöglichen, ist der Therapeut bestrebt, durch gezielte Maßnahmen die Entfaltung einer vollen Übertragungsneurose zu verhindern. Stattdessen verwertet er die Übertragungsreaktionen selektiv, je nachdem, wie zweckmäßig es für die Strategie der jeweiligen Therapie erscheint. Es ist heute unumstritten, daß auf diese Weise bedeutsame und dauerhafte therapeutische Effekte erzielt werden können. Ihre genauere Bewertung unter genetischen, psychodynamischen und strukturellen Gesichtspunkten ist noch vollauf in der Diskussion (vgl. *Wallerstein*, 1969 und 1970). Dabei ist vor allem umstritten, ob durch die Arbeit an abgeleiteten Konflikten eine partielle Umstrukturierung im Ich und Überich ereicht wird oder lediglich eine Umschichtung der nach wie vor konfliktbedingten Kräfteverhältnisse.

Loch (1967 a, S. 88) meint dazu: »Es ergeben sich Fragen, die bis zur Gegenwart — wenigstens nach Kenntnis des Verfassers — nicht mit genügender empirischer Sicherheit entschieden sind; denn wir bräuchten, um hierüber ein exaktes Urteil abzugeben, statistisch relevante Untersuchungen, in denen die Behandlungsergebnisse« von Psychoanalysen und aufdeckenden Psychotherapien »miteinander in Beziehung und Vergleich gebracht wurden«.

Jedenfalls — und das ist im Hinblick auf das Thema Beratung festzuhalten — herrscht darüber heute Einigkeit, daß mittels einer vorwiegend interpretativ an abgeleiteten Konflikten arbeitenden Psychotherapie dauerhafte Veränderungen der Konfliktdynamik zuwege gebracht werden können, wodurch der Patient mit seinen Grundkonflikten besser leben kann.

Der Indikationsbereich mehr aufdeckender Psychotherapie umfaßt demnach jene ursächlich durch infantile Konflikte bedingten Krankheiten, für die aus psychopathologischen Gründen oder wegen ungünstigen persönlichkeitsspezifischen Voraussetzungen oder auch umständehalber eine Psychoanalyse nicht durchführbar ist.

Davon ausgehend, daß *supportive* Psychotherapie nach psychoanalytischem Verständnis vor allem »Stärkung der Abwehr« bedeutet, formuliert *Gill* (1951) drei Grundprinzipien, wie diese Stärkung erfolgen kann: Da sie auch in Beratungen Anwendung finden, werden sie hier referiert.

1. Jene Manifestationen der Abwehr, die für das Individuum Anpassungsbedeutung erlangt haben, sollten durch Ermutigung, Anerkennung etc. bestärkt werden, und nur solche, welche die Anpassung (intrapsychisch oder sozial) in subjektiver Weise stören, wären deutend anzugehen. Als Beispiel kann ein Patient angeführt werden, dessen analsadistische Impulse sich durch Reaktionsbildung sowohl in zwanghafter Sauberkeit und Hygiene wie in Moralismus äußern. Beide gewähren ihm eine

gewisse Befriedigung der abgewehrten Impulse und seiner narzißtischen Überlegenheitsphantasien. Während erstere aber in unserer analen Gesellschaft ihm subjektiv viel Anerkennung einbringen und zur Aufrechterhaltung seines stark bedrohten Selbstgefühls beitragen können, zieht er sich durch die moralistische Bevormundung sehr viel Ablehnung und soziale Isolierung zu.

Nach meinen eigenen Erfahrungen scheint die Ermutigung von anpassungsfähigem Abwehrverhalten dazu zu führen, daß dieses größere Quanten libidinöser Energien auf sich zieht, was dann häufig bereits mit sich bringt, daß unangepaßte Aktivitäten einen Teil ihrer energetischen Besetzung verlieren. (Siehe für die Anwendung dieser Technik in der Beratung Kap. 7, S. 48.)

2. Bei allen therapeutischen Maßnahmen ist darauf zu achten, eine für das psychische Gleichgewicht unerläßliche Abwehr nicht anzutasten. Wenn zum Beispiel ein Patient seine intensiven Abhängigkeitswünsche mittels Verleugnung und Verkehrung ins Gegenteil — also zum Beispiel durch betont forsches Hervorheben einer scheinbaren Selbständigkeit — einigermaßen erfolgreich abwehrt, wird man in einer stützenden Therapie sowohl zu vermeiden suchen, daß er die therapeutischen Bemühungen als Quelle einer ihn beängstigenden Abhängigkeit erlebt, als auch Deutungen einer solchen Abwehr unterlassen.

3. Die Abwehrtätigkeit kann auch dadurch erleichtert werden, daß dem Patienten Möglichkeiten einer gewissen, für ihn erträglichen Triebentladung eröffnet werden, wodurch der Triebdruck geringer wird.

6.3. Ichstärkung durch Beratung

6.3.1. Einleitung

In den beiden vorhergehenden Abschnitten war die Rede von Behandlungsformen für psychische Störungen, die als Symptome eines Konflikts der psychischen Instanzen aufgefaßt werden. Bei Erwachsenen wird dieser als Neuauflage eines infantilen Konflikts verstanden.

In Kap. 3, These 10 S. 44), wurde Beratung als ein Verfahren definiert, das sich von den analytischen Psychotherapien durch die Absicht unterscheidet, das Ich spezifisch und unmittelbar für schwierige Entscheidungsprozesse in *Krisensituationen* zu stärken.

In der psychoanalytischen Literatur wird zwar zwischen Krise (oft auch als »aktuelles Trauma« oder »aktueller Konflikt« bezeichnet) und Neurose unterschieden, aber es herrscht die Tendenz vor, die Frage einer *ursächlichen* Bedeutung der ersteren für psychische Störungen herunterzuspielen. Die Kindheitsgenese der Neurosen ist eine der großen Entdeckungen der Psychoanalyse. Sie beinhaltet, daß aktuelle Krisen im Erwachsenenalter zwar neurotische Entwicklungen *auslösen*, indem sie verdrängte und unbewältigt gebliebene Kindheitserlebnisse wiederbeleben. Diese letzteren aber determinieren den neurotischen Prozeß und alle Symptome *ursächlich*.

In seiner frühkindlichen Entwicklung hatte der spätere Neurotiker eine gewisse Bewältigung solcher Konflikte dadurch zu erreichen versucht, daß er die bedrohlichen Impulse verdrängte und mittels weiterer Abwehrmechanismen aus dem bewußten Erleben ausklammerte. Unter Umständen wurde dadurch vor allem im Zuge des sekundären Abwehrkampfes unter Hinnahme gewisser Ich-Einschränkungen, Ängste, Hemmungen oder Charakterverbildungen ein gewisser Erfolg erreicht. Es trat eine Beruhigung des infantilen Konflikts ein, die sich in der Milderung oder sogar Behebung ichfremder Symptome äußerte.

Meistens allerdings bleibt dieser »Erfolg« von der Aufrechterhaltung einer dem jeweiligen Abwehrsystem angepaßten Umweltkonstellation abhängig.

Die natürliche, vorgezeichnete Entwicklung des Trieblebens und der Ich- und Überich-Kräfte aber wird dadurch zu einem größeren oder geringeren Teil verhindert und fehlgeleitet, und dadurch behält der Betreffende eine große Anfälligkeit dafür, daß äußere Belastungen ein erneutes Virulentwerden der infantilen Konflikte auslösen.

Die psychoanalytische Wissenschaft hatte in den vergangenen Jahrzehnten diese mit der ihr eigenen Methode gewonnenen Erkenntnisse von der Kindheitsgenese der Neurosen gegen Auffassungen zu behaupten, welche die Ursache für neurotische Leiden auf Anpassungsschwierigkeiten in für das Individuum belastenden aktuellen Situationen zu reduzieren suchen. Sie hatte dabei einen schweren Stand, weil sie die objektiv gegebene Korrelation zwischen aktuellem Stress und Ausbruch der Neurose nicht einfach und naheliegend, sondern mittels eines komplizierten und keineswegs offenkundigen Umwegs interpretiert.

So geriet die psychoanalytische Wissenschaft in eine schwierige Verteidigungsposition gegenüber Nachbardisziplinen. Sie konnte zwar argumentieren, daß äußere Belastungen nicht nach ihrem Schweregrad pathogen wirken, sondern nach ganz bestimmten, u. U. sachlich untergeordneten Merkmalen, die aber eine semantische Korrespondenz mit spezifischen infantilen Konflikten des jeweiligen Patienten enthalten; oder man konnte auf die kasuistischen Veröffentlichungen verweisen, die vielfach gezeigt haben, wie die Wenn-Dann-Beziehung zwischen aktueller Belastungssituation und Symptomausbruch zu einer bis ins Detail sinnvoll erklärenden Warum-Beziehung wird, wenn die regressiv besetzten und von der Analyse

zutage geförderten unbewußten Triebimpulse und ihnen entgegengebrachte Abwehrmaßnahmen in Betracht gezogen werden können.
Aber die eigentlichen Beobachtungen, aus denen der Psychoanalytiker seine Erkenntnisse gewinnt, sind für den Nicht-Analytiker nicht oder schwer überprüfbar, und wurden außerdem in methodischer Hinsicht, von der weitgehend positivistischen Position der Nachbarwissenschaften aus, scharf in Frage gestellt.
Diese Verhärtung der Fronten hat auf der Seite der Psychoanalyse zweifellos dazu beigetragen, daß die genauere Erforschung der sozialpsychologischen Aspekte der Neurosenentstehung (die Rolle der Anpassungsprozesse und -störungen, des psychischen Stresses z. B.) und der Regression als Bindeglied zwischen Auslösesituation und verursachender infantiler Konfliktsituation relativ vernachlässigt wurde. Die Betonung der Kindheitsgenese der Neurosen hat zu der z. B. von *Waelder* (1969, S. 42) vertretenen Auffassung geführt, daß Personen, die in ihrer kindlichen Genese keine intensiven Konflikte mit nachfolgender mißlungener Verdrängung aufweisen, als Erwachsene ihre Konflikte einigermaßen befriedigend, jedenfalls in *unneurotischer* Weise lösen können. In dieser *Waelder*schen Formulierung eines verbreiteten psychoanalytischen Standpunktes ist, außer der zweifellos weitgehend gültigen These der Kindheitsgenese der einmal voll entwickelten und verfestigten Neurose, auch die Andeutung eines gewissen Desinteresses in psychoanalytischen Kreisen für die dem Erwachsenen entstehenden Konflikte und ihre unbefriedigenden, wenn auch noch nicht neurotischen Lösungen enthalten.

Wenn man die überragende Bedeutung von unbewußten Prozessen nicht nur für neurotische Erscheinungen, sondern für humane Motivationsabläufe, emotionale Reaktionen und soziales Verhalten überhaupt anerkennt, muß man es als eine psychoanalytische Aufgabe ansehen, sich auch mit den noch nicht neurotischen psychischen Störungen zu befassen. Abgesehen davon, daß »unneurotische«, aber »unbefriedigende« Lösungen von Konflikten erhebliches Leiden mit sich bringen können, das der Therapie bedarf, (vgl. die Beispiele in Kap. 4, S. 83 und 85) dürfte es sich auch unter psychohygienischen Gesichtspunkten lohnen, Methoden zur rechtzeitigen Unterbindung der Auslösefunktion von Krisen im Prozeß der Neurosenbildung zu entwickeln[5].

[5] Es liegen einige Veröffentlichungen über derartige Initiativen von Psychoanalytikern vor. Ohne Vollständigkeit zu beanspruchen, seien hier *G. Caplan* (1964), *H. Richter* (1970), *L. Bellak* (1972), *H. Strotzka* (1969), *E. J. Bordin* (1968) und *C. Ertle* (1971) genannt, auf deren theoretische Gedanken und klinische Erfahrungen im folgenden häufig zurückgegriffen wird.

6.3.2. Beratung als Entscheidungshilfe in Krisen

In Kap. 4, S. 85–89 wurden Untersuchungen und therapeutische Erfahrungen referiert, die erkennen lassen, daß Verhaltensstörungen vorkommen, die psychodynamisch als Krisen im Sinne von *Erikson* zu werten sind. Gerade der Umstand, daß sie mit »unanalytischen«, rasch wirkenden und für »Umstrukturierung« ungeeigneten Methoden therapeutisch nachhaltig beeinflußt werden konnten, gab zu der These Anlaß, daß die Unterscheidung von Krise und Neurose für die Praxis nicht so bedeutungslos ist, wie die herkömmliche psychoanalytische Auffassung von der Auslösefunktion aktueller Krisen dies impliziert.

Wenn man sich auf den Boden der psychoanalytischen Theorie stellt und an der Kindheitsgenese neurotischer Leiden festhält, legen die erwähnten Fakten die Hypothese nahe, daß Krisen unter bestimmten Bedingungen ohne regressive Besetzung infantiler Konflikte Verhaltensstörungen verursachen können.

Eine Analyse der regressiven Phänomene führte zur Unterscheidung von dynamisch verschiedenen Grundformen, die in Kap. 5 theoretisch als zwei Stufen von Regression interpretiert wurden.

Auf der ersten, als Ich-Regression bezeichneten Stufe kommt es in Krisensituationen zu Ersatzbefriedigungen, die u. U. defensiv dazu benutzt werden können, einer Lösung der anstehenden Probleme auszuweichen. Diese Abwehr vollzieht sich zwar unbewußt und unterbricht oder behindert deswegen die anstehenden sekundärprozeßhaften Entscheidungen, aber es bildet sich noch keine primärprozeßhafte Struktur, die alle Vorgänge im betreffenden Bereich nach der ihr eigenen Gesetzmäßigkeit organisiert. Zwar enthält diese Konstellation das Risiko, daß die Regression fortschreitet und infantile Neurosenstrukturen besetzt werden, aber solange dies noch nicht erfolgt ist, scheint ein therapeutisches Vorgehen, das sich auf die aktuellen und psychosozialen Konflikte konzentriert, angezeigt.

Beratung – verstanden als Hilfe zu Entscheidungen in eigener Verantwortung – scheint deswegen eine angemessene Methode bei krisenbedingten Verhaltensstörungen. Sie zielt darauf ab, Sekundärprozesse zu fördern, und zwar spezifisch jene, die im Zuge der Krise abgebrochen wurden: die Planung einer Anpassung und optimale Befriedigung gewährenden Lösung. Allerdings setzt dies in der gegebenen Lage voraus, daß die unbewußte Abwehr, welche das Erkennen des eigentlichen Problems und die Inangriffnahme des Probehandelns behindert, dem Klienten bewußt gemacht wird. Wie oben (Kap. 5, S. 103) dargelegt, nehme ich an, daß die Abwehr bei Krisen bewußtseinsnäher abläuft, weil keine Gegenbesetzung, die zu fortschreitenden Verschiebungen und Entstellungen von Triebobjekten und Angstinhalten führt, stattfindet. Aus diesem Grund erfordert die Deutung der für eine Krise relevanten unbewußten Vorgänge keinen so tiefen und langwierigen Einstieg in die Verwirrungen und Entstellungen, die für Verdrängt-Unbewußtes charakteristisch sind.

Beratung sollte daher einerseits mit der Blickrichtung auf das aktuelle Problem erfolgen und sich andererseits zugleich im empathischen Verstehen der genetischen und unbewußten Vorgänge, welche eine bestimmte psychosoziale Konstellation für eben diesen Klienten zur Krise haben werden lassen, vollziehen.

6.3.3. Das kommunikative und kooperative Arbeitsbündnis in der Beratung

Bei der psychologischen Analyse der Beratung habe ich meine Auffassung dargelegt, daß sie sich im Rahmen eines kommunikativen und kooperativen Arbeitsbündnisses zu vollziehen habe (Kap. 2, S. 32).

Weil damit zu rechnen ist, daß viele Klienten wesentliche Elemente des die Krise auslösenden Problems aus dem Bewußtsein ausgeklammert haben, muß sich die Kommunikation in einer Beratung auch auf Unbewußtes erstrecken.

Da Unbewußtes nicht direkt und als solches mitgeteilt werden kann, ist man auf jene Methode angewiesen, die sich in der Psychotherapie zur Aufdeckung unbewußter Vorstellungen bewährt hat: freies Assoziieren mit verstehendem Deuten. Allerdings erfordert das Ziel einer Beratung, nämlich die Lösung aktueller Probleme, daß diese Methode in einer besonderen, eingeschränkten Weise angewandt wird, die im nächsten Kapitel näher zu erläutern sein wird.

An dieser Stelle sei nur das Grundsätzliche erwähnt: der Klient muß veranlaßt werden, über sein Problem frei assoziierend zu berichten. Wenn dies gelingt, vermittelt er dadurch erfahrungsgemäß dem Berater genetisches und unbewußtes Material, das dieser zu verstehen sucht und dem Klienten als Deutung rekommuniziert.

Dabei kommt es nun darauf an, daß der Berater beim Deuten eine wohlüberlegte Disziplin übt. Nicht alles, was der Psychologe zu verstehen glaubt, darf dem Klienten gedeutet werden, sondern selektiv nur dasjenige, was für ein ungetrübtes Erkennen seiner aktuellen Krise sinnvoll und nützlich ist. Hält man diese Regel nicht ein, dann kommt es leicht dazu, daß sich Berater und Klient zunehmend mit infantilem Konfliktmaterial beschäftigen. Dies wäre dem Ziel einer Beratung nicht mehr dienlich, sondern führt leicht dazu, daß eine Art von psychoanalytischem Prozeß zustande kommt. Da der klinische Psychologe dafür nicht geschult ist, ein solches Geschehen kunstgerecht zu handhaben, muß befürchtet werden, daß der Klient daraus keinen Nutzen ziehen wird und u. U. ihm sogar mehr Schaden als Nutzen erwächst. Außerdem wäre, wenn es sich bei den Schwierigkeiten des Klienten wirklich um eine Krise handelt, die Einleitung eines analytischen Prozesses ein unnötig aufwendiges Mittel.

Die Erweiterung des Bewußtseinsraumes sollte in einer Beratung daher direkt auf die Planung von Verhaltensalternativen gerichtet sein, indem der Berater seine Deutungen auf dasjenige beschränkt, was er als unbewußte Behinderungen, eine Krisenlösung in Angriff zu nehmen, erkannt hat. Häufig wird es außerdem erforderlich sein, dem Klienten Schritt für Schritt mit Hinweisen und Denkanstößen behilflich zu sein, sich zu vergegenwärtigen, wie seine unbewußten Ängste und Abwehrmaßnahmen sein bisheriges Verhalten in der Krisensituation dirigiert haben.

In manchen Fällen kann eine Beratung damit abgeschlossen werden. Dies ist dann der Fall, wenn der Klient jene Art von Ich-Stärke hat, die durch eine gute Ich-Identität, flexible Anpassungsfähigkeit (vgl. Kap. 4, S. 83) und ein auf adäquater Selbsteinschätzung beruhendes Kompetenzgefühl (Kap. 4, S. 74—76) gekennzeichnet ist. Zwar verfügen wir bis heute über keine *validierten* Verfahren um festzustellen, ob diese Qualitäten gegeben sind. Aber gerade die Interaktion in der Beratung und die oft intime Kenntnis der inneren Lebensgeschichte, die man in den Aussprachen gewonnen hat, ermöglichen eine relativ verläßliche Einschätzung dieser Variablen. Wenn Anzeichen ihres Vorhandenseins gegeben sind, tut der Berater gut daran, dem Klienten eine Beendigung der Beratung vorzuschlagen und ihm zugleich anzubieten, im Bedarfsfall für eine oder mehrere Sitzungen zur Verfügung zu stehen. Wenn ein Klient — u. U. nach einigem Zögern — diesen Vorschlag aufgreift, kann man fast immer annehmen, daß sich darin jene Mündigkeit zur Problem-Bewältigung ausdrückt, die Ziel der Beratung ist. Nach unserer bisherigen Erfahrung hat sich in der angebotenen Nachsitzung — die fast immer in Anspruch genommen wurde — gezeigt, daß diese Klienten ihrem eigenen Empfinden nach sich besser zurechtfanden als früher.

Mit Klienten, die in geringerem Maße über diese Ich-Stärke verfügen oder die sich in einer Krise befinden, deren Umstände es für sie besonders schwierig machen, eine geeignete Lösung zu finden und zu realisieren, ist die Beratung fortzusetzen. Schwerpunktmäßig verlegt sich das gemeinsame Bemühen jetzt auf das Planen, Probieren und Modifizieren von Verhaltensalternativen. Soweit keine besonderen Umstände vorliegen, die es rechtfertigen oder als unumgänglich erscheinen lassen, daß der Berater manipulativ vorgeht (vgl. Kap. 2, S. 36–38) sollte im Interesse der Mündigkeit des Klienten auch diese Phase der Beratung in Kommunikation und Kooperation mit geteilten Rollen durchgeführt werden.

Der Berater übernimmt es, Alternativen zu einem Verhalten oder einer Situation zu entwerfen und den Klienten aufzufordern, sich die damit verbundenen Konsequenzen vorzustellen. Indem dieser sich dazu äußert, gibt er dem Berater eine Rück-Information, durch welche dieser veranlaßt wird, seine Vorschläge zu korrigieren, zu modifizieren, zu erläutern oder zurückzunehmen. Was die Rolle des Beraters anbetrifft, kommt es darauf an, daß er es vermeidet, vorzuschlagen, wie er selbst handeln würde. Statt dessen sollte er sich bemühen, einfühlend und verstehend Möglichkeiten aufzuzeigen, wie der Klient – wenn auch mit Überwindung von Hemmungen und Ängsten – vorgehen könnte.

Zur Rolle des Klienten gehört es, in den Zeiten zwischen den Beratungssitzungen die erkannten und akzeptierten Verhaltensalternativen handelnd auszuprobieren und die Auswirkungen in der Realsituation und seine eigenen Reaktionen darauf in den nachfolgenden Sitzungen zur Sprache zu bringen.

Es stellt sich die Frage, wie man einen Klienten dazu veranlassen soll, das vorhin beschriebene Arbeitsbündnis einzugehen. Wie *Lewis* (1970, S. 63) bemerkt, stimmen die meisten Autoren der verschiedensten Richtungen darin überein, daß es die psychologisch wirksamere Methode ist, durch das eigene Verhalten dem Klienten seine Rollenvorschrift zu kommunizieren.

»Indem er seine Strategie dem Klienten nicht ausdrücklich erläutert, vermeidet es der Berater, ihm eine Grundlage für Zustimmung oder Ablehnung zu liefern. Außerdem wird der Klient sich dann selten der Tatsache bewußt, daß er subtil dazu manipuliert wurde, eine Rolle zu übernehmen, die der Berater für günstig hält; er glaubt, sie freiwillig zu übernehmen und akzeptiert sie dadurch ernsthafter als dies der Fall sein würde, wenn er sich genötigt wissen würde.«

Dieses eindeutig manipulative Vorgehen zur Strukturierung der Beratung rechtfertigt sich aus der Psychologie des Beratungsvorganges selbst, soweit es sich um eine für die Effektivität des gemeinsamen Vorgehens erforderliche Rollenverteilung handelt.

In der hier vertretenen kommunikativen und kooperativen Beratung wird – wie ich oben (Kap. 2, S. 34–36) argumentiert habe – der Klient veranlaßt, eine Rolle zu übernehmen, die zunächst zur Überwindung des Manipuliert-Werdens in der Beratung selbst und im weiteren Verlauf zu einem Zuwachs an Mündigkeit führen soll.

Erst wenn der Klient seine Komplementär-Rolle verweigert, wird es im allgemeinen zweckmäßig sein, daß der Berater dies anspricht und die Gründe mit dem Klienten erörtert. Dies kann dazu führen, daß Mißverständnisse erkannt und geklärt werden, oder daß Widerstände aufgedeckt und gedeutet werden. Und schließlich sollte sich der Berater nicht davor verschließen, daß die innere und äußere Situation eines Klienten so sein kann, daß es (zunächst) eine Überforderung für ihn bedeuten würde, eine aktive und kooperative Rolle zu übernehmen. Ich meine, daß ein Berater in solchen Fällen sich nicht scheuen soll, *überlegt* und *kontrolliert* eine Rollenvorschrift des Klienten zu akzeptieren, die dem Modell seiner Beratungstechnik zwar nicht entspricht, aber in den gegebenen Umständen berechtigten Bedürfnissen des Klienten entgegenkommt.

Die einzelnen Einstellungen des Beraters, durch die er den Klienten in den verschiedenen Phasen der Beratung zu seiner komplementären Rolle auffordert, werden bei der Erörterung der technischen Grundregeln im nächsten Kapitel automatisch zur Sprache kommen.

An dieser Stelle muß aber eine Einstellung des Beraters genannt werden, die zur Herstellung einer das kommunikative und kooperative Arbeitsbündnis konstituierenden Rollenverteilung von grundlegender Bedeutung ist: nämlich die empathische Zuwendung, oder – nach einem von *Balint* geprägten Ausdruck – das »berufsmäßige Verstehen«. Sie beginnt damit, daß der Berater die Mitteilungen des Klienten mit den zugehörigen Gefühlsreaktionen selbst gefühlsmäßig wahrnimmt. Dazu gelangt er, wenn er aus dem Wunsch zu verstehen und »einer Art sympathisierender Interessiertheit an der beobachteten Person .. für kurze Zeit, vielleicht nur für einige Augenblicke, so fühlt, als wäre er selbst die Person. ... Der Beobachter muß frei und sicher genug sein, um das Bewußtsein seiner eigenen Rolle, seines privaten Geschmacks und Urteils bzw. Vorurteils ganz ausschalten zu können, so daß er während der kurzen Zeit seiner Identifizierung sich als der andere oder als der Schöpfer des betrachteten Gegenstandes fühlen kann. Wenn daher die Identifizierung erfolgreich ist, haben Beobachter und Beobachteter ein gemeinsames Erlebnis. Umgekehrt kann es zu keiner Identifizierung kommen, falls der Beobachter nicht bereit ist, neue Erfahrungen zu machen und Wünsche zu haben, ja, vielleicht etwas zu erleben, was ihm fremd und vielleicht sogar angsterregend ist« (*Balint*, 1970, S. 177).

Der Berater darf sich — will er seiner berufsmäßigen Aufgabe treu bleiben — nicht in das emotionale Empfinden des Klienten hineinziehen lassen, sondern anschließend sollte er zur objektiven, sämtliche Gegebenheiten registrierenden Wahrnehmung und sachgerechten Einschätzung zurückkehren. Dieses Oszillieren des Beraters zwischen Identifizierung und Rückkehr zur Objektivität führt zu Interventionen, die einerseits subtil andeuten, daß er die Gefühlsreaktionen des Klienten als eigene Erlebens*möglichkeit* wahrgenommen hat und die ihm andererseits helfen, besser zu verstehen und adäquater mit seinen Emotionen umzugehen. Indem der Berater in dieser Weise Mitteilungen des Klienten annimmt und sie ihm in einer Form, die seine Ich-Kräfte stärkt, wiedergibt, lädt er durch das eigene Vorgehen seinen Partner ein, seine kommunikative und kooperative Rolle zu akzeptieren.

Die Funktion der empathischen Zuwendung in der Beratung zu begreifen heißt noch nicht, sie zu beherrschen. Die Teilnahme an einer Balint-Gruppe bietet gute Möglichkeiten, seine empathische Fähigkeit zu entwickeln.

6.3.4. Übertragung und Gegenübertragung in der Beratung

Mit Übertragung bezeichnet man eine Neuauflage einer infantilen Objektbeziehung, wodurch Gefühle, Triebwünsche, Phantasien und Befürchtungen, oft in Gestalt der gegen sie gerichteten Abwehrmaßnahmen, die einer bedeutsamen Beziehungsperson aus der Kindheit gelten, einer Person der heutigen Umwelt entgegengebracht werden. Übertragungsreaktionen erkennt man daran, daß sie unangemessen, unverhältnismäßig intensiv und ambivalent sind.

Da Übertragung wohl die hervorstechendste Äußerung des Wiederholungszwanges ist (vgl. Kap. 5, S. 94) findet sie innerhalb und außerhalb der Psychoanalyse statt. In der Analyse werden allerdings Bedingungen, die eine volle Entfaltung der Übertragung zur Übertragungsneurose begünstigen, hergestellt und gezielt aufrechterhalten, um sie als ein primäres therapeutisches Mittel zu benutzen (vgl. Kap. 6, S. 113).

In einer Beratung, wo sich die Arbeit auf die aktuellen und sozialen Konflikte konzentriert und Abkömmlinge infantiler Konflikte nur sofern sie für die Krise unmittelbar relevant sind, in die Deutungsarbeit einbezogen werden, wird es in der Regel nicht zu einer Übertragungsneurose kommen. Auch andere sie fördernde Umstände des analytischen Arrangements wie die Benutzung der Couch, die Stunden-Häufigkeit, längeres Schweigen des Analytikers und Unbeantwortetlassen von Fragen sind in einer Beratung nicht gegeben.

Jene Ausprägung der Übertragung, in der die ganze — Triebwünsche, Affekte und Abwehr umfassende — Pathologie des Patienten sich derart auf seine Beziehung zum Analytiker zentriert, daß diese sich zur Akme seines emotionalen Lebens entwickelt, wird sich in einer Beratung kaum je einstellen. Wenn das Arbeitsbündnis den Intentionen der Beratung entsprechend gehandhabt wird (Zentrierung auf den aktuellen Konflikt, selektive Deutung infantilen Materials und Hinwendung zur Planung von Verhaltensalternativen), hält sich die Übertragung automatisch in Grenzen. Sollte dies ausnahmsweise nicht der Fall sein, dann ist darin ein Indiz für eine neurotische Störung, bei der Beratung kontraindiziert ist, zu sehen.

Wohl aber ist damit zu rechnen, daß in einer Beratung sich vereinzelte oder flottierende Übertragungsregungen einstellen. Ich meine damit, daß der Klient dem Berater Affekte entgegenbringt, die allenfalls nur zum Teil als Reaktionen auf die Einstellungen und das Verhalten des letzteren verstanden werden können, in erster Linie aber Verlagerungen einzelner Objektbeziehungen in das emotionale Verhältnis zum Psychologen darstellen. Häufig äußert sich dies so, daß der Klient den Berater zur Übernahme einer situations-inadäquaten Rolle zu veranlassen sucht.

Ein brauchbares Kriterium, an dem man Übertragungsreaktionen erkennen kann, sind die eigenen Affekte des Beraters und die emotional bedingten unreflektierten Abweichungen von seiner geplanten Beratungsstrategie. Solche Reaktionen sind Gegenübertragungen. Sie sind für gewöhnlich zweifach determiniert: erstens durch die Übertragung des Klienten, zweitens durch eigene Neurotizismen, die den Berater für eben diese Übertragung empfänglich werden lassen, oder die ihn unmerklich verführen, beim Klienten eben diese Übertragung auszulösen.

Wenn sich ein Berater darin übt, solche eigenen emotionalen Reaktionen und intentionswidrigen Abwandlungen seiner Strategie zu registrieren, werden sie zu einem Mittel, die Übertragung seines Klienten zu verstehen und die konflikthaften Bedingungen seiner Problematik zu erkennen. Zugleich gewinnt er dadurch jene objektivierende Distanz, die es ihm möglich macht, sein weiteres Handeln sachgerecht – was nicht heißt, ohne Gefühl – zu regulieren.

Jene positive Übertragung, die sich in einer vertrauensvollen Einstellung zum als sympathisch und verläßlich empfundenen Berater und in der Erwartung von ihm Hilfe zu erhalten, äußert, ist eine Grundvoraussetzung für das Zustandekommen und die Entfaltung des beraterischen Arbeitsbündnisses.

Im allgemeinen kann man damit rechnen, daß sich diese positiv getönte Beziehung bei einem Ratsuchenden einstellt, wenn man ihm höflich und mit der Einstellung des Zuhören-Wollens und Ernstnehmens gegenübertritt.

Bei Klienten, die nicht aus eigenem Antrieb zur Beratung kommen, sind gewöhnlich erhebliche Barrieren zu überwinden, bevor sich eine positive Übertragung einstellen kann. Letztlich kommt es in jedem Einzelfall auf das Geschick des Beraters an, dazu günstige Voraussetzungen herzustellen. Wenn der Berater gerade in diesen Fällen unvoreingenommen zuhört, sich die Probleme aus der Sicht des Klienten darstellen läßt, ohne daß er Stellung nimmt, hilft er diesem, Vertrauen zu fassen. Oft ist es günstig, daß der Berater an Stellen eines Berichts, wo die Äußerungen des Klienten eine hohe Ich-Beteiligung verraten, seine Empathie durch Verbalisierung der Gefühlsreaktionen seines Gesprächspartners zeigt. Ist die Verbalisierung gut getroffen, weiß der Klient sich verstanden und ist eher geneigt, anfängliches Mißtrauen und Vorbehalte aufzugeben.

Mit der oben beschriebenen positiven Übertragung arbeitet der Berater, ohne sie zu interpretieren. Gegenstand von Deutungen werden positive oder negative Übertragungen erst, wenn sie zu Widerständen gegen das beraterische Arbeitsbündnis werden.

Nicht alles, was in einer Analyse als Widerstand gegen den Prozeß des Bewußtmachens und des Durcharbeitens angesehen werden muß, ist auch in einer Beratung als Widerstand aufzufassen, sondern nur dasjenige, was geeignet ist zu verhindern, daß der abgebrochene Entscheidungsprozeß durch die Beratung wieder in Gang gebracht wird. Gelegentlich ist es nützlich, gewisse negative Übertragungen zwar für sich zu registrieren, sie aber nicht zu deuten. Ein gewisser Anteil an kritischer Aggression gegen den Berater als Komponente der Übertragungsbeziehung, ist für das beraterische Arbeitsbündnis oft förderlich, weil die Beziehung dann nicht so leicht in eine, der Ich-Stärkung wenig förderliche, Abhängigkeit abgleitet.

Gerade letztere Übertragung muß der Berater sorgfältig beachten, rechtzeitig deutend aufgreifen, oder u. U. auch manipulieren: »Man kann zum Beispiel so vorgehen, daß man die

Abstände zwischen den einzelnen Behandlungsstunden zunehmend verlängert und den Patienten schließlich nur noch alle paar Wochen einmal sieht. Oder man vereinbart mit dem Patienten nach Abschluß der Kurzpsychotherapie regelmäßige Telefonanrufe in bestimmten Zeitabständen, um auf diese Weise eine allzu abrupte Trennung, die schon von solchen Patienten als tiefe Zurückweisung empfunden würde, zu vermeiden« (*Bellak/ Small*, 1972, S. 92).

Ich habe oben zunächst die Gegenübertragung als ein wertvolles Instrument, das der Berater für sein »empathisches Verstehen« des Klienten benutzen kann, erörtert. In ihr drückt sich nämlich die eigene Empfänglichkeit und Disposition für ähnliche Regungen, wie die des Klienten, aus. Wer seine Gegenübertragung zu beachten und zu reflektieren gelernt hat, verfügt dadurch über eine günstige Voraussetzung, um sich mit einem Klienten identifizieren zu können und doch objektivierend zu urteilen.

Bleibt die Gegenübertragung jedoch unbeachtet und unreflektiert, stellt sie ein verfängliches Hindernis dar, einen Klienten so zu verstehen, wie es für eine situationsgerechte Beziehung und ein effektives Arbeitsbündnis förderlich ist. Außerdem verführen unkontrollierte Gefühle dazu, sich bei seinen Interventionen von ihnen leiten zu lassen. Dies kann allenfalls in Ausnahmefällen »zufällig« nützen. (Vgl. für Beispiel: *Balint*, 1970, S. 90–96). Meistens aber führt es zum gemeinsamen Agieren komplementärer neurotistischer Affekte.

In den letzten 20 Jahren haben sich die sogenannten »Balint-Gruppen« vielfach als eine geeignete Methode bewährt, zu lernen, seine Gegenübertragung zu reflektieren und sie für das berufliche Handeln fruchtbar zu verwenden.

Es ist unmittelbar evident, daß man die persönlichkeitsspezifischen Aspekte der eigenen Gegenübertragungstendenzen nicht aus einem Buch lernen kann. Der Beruf des Psychologen und die Rolle des Beraters und institutionellen Helfers enthalten gewisse psychosoziale Komponenten, die zu typischen Gegenübertragungen Anlaß geben. Diese sind in der Literatur u. a. von *R. Schäfer*: »Psychoanalytic Rorschach-Interpretation« erörtert worden (siehe vor allem Kap. 2, The Dynamics of Testing, S. 7–31). Weitere Beispiele, die geeignet sind, das Gespür des Psychologen für diese Phänomene zu entwickeln und Anregungen, wie man in einer Beratung mit ihnen therapeutisch umgehen kann, findet man in *Balint, M.* und *E.*: »Psychotherapeutische Techniken in der Medizin«, vor allem in den Kapiteln 6: »Die gefühlsmäßigen Reaktionen des Arztes«, 8: »Die Verantwortung des Arztes« und 10: »Das berufsmäßige Verstehen von Menschen«.

6.3.5. Indikationskriterien für Beratung

Die Aufstellung von Indikationskriterien für eine tiefenpsychologische Beratung, wie sie im Vorhergehenden erörtert wurde, stellt ein umfangreiches und — in Anbetracht der Komplizierungen psychologischer Therapie-Forschung — schwieriges Problem dar. Die Fragestellung gliedert sich außerdem mehrfach auf: Abgrenzung des Indikationsbereichs für Beratung, einerseits gegenüber Psychoanalyse und analytischer Psychotherapie, andererseits — aber auf einer anderen Vergleichsebene — auch gegenüber verhaltensmodifikatorischer Beratung und Gesprächstherapie. Um zu verläßlichen Lösungen dieses Problems zu gelangen, braucht es sowohl theoretische Reflexion als auch klinische Erfahrung und kontrollierte empirische Untersuchungen.

Zum Problem der Differential-Indikation von tiefenpsychologischer Beratung gegenüber Verhaltensmodifikation und Gesprächstherapie lassen sich noch keine auch nur halbwegs verläßlichen Aussagen machen. Dazu wäre eine Intensivierung sowohl der theoretischen Diskussion dieser Disziplinen, als auch ein kritischer, unvoreingenommener Erfahrungsaustausch und gemeinsame empirische Forschung erforderlich.

Die Frage, unter welchen Voraussetzungen eine Beratung im Vergleich zu einer Psychoanalyse oder analytischen Psychotherapie als indiziert gelten kann, läßt sich allenfalls vorläufig und mit Vorbehalt beantworten. Da ich in den letzten Jahren diese therapeutischen Verfahren nebeneinander praktiziert habe, konnte ich einige Erfahrungen sammeln. In Verbindung mit aus der Theorie abzuleitenden Gesichtspunkten will ich diese im folgenden verwenden, um einige Hinweise zu formulieren, die vorläufig als Orientierungen für die eigene Urteilsbildung im Einzelfall dienen können. Die Entwicklung empirisch überprüfter Indikationskriterien aus Anamnese, Interview und Tests erfolgt im Rahmen der empirisch-experimentellen Prüfung des Beratungskonzepts und der ihm zugrunde liegenden Theorie. Ich verweise dazu auf den nachfolgenden Abschnitt 6.3.6.

Vorläufig ist man auf eine möglichst sorgfältige Anamnese und Exploration zur Prüfung der Voraussetzungen für eine erfolgversprechende Beratung angewiesen. Es ist zweckmäßig, sich dazu an Daten zu orientieren, die über Determinanten von Ich-Schwäche und -Stärke, wie sie in Kap. 4 ausgearbeitet wurden, Aufschluß geben. (Vgl. die zusammenfassende Schlußfolgerung auf S. 90).

In Fällen mit bereits in der Kindheit einsetzender psychogener Pathologie ist Vorsicht in Hinblick auf die Einleitung einer

Beratung geboten. Wenn sich solche Störungen, evtl. bei wechselndem Erscheinungsbild, durch Latenzzeit, Pubertät und Adoleszenz hindurch fortgesetzt haben, dann ist davon auszugehen, daß ein struktureller Instanzenkonflikt der Kindheit von den wachsenden synthetischen Fähigkeiten des Ich und von psychosozialen Einflüssen nahezu unbeeinflußt bis in die Gegenwart virulent geblieben ist. Aber auch wenn die manifeste Pathologie der Kindheit abgeklungen ist, kann die psychodynamische Konfliktkonstellation unbewältigt geblieben sein. Indices dafür sind u. a. defensive Anpassungsformen mit einseitig-inadäquater Realitätsprüfung (vgl. Kap. 4, S. 67), heftig verlaufende Entwicklungskrisen, sofern sie nicht positiv konstruktiv überwunden werden[6], sog. Charakterpanzer[7], allgemeine Infantilität, oder Stagnation in der Entwicklung der Objektbeziehungen, die sich in fehlender Konstanz oder ausgebliebener Umbesetzung oder im Festhalten an der Besetzungsabwehr äußert (vgl. *Moser*, 1967).

Wenn sich andererseits Anzeichen dafür ergeben, daß infantile Konflikte sich beruhigt haben, indem ihre Abkömmlinge zu einer autonomen Anpassung verarbeitet worden sind, darf man annehmen, daß eine seit kurzem aufgetretene Krise im allgemeinen noch nicht zur neurotischen Regression geführt hat. Klienten, die sich bis dahin wohlgefühlt haben und in der Vorbesprechung ihr Empfinden ausdrücken, daß irgendeine soziale Interaktion seit einiger Zeit nicht angepaßt oder unbefriedigend verläuft, präsentieren sich damit als Ratsuchende. Vor allem, wenn sie mehr das Anliegen, an ihrem Verhalten etwas zu ändern als ihre Hilflosigkeit angesichts eigener Symptome hervorheben, spricht dies dafür, daß eine Beratung von Nutzen sein wird.

In Fällen von Erziehungs- oder Eheberatung fällt der Unterschied zwischen solchen Klienten auf, die das Kind oder den Partner zwecks Therapie zum Psychologen bringen, und solchen, die auch das eigene Verhalten entweder spontan oder auf einen geeigneten Hinweis des Beraters hin in Frage zu stellen vermögen. Wenn letzteres nicht nur auf dem Bedürfnis beruht,

[6] *Erikson* (1966) gibt eine anschauliche und lebensnahe Beschreibung der Einstellungen, die sich bei den aufeinanderfolgenden Wachstumskrisen, je nach ihrem eher positiven oder negativen Ausgang, entwickeln. Diese Beschreibungen bieten eine gute Handhabe für die Auswertung eines anamestischen Interviews.

[7] Vgl. *W. Reich*: Charakteranalyse. Charakterpanzer sind Charakterbildungen, die einseitig der Abwehr von Triebimpulsen, Schuldgefühl und Angst dienen, sofern sie *zugleich* eine Einschränkung der psychischen Bewegungsfreiheit zur Folge haben.

einen guten Eindruck zu machen, lassen sich mit einer Beratung oft überraschende Resultate erreichen. Auch wenn die diagnostischen Erhebungen ergeben sollten, daß eine Psychotherapie des Kindes oder eines der Partner notwendig ist, empfiehlt es sich, eine Beratung, die sich mit der gestörten sozialen Interaktion befaßt, vorzuschalten oder nebenherlaufen zu lassen.

Als weitere Indizien, die in Fällen einer relativ unneurotischen Anamnese über die Beratungsindikation Aufschluß geben, sollte man die Bewältigung der normalen bisherigen Entwicklungskrisen und die Art, wie der Klient sich auf veränderte Lebensumstände einzustellen vermochte, beachten (Vgl. dazu *Erikson,* 1966).

Klienten werden sich in Krisensituationen dann an uns wenden, wenn sie sich außerstande fühlen, eine befriedigende Lösung herbeiführen. In Kap. 5 haben wir diese Unfähigkeit theoretisch darauf zurückgeführt, daß die »normale« Regression in ihre defensive Variante übergegangen ist.

Während erstere, indem sie der betroffenen Person vorläufig Entspannung und Entlastung verschafft, im Dienste der Aufschubfunktion und des Sekundärvorganges steht, ist mit der defensiven Variante eine zumindest selektive Beeinträchtigung des Kompetenzgefühls verknüpft (vgl. Kap. 4, S. 75 und Kap. 5, S. 101—105). Aus theoretischer Sicht können wir zwischen defensiver Regression und Kompetenzgefühl eine Wechselbeziehung annehmen.

Je geringer ihr Kompetenzgefühl ausgeprägt ist, um so eher wird eine Person in Krisen ihre Zuflucht zur defensiven Regression und den dazugehörigen Konfliktlösungen nehmen und um so nachhaltiger an ihnen festhalten. Andererseits schwächt, wie gesagt, die defensive Regression das Kompetenzgefühl.

Für die Indikation zur Beratung ist es deswegen besonders aufschlußreich, sich unter diesem Aspekt ein Bild des Klienten zu machen. Dazu ist es zweckmäßig, ihn aufzufordern, frei von »schwierigen Lagen« und Angstsituationen, die er erlebt hat, zu erzählen. Dabei ist darauf zu achten oder durch Fragen zu eruieren, ob er eher geneigt ist, Ohnmachtsgefühlen nachzugeben und passiv-gelähmt zu reagieren, oder ob er Wege sucht, konstruktiv mit den Schwierigkeiten fertig zu werden.

Meine bisher gemachten kasuistischen Erfahrungen legen es nahe — zumindest vorläufig — die Indikationsstellung nach strengen Kriterien vorzunehmen. In Fällen, bei denen die Probleme sich nach einigen Sitzungen als neurotisch strukturiert erwiesen, erbrachte die Beratung keinen Erfolg. Bei dem gegebenen Mangel an Psychoanalyse- oder Psychotherapieplätzen hielt ich anfänglich den Versuch für gerechtfertigt, mittels Beratung zumindest eine verbesserte und entlastende Anpassung zu ermöglichen. Meine eigene Erfahrung und die der mit mir zusammenarbeitenden Kollegen haben uns in zunehmendem Maße veranlaßt, von solchen Versuchen Abstand zu nehmen. Indem der Berater die Intention verfolgt, seinen Klienten anzuregen, alternative Lösungen seiner Probleme ins Auge zu fassen und im Verhalten auszuprobieren, mutet er diesem gerade das zu, was ihm – im Falle einer zur Neurose gewordenen Krise – unmöglich ist. Der Patient, der in den Automatismen primärprozeßhaft organisierter Reaktionsabläufe gefangen ist, fühlt sich mißverstanden, wenn ein Berater ihn mit unbewußten Determinanten seines aktuellen Verhaltens in der Absicht konfrontiert, ihn zu veranlassen, dieses vernünftig, selbstkritisch und im Vertrauen auf das eigene Können (Kompetenzgefühl) zu verändern. Gerade eine Anzahl Mißerfolge, die nicht einmal darin bestanden, daß kein Resultat erzielt wurde, sondern darin, daß überhaupt kein beraterisches Arbeitsbündnis zustande kam, haben uns veranlaßt, von solchen Versuchen Abstand zu nehmen.

Allerdings will ich es nicht unterlassen, als Ausnahme einen Problemtypus zu erwähnen, bei dem sich trotz einer neurotischen Grundstruktur des Klienten eine Krisenberatung als erfolgreich erwiesen hat. Es handelte sich dabei jedesmal um Fälle, wo ein infantiler Konflikt durch eine unbewußte Rollenzuteilung an eine Beziehungsperson abgewehrt wurde. Indem der Rollenpartner sich der ihm zugedachten Rolle entsprechend verhält, dient er dem Patienten dazu, sich kompensatorisch und projizierend von eigenen Konfliktspannungen zu entlasten (eine Übersicht der Variationen derartiger »psychosozialer Abwehr« gibt *Richter* (1967 bzw. 1969; 1970). Dieser ist dadurch in der Lage, ein defensives Anpassungssystem (vgl. Kap. 4, S. 67) aufzubauen, das ihm eine relative Beschwerdenfreiheit garantiert, das aber auch nur so lange funktioniert, als der Partner die ihm zugedachte Rolle erfüllt. Sobald dieser aussteigt oder sich – wenn auch nur teilweise – anders verhält, gerät der neurotische Patient in eine Krise, in die er den Rollenpartner für gewöhnlich mit hineinzieht. Es entwickelt sich dann ein Kampf der beiden um die Durchsetzung gegensätzlicher Rollenvorstellungen.

In einigen derartig gelagerten Fällen von Ehe- oder Erziehungsberatung gelang es, diesen unbewußten Rollenkonflikt bewußt zu machen und eine Modifikation des beiderseitigen Rollenverhaltens zu erarbeiten, das dem neurotischen Partner eine sozial wünschenswertere Variation seines Anpassungssystems ermöglichte, ohne dem Rollenpartner Unzumutbares abzuverlangen.

Es ist deutlich, daß dieses Vorgehen problematisch ist, weil auf eine Heilung der zugrundeliegenden Neurose (zunächst) verzichtet wird und der Berater ein Risiko eingeht – durch seine Intention, dem Neurotiker doch eine Möglichkeit der psychosozialen Abwehr zu belassen – dessen Rollenpartner in seiner Entwicklung zu beeinträchtigen.

Ein derartiges Vorgehen scheint mir deswegen nur gerechtfertigt in Notfällen, wo eine rasch einsetzende Entschärfung des psychosozialen Konflikts für beide Parteien psychohygienisch erforderlich ist und eine psychoanalytische Durcharbeitung des intraindividuellen unbewußten Konflikts aus irgendwelchen Umständen nicht möglich ist oder mehr Zeit in Anspruch nehmen würde, als die Gesamtsituation zuläßt. Außerdem ist Beratung in diesen Fällen nur vertretbar, wenn der Pschologe mit beiden oder allen Beteiligten arbeiten kann.

6.3.6. Probleme der empirischen Überprüfung

Das im Vorhergehenden entwickelte Beratungskonzept stellt ein Gefüge von noch recht allgemein formulierten Handlungsanweisungen für eine helfende Beeinflussung eines Ratsuchenden dar.

Diese ist – meinen Hypothesen zufolge – gerechtfertigt und indiziert, insofern der Klient sich in einer seelischen Lage, die als Krise beschrieben wurde, befindet und er außerdem als Voraussetzung die erforderliche Ich-Stärke mitbringt. Ziel der Beeinflussung ist, den Klienten zu befähigen, Lösungen seiner Probleme in Aussicht und in Angriff zu nehmen, die ihm Anpassung und optimale Befriedigung gewährleisten.

Zwar war ich im Laufe meiner Erörterungen bestrebt, zu einer möglichst genauen Bestimmung des Zieles, der Mittel und der Voraussetzungen dieser Beratungsmethode zu gelangen; die Resultate aber sind zugegebenermaßen unvollkommen.

Außerdem wurde das Konzept in engem Zusammenhang mit der Entwicklung einer Anzahl theoretischer Hypothesen über Krise und Neurose als psychodynamisch unterschiedliche pathologische Bilder, über Determinanten der Ich-Stärke und über Regression entworfen. Diese hypothetischen Konstrukte lassen sich nicht im Sinne operationaler Definitionen auf Beobachtbares reduzieren; ihre Verknüpfungsregeln auf theoretischer Ebene konnten allenfalls unvollständig bestimmt werden.

Aus all dem geht hervor, daß zur Überprüfung der Beratungstheorie sich die Methode der Konstruktvalidierung am besten eignet. *Cronbach* und *Meehl* (1955) haben diese Methode auf Grund der Einsicht vorgeschlagen, daß Psychologen ihre Tests der Gegebenheit anpassen sollten, daß sehr viele Begriffe in der Psychologie (und besonders in der Psychoanalyse) bis heute unvollständig definiert sind.

So setzt z. B. die Psychoanalyse zur Erklärung einer Reihe beobachtbarer äußerer Phänomene wie Fehlleistungen, neurotische Symptombildung, Traumarbeit usw. hypothetisch eine psychische Funktion an, die sie Verdrängung nennt. Diese ist ein von uns postulierter Prozeß, den wir für die verschiedensten beobachtbaren Phänomene verantwortlich machen, sowohl für Angstzustände und Zwänge, als auch für Tics und Lähmungen, sogar für eine essentielle Hypertonie oder eine Colitis. In allen diesen Phänomenen wirkt sich Verdrängung aus, so nehmen wir an, keines aber ist adäquat repräsentativ für sie. Jedes ist gleichzeitig weniger als die Verdrängung (indem es nur *eine* ihrer Auswirkungen ist), und mehr als sie (weil es auch von anderen Prozessen her determiniert wird).

Die Konstruktvalidierung besteht darin, den Nachweis zu bringen, in welchem Grade gewisse Konstrukte (z. B. Verdrängung) für eine bestimmte, der Theorie entsprechende Varianz im beobachtbaren Verhalten verantwortlich sind.

Der Untersucher muß sich gewisse Vorstellungen darüber machen, bei welchen Gruppen von Personen die betreffende Eigenschaft häufiger oder in stärkerem Maße zu erwarten ist, in welchen Situationen oder auch unter welchen experimentellen Bedingungen sie besonders zutage treten wird. Aus solchen apriorischen Vorstellungen heraus oder auch aus a posteriori auf Grund von ersten Ergebnissen sich einstellenden Überlegungen setzt er eine Reihe von Kriterien und Gegenkriterien an, die es ihm ermöglichen, das gesamte Ausstrahlungsfeld des Konstrukts abzutasten.

Wenn ein solches Netz von Verhaltenskriterien, die verschiedenartige Äußerungsformen des Konstrukts darstellen, sinnvoll aufgebaut wird, wenn auch Gegenproben gemacht werden, um andere Erklärungen für die gefundenen Korrelationen auszuschließen, dann kann ein solches Gesamt von positiven, negativen und fehlenden korrelativen Beziehungen empirische Evidenz für die Gültigkeit des Konstrukts erwecken. Dabei nimmt die Evidenz graduell zu, und zwar in dem Maße, in dem es gelingt, das Netz von Korrespondenzen der Theorie mit beobachtbaren Daten geschlossener zu konstruieren.

Abschließend sei eine Bemerkung aus den »Technical Recommendations for psychological Tests« der A. P. A. (Psychol. Bull.

51, 1954) zitiert, die für die Überprüfung der Beratungstheorie gewissermaßen ein Programm darstellt.

»Der Kliniker, der an Konstruktvalidierung interessiert ist, hat gewisse Vorstellungen über ein zugegebenermaßen unfertiges Konstrukt, für das er in diesen und jenen nur global bestimmten Gebieten des Verhaltens Evidenz finden soll. Die Unklarheit und Verschwommenheit des Konstrukts ist eine unvermeidbare Konsequenz der Unvollkommenheit der heutigen psychologischen Theorie; sie kann nicht schneller verbessert werden, als die Theorie sich entwickelt und Bestätigung findet. In einem bestimmten Stadium der theoretischen Entwicklung ist die einzige Art von Vorhersage, die gemacht werden kann, die, daß gewisse Korrelationen positiv sein sollten oder daß Patienten, die mit einer Tendenz der Gruppe nicht konform gehen, mit einer gewissen Regelmäßigkeit ein etwa so oder so geartetes zusätzliches Merkmal erwarten lassen.«

Es war mein Anliegen, im Rahmen eines theoretischen Entwurfs Ziel und Mittel der klinisch-psychologischen Beratung zu bestimmen und die Variablen, die auf seiten des Beraters und des Klienten den Verlauf ihrer Interaktion maßgeblich beeinflussen, herauszuarbeiten. Damit sollte eine m. E. unentbehrliche Grundlage für eine systematisch zu betreibende empirische Forschung geschaffen werden. Bei der Vielzahl der Variablen, die in eine beraterische Interaktion eingehen, scheint es mir nicht gut möglich, einzelne unter kontrollierten Bedingungen einer experimentellen Anordnung zu isolieren, wenn kein Gefüge von Hypothesen gegeben ist, das Anhaltspunkte dafür bietet, welche Variablen es zu kontrollieren gilt.

In diesem Sinne kann die hier entwickelte Theorie eine Grundlage für empirische Forschung darstellen. Allerdings kann das bei der Methode der Konstruktvalidierung erforderliche Netz von Korrespondenzen zwischen Theorie und Beobachtungsebene nicht von vorneherein in scharfen Linien gezogen werden. Man wird es mit dem Fortschreiten der Untersuchungen und in Anlehnung an erste Ergebnisse allmählich entwickeln und ständig dem Stand der Forschung anpassen müssen.

Obgleich sich bei diesem methodischen Vorgehen eine Reihe Ergebnisse einstellen könnten, die in ihrer Gesamtheit einer Falsifizierung der Theorie gleichkommen, sollten auch die Chancen für eine wechselseitige Befruchtung von Empirie und Theoriebildung nicht übersehen werden. Ergebnisse einzelner Untersuchungen können Anlaß zu erneuter theoretischer Reflexion, zur Korrektur oder begrifflichen Präzisierung einzelner Konstrukte und zur Neuformulierung ihrer Verknüpfungsregeln bieten. Wenn die Implikationen solcher Korrekturen auf theoretischer Ebene kritisch reflektiert und in weiteren empirischen Untersuchungen überprüft werden, kann dies Schritt für Schritt zu einer besseren Theorie führen, aus der sich zunehmend gültige Regeln für die Praxis ergeben.

Auf der Grundlage der Methode der Konstruktvalidierung lassen sich Umrisse und Ansätze für die Überprüfung des dargelegten Beratungskonzeptes und seiner theoretischen Grundlagen vorzeichnen.

Nach der bisherigen Planung werden sich die Untersuchungen zunächst auf die angenommene Unterscheidung von Krise und Neurose konzentrieren. Es lassen sich parallelisierte Kontrastgruppen von Personen mit einer aus psychoanalytischer Sicht neurotischen Pathologie und solchen, bei denen eine Krise in Anbetracht ihres Alters oder der äußeren Situation sehr wahrscheinlich ist, bilden.

Die allgemeine Strategie derartiger Untersuchungen läßt sich am besten an einem Beispiel erläutern. Man könnte Patienten mit Anorexia nervosa im Pubertäts- und Adoleszenzalter in Kontrast zu einer Gruppe von Pubertierenden und Adoleszenten setzen und miteinander vergleichen. Bei der Kontrollgruppe müßte gesichert sein, daß sich anamnestisch keine Anzeichen einer protrahierten Kindheitsneurose und keine als neurotisch geltende Symptomatik, wohl aber charakteristische Anzeichen einer Pubertätskrise feststellen lassen.

Aus der Theorie der Pathogenese bei Krisen und Neurosen lassen sich dann Voraussagen über statistisch erfaßbare Differenzen der Reaktionen in Tests und experimentellen Anordnungen ableiten, für welche sich eine Korrespondenz mit Konstrukten, wie Regression oder einer bestimmten Varianz der Ich-Stärke begründen läßt.

In bezug auf die dabei zu verwendenden Tests ist unter anderem an eine für statistische Verarbeitung geeignete Auswertung des Rorschach-Tests sowie des TAT gedacht. Die Annahme, daß dieses von *Holt* und *Havel* (1960) entwickelte Verfahren Relevanz für Konstrukte wie Regression, Primärprozeß und bestimmte Dimensionen der Ich-Stärke hat, ist wohlbegründet und inzwischen auch empirisch bestätigt worden (vgl. *Houben*, 1970).

Als experimentelle Anordnung bietet sich die Möglichkeit an, planmäßig Mini-Krisen herbeizuführen (z. B. sensorische Deprivation oder Mißerfolgserlebnisse) und dann bei wechselnden Stichproben Assoziationsverläufe und Verhaltensreaktionen zu registrieren, sowie physiologische Messungen von Angstäquivalenten vorzunehmen.

Wenn es auf diesem Wege gelingt, ausreichend gültige Indices für die Indikationsstellung herauszuarbeiten, können Vorhersagen über unterschiedliche Beratungserfolge bei diagnostisch definierten Vergleichsgruppen gemacht werden. Der bedauerliche Umstand, daß für Psychotherapie lange Wartezeiten bestehen, könnte dazu benutzt werden, unter geeigneten Bedingungen für eine zuverlässige Datenauswertung zunächst bei Neurotikern eine Beratung (die theoretisch erfolglos verlaufen müßte) und anschließend eine Psychoanalyse durchzuführen. Dieses Verfahren stellt eine Technik dar, die unter Verzicht auf beraterische Maßnahmen Mittel anwendet, die auf Durcharbeitung primärprozeßhaft strukturierter infantiler Konflikte ausgerichtet sind (vgl. Kap. 6, S. 112–117). Deshalb können aus dem Vergleich der Erfolgsbefunde dieser Verfahren bei diagnostisch unterschiedlichen Klientengruppen im Prinzip Rückschlüsse auf die Gültigkeit der zugrundeliegenden Theorie gezogen werden.

In Anbetracht der Schwierigkeiten und Komplikationen der Überprüfung dispositioneller und funktioneller Erklärungen sind zusätzliche absichernde Experimente erforderlich. Dazu dürfen sich Verlaufskontrollen (vor allem Mini-Verläufe), wie sie von *Thomä* und *Houben* (1967) vorgeschlagen und von *Thomä* und *Kächele* (1973) methodisch weiterentwickelt worden sind, eignen.

7. Grundregeln für eine psychoanalytisch fundierte Technik der Beratung

Da Beratung nach den hier entwickelten Ideen als zwischenmenschliche Interaktion verlaufen soll, läßt sich das Vorgehen des Beraters nicht bis ins einzelne schematisieren und festlegen. Die Finessen und Nuancen des gleichmäßig offenen Zuhörens, des »berufsmäßigen Verstehens«, des mitfühlenden und doch kontrolliert-zweckmäßigen Reagierens und des wohldosierten Eingreifens zum rechten Zeitpunkt lassen sich nicht in Form allgemeiner Aussagen vermitteln.

Im Grunde kann auch niemand aus einer Position des überlegenen Fachmannes andere darin unterrichten, weil in der reziproken Wechselbeziehung des individuellen Beraters mit jedem individuellen Klienten ihre Interaktion jeweils eine einmalige ist und auch sein soll. Das heißt keineswegs, daß Lernen auf diesen Gebieten unnötig oder überflüssig ist, sondern lediglich, daß es nur in einem reflektierenden Dialog mit Kollegen stattfinden kann, die ihre größere oder geringere Erfahrung in Form von Anregungen einbringen. Das persönliche Gespräch mit einem supervisor, das sich nicht nur auf fachgerechtes Vorgehen, sondern auch auf die jeweilige konkrete Berater-Klient-Beziehung mit den dazugehörigen Affekten erstreckt, hat sich seit langem zu diesem Zweck bewährt. Eine andere dazu dienliche Einrichtung sind die sogenannten Balint-Gruppen, wo anhand von Fall-Schilderungen der Teilnehmer die Dynamik der Interaktion mit Klienten ihren Niederschlag in einem sich entwickelnden Gruppenprozeß findet und emotional erlebt werden kann.

Diese Vorbemerkung sollte dazu dienen, die Bedeutung der nachfolgenden Ausführungen ins rechte Licht zu rücken. Aus dem theoretischen Konzept einer psychoanalytisch fundierten Beratung, wie ich es in den vorangehenden Kapiteln entwickelt habe, lassen sich gewisse allgemeine Grundregeln für das Vorgehen des Beraters ableiten. Allerdings wurden sie nicht ausschließlich theoretisch abgeleitet, sondern auch aus der Diskussion von Beratungsfällen in Seminargruppen mit Studenten und Psychologen-Kollegen gewonnen. Die noch beschränkte Zahl von vier Jahren, in denen wir in dieser Weise Erfahrungen gesammelt und gemeinsam reflektiert haben, bringt es mit sich, daß diesen, anschließend zu unterbreitenden, Grundregeln nur ein relativer Wert beizumessen ist. Es bleibt abzuwarten, inwieweit sie der weiteren Überprüfung standhalten, bzw. modifiziert werden müssen.

Ich werde diese Grundregeln zunächst im logischen Zusammenhang des Beratungskonzepts entwickeln und sie anschließend schematisch als eine Folge von Grundschritten für einen Beratungsablauf darstellen.

7.1. Ausrichtung auf das spezielle Problem des Klienten

In seinem Buch »Psychological Counseling« gibt *Bordin* (1968, S. 6–20) Krisen als Indikationsbereich für Beratung an. Dieser Ansicht habe ich mich oben angeschlossen. In seiner Konzeption vernachlässigt er allerdings die speziellen Probleme und anstehenden Entscheidungen des Klienten und konzentriert sich darauf, die »tiefliegenden« (unbewußten) »Hindernisse des Persönlichkeitswachstums zu verstehen und zu beseitigen«. Sofern dies gelingt, werden sich seiner Meinung nach beim Klienten von selbst günstigere Voraussetzungen einstellen, sein unmittelbares Problem zu lösen (vgl. Kap. 1, S. 11 f.).

Dieses *Bordin*sche Beratungskonzept scheint mir mehr an der Psychoanalyse als therapeutischer Methode orientiert, als in der psychoanalytischen Theorie fundiert.

Wie oben (Kap. 6, S. 112 f.) dargelegt wurde, ist es in der analytischen Therapie nicht das direkte Ziel, eine Neurose zu heilen, sondern eine Umstrukturierung der psychischen Instanzen zuwege zu bringen. Weil dadurch die primär-prozeßhaften Strukturen, welche die neurotischen Prozesse organisieren, aufgelöst und synthetische, integrative, sekundär-prozeßhaft operierende Ich-Kräfte freigesetzt werden, ergibt sich aus der Umstrukturierung die Heilung als eine organische Folge.

Indem *Bordin* dieses Konzept mutatis mutandis für die Krisenberatung übernimmt, läßt er m. E. den strukturellen Unterschied von Neurose und Krise, wie er in den Kapiteln 4 und 5 ausgearbeitet wurde, außer acht.

Psychoanalyse ist deswegen die adäquate Neurosentherapie, weil die Krankheit durch einen verdrängten Konflikt der innerpsychischen Instanzen bedingt wird, welcher primär-prozeßhaft organisiert ist und Entscheidungen im betroffenen psychischen Bereich verhindert. Eine kausale Neurosentherapie ist daher genötigt, den langen Weg über die Auflösung des innerpsychischen Instanzenkonflikts zu gehen.

Bei einer Krise handelt es sich hingegen darum, daß infolge von Entwicklungsprozessen oder situativen Veränderungen eine psychosoziale Umorientierung fällig geworden ist, die dem Betreffenden so schwierige Entscheidungen und Lösungen abverlangt, daß er ihnen ausweicht und sich dadurch die unlustvollen Spannungen »unerledigter Handlungen« zuzieht, die für eine Krise charakteristisch sind.

Es handelt sich demnach (zunächst noch) um psychosoziale Anpassungsstörungen und um ein Aussetzen der Entscheidungsprozesse (Triebaufschub, Realitätsprüfung, Probehandeln), ohne daß bereits jener andere, von der Verdrängung ausgehende Ablauf eingesetzt hat, der zum unbewußten Instanzenkonflikt führt. Wenn man bei solchen Störungen helfend eingreifen will, liegt es auf der Hand, die konkreten Probleme anzuvisieren und seine Bemühungen direkt darauf zu richten, die erforderlichen Entscheidungsvorgänge wieder in Gang zu bringen.

Die psychische Störung eines Klienten, der sich in einer Krise befindet, ist gerade durch das einstweilige Aussetzen von Entscheidungsprozessen gekennzeichnet, die subjektiv als zu schwierig erlebt werden.

Wer in einer solchen Lage Rat sucht, ist zumindest ambivalent bereit, seine »unerledigten Handlungen« zu erledigen, d. h. seine anstehenden Probleme zu lösen. Indem er die Beratung aufsucht, kommuniziert er diese Intention. Nimmt der Berater dieses »Sich-Mitteilen« nicht an, indem er die konkreten Probleme übergeht, um sich stattdessen mit den »tiefliegenden Hindernissen des Persönlichkeitswachstums« zu beschäftigen, leitet er eher eine — unter diesen Umständen — unangemessene Manipulation seines Klienten ein und kein »kommunikatives und kooperatives Arbeitsbündnis« (vgl. Kap. 2, S. 32).

Wenn sich der Berater aber den konkreten Problemen zuwendet, so wie sie vom Klienten dargestellt werden, wenn er zu verstehen sucht, warum sie gerade diesem Klienten Schwierigkeiten bereiten, und wenn er sich bemüht, in Erfahrung zu bringen, wie dieser die Situation bisher gehandhabt hat und warum dies fehlgeschlagen ist, dann werden bald jene Schwächen des Ichs und jene unbewußten Ängste, Motive und Hommungen, welche die eigenständige Krisenbewältigung behindert haben, in Form von Widerständen auch auf den Beratungsvorgang selbst übergreifen. Gerade hierdurch entwickelt sich organisch die Gelegenheit, sich mit ihnen zu befassen.

7.2. Deuten der unbewußten Behinderung der Entscheidungsprozesse

Bei der Erörterung der mit einer Krise einsetzenden Regression (vgl. Kap. 5, S. 100–103) wurde klargestellt, daß häufig mit Widerständen, die der Beratungssituation zuwiderlaufen, zu rechnen ist (defensive Variante der normalen Regression). Anders jedoch als bei einer Neurose, wo Widerstände Bestandteile infantiler primär-prozeßhaft organisierter Konfliktkonstellationen sind, beziehen sich diese in einer Krise auf Befürchtungen, die mit den subjektiven Schwierigkeiten des Klienten zusammenhängen, die anstehende soziale Anpassung zustande zu bringen. Das heißt, daß krisenbedingte Abwehr und krisenbedingter Widerstand – obwohl meistens unbewußt – stärker und direkter mit der realen sozialen Situation des Klienten zusammenhängen und großenteils – wenn auch nicht immer völlig – in ihrem Kontext verstehbar sind und dem Klienten gedeutet werden können.

Neurotische Abwehr vollzieht sich im Kontext infantiler Erinnerungsspuren, die im Laufe der geistig-seelischen Entwicklung keine Umordnung nach neuen Beziehungen, keine Umwertung im Lichte gewachsener Einsicht erfahren haben. Infolgedessen stellt sie ein primär-prozeßhaft organisiertes Gefüge anachronistischer Überbleibsel dar. Sie wirksam zu deuten setzt voraus, daß Patient und Therapeut im Medium der Übertragung und Gegenübertragung in diese Erlebniswelt eintreten (vgl. Kap. 6, S. 113 f.). Demgegenüber ist krisenhafte Abwehr bewußtseinsnäher und kann eher von einer sekundärhaften Realitätsprüfung her angegangen werden.

Oben wurde bereits dargelegt (Kap. 5, S. 102), daß sich Abwehr und Widerstand als Krisenerscheinungen in zwang- und dranghaften Verhaltensweisen manifestieren, welche die Ersatzbefriedigung gewähren sollen. Meist geht dies mit klassischen Abwehrmechanismen einher wie Projektion, Rationalisierung, Intellektualisierung, Isolierung usw. und mit verschiedenen Formen psychosozialer Abwehr (unbewußte Rollenvorschriften).

Wenn der Berater seinen Klienten mit diesen spezifischen Widerständen konfrontiert, ihre einzelnen Erscheinungen klarifiziert[1] und schließlich die unbewußte Motivation, einer be-

[1] Mit Konfrontation und Klarifikation meine ich in diesem Zusammenhang, dem Klienten einen bestimmten Verhaltenskomplex als Ganzes und in seinen Einzelheiten vor Augen zu führen und dabei nach und nach jene Eigentümlichkeiten aufzuzeigen, die geeignet sind, ihn die *Tatsache* entdecken zu lassen, daß er sich eine Ersatzbefriedigung verschafft und/oder abwehrt.

stimmten schwierigen Anpassungsaufgabe auszuweichen, deutet, vermittelt er dem Ratsuchenden Einsichten, die dazu beitragen, daß dieser die Abwehr aufgibt, sich mehr mit dem verleugneten Problem als solchem, und weniger mit den abgeleiteten Sorgen befaßt. Gerade weil er sich durch die Widerstandsdeutungen allmählich verstanden fühlt, wächst die Bereitschaft des Ratsuchenden, unter dem Schutz des Beraters als Hilfs-Ich, jene Assoziationen, Zweifel, Befürchtungen, Erinnerungen und Überlegungen, die er durch defensive Regression seiner Aufmerksamkeit entzogen hatte, in das Beratungsgespräch einzubringen.

Schritt um Schritt lenkt er so unwillkürlich die Aufmerksamkeit des verstehenden Beraters auf die »tiefliegenden Hindernisse seines Persönlichkeitswachstums«. Eine Beratungsstrategie, welche die spezielle Problematik des Klienten aufgreift und in der vorgeschlagenen Weise bearbeitet, braucht also keineswegs dazu führen, daß die Psychodynamik, die der Entwicklungskrise zugrunde liegt, unberücksichtigt bleibt.

In Abschnitt 5 dieses Kapitels werde ich eine spezielle Explorationstechnik kurz darstellen, die sich besonders dafür zu eignen scheint, unbewußte Abkömmlinge infantiler Konflikte zu erkennen, welche die Entscheidungsprozesse in einer Krise stören. An dieser Stelle soll zunächst diskutiert werden, wie der Berater sein Verstehen solcher konfliktdynamischer Hintergründe ich-stärkend in die Beratungsstrategie einbringen kann.

7.3. Berücksichtigung infantiler Konfliktabkömmlinge im Beratungsprozeß

In Kap. 4, S. 66—69, wurden die synthetischen Anstrengungen, die das Ich im Anschluß an infantile Verdrängungen und Symptombildungen macht, erörtert. Diese zielen darauf ab, die Elemente eines Konflikts — insbesondere die Abwehrvorgänge und Symptombildungen — im Zuge der fortschreitenden Persönlichkeitsentwicklung in das Anpassungssystem der Person einzubauen.

Bei günstig verlaufender Entwicklung entstehen aus dem ehemals pathologischen Konflikt durch »Funktionswechsel« und »Neutralisierung« (*Hartmann*, 1964, S. 338, und 1970, S. 27) Charakterzüge und ich-syntone Verhaltensmuster, die von dem betreffenden Individuum für eine effektive Anpassung benutzt werden. Die klinische Erfahrung hat jedoch gezeigt, daß die Loslösung aus dem Konfliktzusammenhang selten vollkommen und endgültig ist.

Wenn im späteren Leben Umstände eintreten, die der infantilen traumatischen Konstellation sehr ähnlich sind, führt dies bekanntlich häufig zum Ausbruch einer Neurose bei bis dahin »gesunden« Personen. Meine eigene therapeutische Erfahrung, die sich auf Vergleich von Neurosentherapie und Krisenberatung stützt, gibt mir andererseits Anlaß zu der Annahme, daß unter solchen Umständen nicht *automatisch* und unmittelbar eine Neurose ausbricht, sondern daß es manchmal zu Störungen kommt, die noch als Krise zu werten sind. Wegen ihrer Ähnlichkeit mit dem infantilen Konflikt vermeidet der Betreffende es, sich mit der Problemsituation auseinanderzusetzen und weicht in eine defensive Regression aus.

Ein weiterer Anlaß zum Zusammenbruch derartiger sekundärautonomer Anpassungssysteme ergibt sich aus der Eigentümlichkeit, daß sie meistens auf ganz bestimmte Umweltverhältnisse ausgerichtet sind. Wenn letztere sich ändern, funktioniert dieses Anpassungssystem nicht mehr. Weil es jedoch genetisch auf eine Konfliktabwehr zurückgeht, kann die Person es nicht aufgeben, denn es würde zugleich im unbewußten Erleben ein Schutz wegfallen. Deswegen vermag sie, die — oft objektiv gar nicht besonders schwierige — Umstellung auf eine geänderte soziale Situation nicht zu vollziehen. Zur Erörterung möge folgendes Beispiel dienen:

Ein Patient, der als Direktionssekretär in einem Unternehmen vorzügliche Arbeit leistete, geriet in eine depressive Arbeitsunlust, als — nach dem tödlichen Unfall eines Direktors — seine Kandidatur für dessen Nachfolge erwogen wurde. Aus der Exploration ergab sich, daß seine Eltern eine patriarchalische Ehe geführt hatten, die u. a. deswegen glücklich war, weil die Mutter ihren Mann verehrte, aus der Identifikation mit ihm narzißtischen Gewinn erzielte und so in der Lage war — unter Hintanstellung eigener Ansprüche —, seine Ansichten gelten zu lassen und seinen Wünschen sogar zuvorzukommen.

Beim Patienten selbst fiel ein markanter Knick in der Entwicklung auf. Nachdem er in der Kindheit häufig wegen eigenwilligen Benehmens Konflikte mit seinem Vater hatte, stellte sich — in zeitlichem Zusammenhang mit einem kränkenden Sexual-Erlebnis — in der frühen Pubertät ein friedliches Einvernehmen der beiden ein. Dies beruhte u. a. darauf, daß er, wie die Mutter, die Vorrangstellung des Vaters respektierte, und sich bis in Kleinigkeiten des täglichen Umgangs auf dessen Gewohnheiten einstellte, seine Wertungen und Normen voll übernahm. Durch diese Identifikation mit der Mutter konnte er sowohl die Inzestwünsche, als auch die Rivalität seines ödipalen Konflikts erfolgreich abwehren. Seine spätere Rolle als »zweiter Mann« kann als ein sekundär-autonomes Anpassungssystem angesehen werden, das sich durch Funktionswechsel aus dieser Abwehr entwickelte. Er galt als der eigentliche Manager des Unternehmens und zog doch keine Rivalität der Vorgesetzten auf sich, weil er zwar Aktivitäten, aber kaum eigene Initiativen entwickelte, sondern es verstand, jene Maßnahmen einzuleiten, die von vornherein den Vorstellungen des Direktoriums entsprachen.

In diesem Fall waren einige Beratungsgespräche, in denen ihm Einsicht in die Zusammenhänge vermittelt wurde, ausreichend, um die depressiven Störungen zu beheben. Allerdings mag es sein, daß der Umstand, daß er von den beiden anderen Direktoren als Nachfolger des Verstorbenen empfohlen wurde — im Sinne seines Abwehrsystems — den raschen Erfolg begünstigt haben.

Die beraterische Hilfe, die dem Klienten in diesem Fall gegeben wurde, bestand darin, daß ihm bestimmte, relativ bewußtseinsnahe Anteile einer infantilen Konfliktsituation, nämlich die identifikatorische Abwehr, die ihm Frieden mit dem Vater und einen Zuwachs an wohlwollender Anerkennung seitens der Mutter eingebracht hatte, in ihrer Bedeutung für die aktuell zu bewältigende Situation gedeutet wurden.

Das tieferliegende, genetisch weiter zurückreichende Material aus dem positiven und negativen Ödipuskomplex und aus dem Narzißmus, das man vermuten kann, wurde weder exploriert noch mit dem Klienten erörtert. Auch seine wahrscheinliche unbewußte Phantasie, schuldig zu sein an dem Tod des verunglückten Direktors, wurde als solche nicht angesprochen. Sie fand lediglich insofern Berücksichtigung, daß der Berater, als der Klient ihm die Tragik des Ereignisses und seine Trauer mit starker emotioneller Bewegtheit zum Ausdruck gebracht hatte, darauf hinwies, daß es kein Lügenstrafen dieses Mitgefühls sei, sich auf die eigene Chance des beruflichen Aufstiegs zu freuen.

So wurde erreicht, daß der Klient besser verstehen konnte, warum er durch diese aktuelle Situation dermaßen aus dem Gleichgewicht gebracht worden war. Der Klient war in diesem Falle ohne weitere Hilfestellung in der Lage, seine Krise eigenständig zu bewältigen.

Oft reicht eine solche Einsichtserweiterung nicht dazu aus, Ängste oder Hemmungen des Klienten bereits so weit zu überwinden oder Abwehrhaltungen so weit aufzugeben, wie es für eine als zweckmäßig erkannte Verhaltensalternative erforderlich wäre. In einigen Fällen gelang es, dieses Ziel doch zu erreichen, indem der Patient ermutigt wurde, dosierte Verhaltensalternativen zu probieren und die entstehenden Ängste zu ertragen.

Wir beginnen damit, dem Klienten zu zeigen, daß sein bisheriges Verhalten der Abwehr einer »alten«, im Kontext seiner Lebensgeschichte verständlichen, aber heute eigentlich überflüssig gewordenen Angst dient. Sich »so verhalten wie bisher«

bedeutet, dieser Angst nachzugeben, sie zwar vorübergehend zu beschwichtigen, aber sie zugleich untergründig zu nähren. Indem er sich so unbesehen nach seiner Befürchtung richte, verhalte er sich von vorneherein so, als stünde fest, daß die früher gefürchtete Gefahr auch jetzt gegeben wäre und er nicht inzwischen über bessere Voraussetzungen verfügen würde, ihr wirkungsvoller zu begegnen.

Wichtig bei diesem Vorgehen ist es, dem Klienten einfühlend zu vermitteln, daß auf Grund der gewonnenen Einsichten die alten eingefahrenen Ängste nicht ohne weiteres von ihm abfallen, sondern daß er sie lediglich allmählich überwinden kann, wenn er »mit Angst« versucht, trotzdem zu tun, was er als zweckmäßig erkannt hat. Dadurch verschafft er sich die Gelegenheit, selbst in Erfahrung zu bringen, was wirklich und was nicht zu befürchten sei. Der Berater weiß darum, wie übermächtig die Ängste seines Klienten – wider alle Vernunft – sind, und auf Grund seiner psychischen Vorgeschichte wohl sein müssen; er versteht seinen affektiven Drang, sich vor ihnen schützen zu wollen und appelliert zugleich an seine Einsicht und sein Kompetenzgefühl, um ihm dadurch Motive zu vermitteln, auf kurzwirkenden Schutz zu verzichten, die auftretenden Ängste auszuhalten und Verhaltensalternativen zu probieren (vgl. Kap. 4, auch *White*, 1963, S. 136–141).

In den meisten Fällen empfiehlt sich dabei ein schrittweises Vorgehen auf Grund gemeinsamer Erörterung, welche konkreten »Versuchen« der Klient glaubt, sich zunächst zumuten zu können.

Als eine weitere Möglichkeit, einem Klienten behilflich zu sein, sich aus dem Zwang bestimmter Abwehrhaltungen zugunsten einer autonomeren Anpassung zu befreien, bieten sich zwei von *Gill* (1951) für die supportive Psychotherapie empfohlene Maßnahmen an, die oben (Kap. 6, S. 119 f.) bereits beschrieben wurden. Beide beruhen darauf, daß der Klient zu Verhaltensweisen ermutigt wird, die es mit sich bringen, daß der energetische Druck auf das Ich, welcher die störende Abwehr instandhält, nachläßt. Dazu kann man dem Klienten eine sublimierte Form von Befriedigung der abgewehrten Triebregung vorschlagen, wodurch der Triebdruck und damit auch das Abwehrbedürfnis geringer wird. Die andere Möglichkeit bietet sich an, wenn die Abwehr sich teilweise in Verhalten mit Anpassungswert und teilweise pathogen äußert. Wenn der Berater sich zum ersteren anerkennend und ermutigend äußert, veranlaßt er den Klienten zu einer Umorientierung seiner defensiven Motivkräfte, die ihm einen Verzicht auf das schädigende Verhalten erleichtert.

Zur Erläuterung ein Beispiel aus der Erziehungsberatung:

Eine Mutter ruft in der Abteilung für Klinische Psychologie an und es gelingt ihr, die Ambulanzassistentin von der Vordringlichkeit ihres Anliegens, daß ihr Sohn Lothar in unserem Haus in Therapie genommen werden müsse, zu überzeugen. Es habe sich jetzt herausgestellt, daß Lothar an »Kleptomanie leide«. Der Schulrektor habe sie nämlich vor wenigen Tagen davon verständigt, daß Lothar — ansonsten ein von den Lehrern geschätzter, neunjähriger Bub—die Handtasche einer Lehrerin entwendet und in einer Abstellkammer versteckt habe. Den Schlüssel dazu habe er in der Handtasche entdeckt.

Zum vereinbarten Termin erscheint eine bescheiden, aber ordentlich gekleidete, schlichte Mutter mit einem, im Gegensatz zu ihr, auffällig geschniegelten und gebügelten Sohn. Die Exploration der Mutter ergibt, daß außer dem schon bekannten Faktum der entwendeten Tasche, bisher keine weiteren Diebstähle vorgekommen sind, die Mutter aber vorher schon stets in Sorge gewesen sei, daß solche geschehen könnten. Sie berichtet dann ausgedehnt von Bandenbildungen Jugendlicher, sogar von Volksschülern, zum Zwecke organisierter Kaufhaus-Diebstähle. Sie habe bei Lothar solchen gefürchteten Entgleisungen vorzubeugen versucht, indem sie allen Wünschen des Jungen — unter persönlicher Einschränkung — entgegen- oder zuvorgekommen sei, so daß er es gar nicht nötig habe, zu stehlen. Er habe zu Hause Spielzeug in Hülle und Fülle, dürfe auch jederzeit Kameraden zum Spielen einladen, aber den außerhäuslichen Kontakt mit Kindern, deren schlechten Einfluß sie fürchte, habe sie verboten. Es habe in ihrem Viertel zwar solche Banden von Kaufhaus-Dieben noch nicht gegeben, aber in einem benachbarten Viertel schon. Nun sei sie bodenlos enttäuscht und entsetzt, daß trotz ihrer Vorsicht der Bub doch ein Dieb würde.

An dieser Stelle sagte der Berater, daß er schon verstehen könne, daß das Vorkommnis in der Schule Frau H. Sorge bereite und legte ihr dann konfrontativ die Frage vor, ob ihre vorbeugenden Maßnahmen und das Ausmaß der dahinter stehenden Befürchtungen ihr bei einem Vergleich mit anderen, ebenfalls verantwortungsbewußten Müttern doch nicht übermäig und unverhältnismäßig vorkäme.

Frau H. räumte ein, daß man dies »gewissermaßen wohl so meinen könnte«. Ihr Mann sei übrigens auch der Ansicht, aber . . . und dann folgt eine weitere Aufzählung von Kaufhaus-Diebstählen durch jugendliche Banden. Sie müsse ihrem Mann zwar recht geben, daß ihre Vorsicht dazu führe, daß Lothar wenig Freude habe, aber es sei noch schlimmer, wenn er unter schlechten Einfluß geraten würde.

Der Berater gab dann den Hinweis, daß derart heftige Ängste oft auf der Grundlage von eigenen früheren Erlebnissen erwachsen, und forderte Frau H. auf, über ihre eigene Lebensgeschichte zu berichten. Darauf reagierte Frau H.: »Ich habe schon immer befürchtet, daß ich in Lothar bestraft werden würde.« Als 14jährige sei sie nämlich mit ihrem um fünf Jahre jüngeren Bruder von zu Hause weggelaufen, nach Tagen von der Polizei heimgebracht und anschließend zur Strafe vorübergehend in ein Erziehungsheim gekommen.

Auf die Frage, warum sie weggelaufen sei, berichtete sie von fortwährenden Streitigkeiten und heftigen Szenen zwischen ihren Eltern. Sie habe das nicht mehr ertragen können. Im weiteren Verlauf schilderte sie ihre unglückliche Jugend. Sie sei das Kind aus der ersten Ehe ihrer Mutter, welche kurze Zeit nach ihrer Geburt geschieden wurde. Bald darauf hat die Mutter ihren Stiefvater geheiratet, den sie lange für ihren Vater gehalten habe. Dieser sei zwar aufbrausend gewesen, aber eigentlich mochte sie ihn gern und sie habe auch manchmal für ihn Partei ergriffen gegen ihre Mutter. Auf eine entsprechende Frage erzählt sie, wie und wann sie ihre Herkunft aus erster Ehe ihrer Mutter erfahren habe. Der Stiefvater sei anläßlich einer Auseinandersetzung mit ihr, bei der die Mutter sich einmischte, ungemein wütend geworden, er habe sie schrecklich angebrüllt und der Mutter zugeschrien »Bring das Luder dorthin, wo du es her hast«, und: »Schaff sie mir vom Hals«. Wenig später habe sie die Mutter gefragt, was der Vater wohl gemeint habe, und diese habe sie dann aufgeklärt.

Auf die Frage, wie alt sie wohl gewesen sei, vermag sie zunächst keine präzise Angabe zu machen. Sie wird dann nachdenklich und sagt: »Ob ich darum weggelaufen bin?« An einen chronologischen Zusammenhang der beiden Ereignisse vermag sie sich allerdings nicht mit Bestimmtheit zu erinnern.

Auf die Frage nach der Unterbringung in das Erziehungsheim gibt Frau H. an, sie sei da nicht lange gewesen, der Vater habe veranlaßt, daß sie dort hinkam, um ihren schlechten Einfluß auf den jüngeren Bruder auszuschalten, aber der Vater sei nie lange zornig gewesen, und so durfte sie bald wieder heimkehren.

Zu Hause habe sie weiterhin unter dem Streit der Eltern gelitten: und dann habe sie sich geschworen, es selbst besser zu machen, wenn sie einmal heirate.

Als sie ihren jetzigen Mann kennenlernte, habe sie fest geglaubt, in ihm den richtigen Partner gefunden zu haben. Er habe die gleichen idealistischen Vorstellungen von Ehe und Familie gehabt wie sie, er sei von ausgleichender Art und sie hätten sich in der Verlobungszeit ausgezeichnet verstanden. Sie habe auch deswegen geglaubt, in ihm bestimmt einen Partner mit Idealen gefunden zu haben, weil er zunächst Theologie studiert habe, um Priester zu werden. Er habe umgesattelt, weil er heiraten wollte, aber das soziale und menschliche Engagement seiner ersten Berufswahl habe er beibehalten.

Die Schwierigkeiten seien erst gekommen, als ihre Ehe zunächst kinderlos blieb. Das habe sie selbst zwar auch enttäuscht, aber ihrem Mann habe es keine Ruhe gelassen. Immer und immer wieder habe er bedrückt davon angefangen, und sie habe ihn nicht trösten und ihm keine Hoffnung machen können. Eines Tages habe er ihr dann gestanden, daß er nach Abbruch des Theologie-Studiums eine »wilde Zeit« durchgemacht und sich eine Geschlechtskrankheit zugezogen habe. Diese sei zwar völlig geheilt, aber er fürchte, zeugungsunfähig geworden zu sein.

Diese Mitteilungen hatten Frau H. »einen Schlag versetzt« und es habe eine Weile gekriselt in der Ehe. Sie fühlte sich von ihrem Mann betrogen, habe während einiger Jahre Ekel vor seinem Körper empfunden und den GV teilweise verweigert, teilweise nicht, oder nur mit Schmerzen vollziehen können. Seitdem sei der Wurm in der Ehe. Zwar hätten die Partner sich mit der Zeit zusammengerauft, aber die Lage sei immer gespannt geblieben. Meistens würden sie sich vertragen, aber wegen der Kinder käme es immer wieder zu gegenseitigen Vorwürfen. Sie hätten dann nämlich doch noch drei Kinder bekommen. Beim GV hätten sie keine Schwierigkeiten mehr, obgleich es eigentlich keine Liebe mehr wäre wie in den ersten Ehejahren. Lothar, den Ältesten, habe sie in Schmerzen empfangen.

Die hier wiedergegebene Anamnese ist meine Zusammenfassung der in mehreren Gesprächen erhobenen Daten.

Es gelang in mehreren Sitzungen, den Eheleuten (nach einigen Stunden war auch der Mann in die Beratung einbezogen worden) Einsicht in die vielschichtige Rolle zu vermitteln, die Frau H. Lothar zuteilte. Einerseits war er, der Sohn seines Vaters, mit dessen Verdorbenheit belastet und darum gefährdet. Indem die Mutter ihm vor »Ansteckung« schützte, bemächtigte sie sich des Kindes und entriß es dem bösen Einfluß seines Vaters. Gleichzeitig sollte Lothar von ihr, seiner Mutter, alles Gute erhalten. Als untadeliges, wohlausgestattetes Kind seiner Mutter sollte ihm Bewunderung zuteil werden zum Ausgleich für die narzistischen Kränkungen, die Frau H. erlitten hatte. Wenn der Vater für mehr Vertrauen und Großzügigkeit in der Erziehung plädierte, legte Frau H. dies als Leichtsinn aus und warf ihm damit, von ihr selbst unbemerkt, jedesmal sein voreheliches Sexualleben vor.

Frau H. konnte diese Enttäuschung wohl deswegen so schwer überwinden, weil die Ehe sie für die Wunden der Enttäuschungen im Elternhaus, vor allem am Vater, entschädigen sollte. In ihrer Furcht, »in Lothar bestraft zu werden«, verbirgt sich das Schuldgefühl wegen ihres Weglaufens, wobei sie ja ihren Bruder mitgenommen, d. h. ihn dem Vater gestohlen hatte. Lothar ist daher auch ihr »böses Wesen«, das von Impulsen zu stehlen befallen werden kann und das des Schutzes ihres »guten Wesens« bedarf.

Es waren relativ viele Sitzungen erforderlich, um Frau H. zu helfen, sich diese Erkenntnisse wirklich zu eigen zu machen. Die allmähliche Einsicht in ihre »Fehler« brachte zugleich eine Reihe von Kränkungen mit sich, und es waren die frei werdenden Schuldgefühle zu bewältigen.

Im Verhältnis der Eheleute untereinander trat eine Veränderung in dem Sinne ein, daß beide glaubten, vom anderen wieder geachtet und akzeptiert zu werden. Dabei mag hilfreich gewesen sein, daß Frau H. in ihrem lang gehegten Wunsch bestärkt wurde, eine berufliche Halbtagstätigkeit aufzunehmen. Der Ehemann hatte sich diesem Vorhaben widersetzt und der Berater vermutete, daß dies letztlich aus dem Motiv geschah, sich an seiner Frau dafür zu rächen, daß sie durch ihr Verhalten ihm Schuldgefühle machte. Da der Ehemann durch die Beratung eine erhebliche Entlastung von Schuldgefühlen erhielt, glaubte der Berater, ihm einen Verzicht auf diese

»Rache« zumuten zu können, während der Ehefrau in der Verwirklichung ihres Wunsches eine sublimierte Aggression ermöglicht wurde.

Über ihre Befürchtungen um Lothar konnte Frau H. sich nicht hinwegsetzen. Obwohl sie einerseits verstand, was sie dazu antrieb, ihn so überbesorgt zu erziehen, erfand sie immer neue Begründungen dafür, ihn doch wieder behüten zu müssen.

Der Berater zeigte ihr dann, daß jede derartige Rationalisierung ein Verhalten rechtfertigen sollte, womit sie ihre alte Angst wegen einer eingebildeten »Verdorbenheit« des Jungen kurzfristig beschwichtige und zugleich auf Dauer nähre. Er sprach die Gewissenhaftigkeit von Frau H. anerkennend an, die es sich zur Pflicht machte, Lothar gut zu erziehen, aber konfrontierte sie dann auch damit, daß sie durch Nachgeben gegenüber ihren übertriebenen Überich-Ängsten dem Jungen schade (Außenseiter-Position, Streitobjekt der Eltern, wie sie selbst in ihrer Kindheit). Dazu konnte außerdem daran erinnert werden, daß Lothar der Kollegin, die sich zwecks Verhaltensbeobachtung und Psychodiagnostik mit ihm befaßte, erklärt hatte, den Taschendiebstahl gemacht zu haben, weil er zeigen möchte, daß er kein »Feigling« sei. An Hand dieser Begebenheit wurde Frau H. erläutert, daß ihre übertriebenen Vorsichtsmaßnahmen gerade verführerisch wirken mußten.

Der Berater lenkte ihre Aufmerksamkeit darauf, da sie in ihrem Pflichtgefühl eigentlich ein starkes Motiv habe, ihre Angst zu überwinden; das heißt in diesem Fall, Lothar mehr Bewegungsfreiheit zu geben und die sich dadurch einstellenden eigenen Ängste zu ertragen. So wurde Frau H. veranlaßt, Anteile ihrer Abwehr mit Anpassungswert (Pflichtgefühl) dazu zu benutzen, ihre krankhafte Überwachung von Lothar einzudämmen. Dabei ging man schrittweise mittels Orientierung an einer gemeinsamen (Frau H., Ehemann, Berater) Planung vor, welche Zwischenziele sie sich zunächst stecken und welche Angsttoleranz sie sich zumuten könne. Zunächst unterließ Frau H. es, in Zeitungen nach Meldungen über Diebstähle zu schnüffeln, dann verzichtete sie darauf, ihren immer wieder aufkommenden Drang, Lothar etwas zu schenken, damit er es nicht zu stehlen brauche, nachzugeben. Am schwersten fiel es ihr, ihm einen Umgang mit Kameraden ohne ängstliche Überwachung zu gestatten.

7.4. Stärkung der Realitätsprüfung und des Probehandelns

Um zu einer befriedigenden Lösung eines Problems zu gelangen, ist es erforderlich zu untersuchen, über welche subjektiv realisierbaren Handlungsmöglichkeiten jemand verfügt, auf eine gegebene Realität Einfluß zu nehmen und welche Risiken und Versagungen er dabei hinnehmen muß.

Deswegen hat der Berater bei seiner Unterstützung der Realitätsprüfung des Klienten die Wechselwirkung zwischen dem Klienten als Subjekt mit einer eigenen inneren Realität und seiner Umwelt zu beachten. Die Beziehungen zwischen äußeren Reizen und unserer Reaktion auf sie, und zwischen letzterer und der Antwort der Umwelt, sind sehr komplex. Dies wird bereits dadurch bedingt, daß Reize und ihre Beantwortungen keine Eins-zu-Eins-Reaktion sind. Wir wissen z. B., daß ein scheinbar so einfacher Reiz wie die Frage eines Fragebogens, neben ihrer inhaltlichen Aufforderung, mannigfache Reizqualitäten für Einstellungen des Befragten besitzt.

Eine weitere, erheblich kompliziertere Dimension ergibt sich aus der Unterscheidung von Umwelt in ihrer objektiven Beschaffenheit, und Umwelt in der subjektiven Bedeutung, die sie für den einzelnen hat. Jeder reagiert auf seine subjektive Umwelt aber, die Reaktion wirkt auf die objektive Umwelt ein, d. h. auf Beziehungspersonen mit einer psychischen Verfassung, die von der Interpretation des Subjekts unabhängig ist. Differieren beide »Umwelten« voneinander, dann bewirkt die Reaktion nicht das, was intendiert wurde, sondern ruft eine fehllaufende Gegenreaktion hervor, die vom Subjekt wahrscheinlich wiederum mißdeutet werden wird.

Diese Voraussetzungen bringen es mit sich, daß eine zwischenmenschliches Handeln steuernde Realitätsprüfung mannigfachen Täuschungen und Entstellungen unterliegt. Wenn eine Beratung dazu beiträgt, diese zu korrigieren, hilft sie dem Klienten, eine effektivere Anpassung zu realisieren. Allerdings unterliegt auch der Berater dabei der Subjektivität. Psychologische Fachkenntnisse und eine geübte Fähigkeit des empathischen Verstehens mögen ihn für eine breitere Variation von Interpretationsmöglichkeiten aufgeschlossen sein lassen, aber sie garantieren keine objektive Gültigkeit seiner Urteile.

Hilfe bei der Realitätsprüfung besteht darin, eine Interpretation der inneren und äußeren Realität des Klienten, die verfehlt erscheint, in Frage zu stellen und alternative Interpretationen so anzubieten, daß sich ein Dialog entfalten kann. Aus dem Vergleich der Sichtweisen mag der Klient Ansätze gewinnen, sich in einer eigenen Weise, die sich aus den Beiträgen der beiden Partner aufbaut, neu zu orientieren.

Als besondere Techniken zur Verbesserung der Realitätsprüfung seien folgende genannt:

Sehr oft ist es nützlich, die Frage aufzuwerfen, ob der Klient bei einem Verhalten, das nicht die erwünschten Resultate erbracht hat, vielleicht von einer unangemessenen Einschätzung der verschiedenen Variablen der Gesamtsituation ausgegangen ist. Man schlägt vor, dies zu prüfen und fordert dazu den Klienten auf zu äußern, was er sich im einzelnen gedacht hat. Eine Mutter z. B., die Rat sucht, weil ihr Sohn sich in letzter Zeit derart unerträglich aggressiv benimmt, daß sie mit ihren Erziehungsmethoden am Ende ist, könnte man fragen, was sie sich bei der Aggressivität ihres Jungen denkt; warum er sich wohl so benehmen mag; wie sein Verhalten auf sie und auf die anderen wirkt; wie sie dem erzieherisch begegnet ist, und was sie von den einzelnen Maßnahmen erwartet.

Nehmen wir an, es stellt sich heraus, daß die Mutter glaubt, ihr Sohn sei infolge einer langen Krankheit, die viele Versagungen mit sich gebracht habe und den ehrgeizigen Jungen in seinen Schulleistungen zurückgeworfen habe, rebellisch geworden. Weil sie dies verstehen könne und Mitleid habe, sei sie ihm mit Nachsicht, Güte und Geduld begegnet. Sie widme ihm viel Zeit und kümmere sich um seine Schulaufgaben.

Nun könnte der Berater sagen: »Wenn Ihre Bemühungen zu nichts führen, sollten wir überlegen, ob Sie irgendetwas fehleinschätzen oder übersehen.« Wenn nötig, kann der Berater Denkanstöße geben, z. B. kommen andere Ursachen als die Krankheit in Betracht? Könnte es seinen Stolz verletzen, bemitleidet zu werden? Fürchtet er bei Ihrer Zuwendung die Eifersucht des Vaters oder der Geschwister? Belasten Sie ihn durch Ihre Geduld, weil sie ihm Schuldgefühle bereitet?

Anläßlich solcher Fragen erhält der Berater oft erhellende Rückinformationen, die es ermöglichen, gemeinsam zu einer adäquaten Beurteilung der Situation zu gelangen.

Weil Erfahrungen wohl die wichtigste Grundlage für die Entwicklung der Realitätsprüfung bilden, lassen sich Störungen der Realitätsprüfung oft dadurch korrigieren, daß man frühere oder gelegentliche andersartige Reaktionsformen mit der gegenwärtigen fehlgeschlagenen vergleicht. Im obigen Beispiel könnte man darauf achten, ob die Mutter die Geduld nicht doch einmal verloren und aggressiv gekontert habe. Bei einem Vergleich dieser Reaktion mit dem üblichen gütigen Verhalten der Mutter könnte sich herausstellen, daß ersteres auf den Sohn eher befreiend gewirkt haben mag.

Überhaupt ist es eine wichtige Funktion des Beraters, dem Klienten einen verstehenden Zugang zu der Psychologie seiner Partner zu vermitteln; oft muß man dazu einen Weg finden, ihn erleben zu lassen, daß er fremdes Empfinden und Verhalten projektiv entstellt wahrnimmt und interpretiert.

Aus einer neuen Sicht der Realität entwickelt sich organisch die Planung einer Verhaltensalternative. Um zu einer Verbesserung der Situation beizutragen, muß sie auf die Möglichkeit des Klienten und auf die Toleranzgrenzen seiner Beziehungspersonen Rücksicht nehmen. Um dies richtig einschätzen zu können, wird es oft zweckmäßig sein, Beziehungspersonen in die Beratung einzubeziehen. Eine Verhaltensänderung des einen Beteiligten führt zu einer Umstellung des gesamten soziodynamischen Feldes, die oft nicht genau vorhersehbar ist. Der Klient erfüllt dann u. U. nicht mehr die Rolle, die seine Umgebung ihm zuteilt und auf die sie sich eingestellt hat. Umgekehrt impliziert sein geändertes Verhalten eine neuartige Rollenvorschrift für manche Beziehungspersonen. Kurz gesagt, es muß eine Umstellung der psychosozialen Koordination geleistet werden. Dabei können sich Schwierigkeiten ergeben.

Darum ist es meistens nicht angebracht, die Beratung mit einer kompletten Alternativ-Planung abzuschließen. Es scheint nach unserer Erfahrung besser, den Klienten anzuregen, das Alternativ-Verhalten, wenn möglich schrittweise, in seinem Milieu praktisch auszuprobieren und die Beratung noch nicht gleich abzuschließen. In den folgenden Sitzungen wird der Klient von Erfolgen oder Mißerfolgen seines Probierverhaltens berichten oder auch seinerseits das Thema überhaupt nicht erwähnen.

Im letzteren Fall, der meistens als ein Widerstand zu werten ist, führt es häufig weiter, wenn der Berater den Äußerungen des Klienten, ohne einzugreifen, eine Weile zuhört. Seine Interventionen kann er zweckmäßigerweise beschränken auf solche, die den Fluß der Mitteilungen des Klienten in Gang halten oder die affektiv bedeutsamen »Schlüsselworte« (vgl. *Moser*, 1964b) in fragender Wiederholung aufgreifen.

Der Patient, der darüber schweigt, ob er ein alternatives Verhalten probiert hat, teilt in seinen Äußerungen zu einem anderen Thema sehr oft etwas über die (unbewußten) Motive seiner Inaktivität oder seines Schweigens mit[2].

Wenn es dem Berater gelingt, dies herauszuhören und zu verstehen, kann er in einem geeigneten Moment danach fragen, ob sich dem Klienten eine Gelegenheit geboten hat, eine Alternative zu versuchen und anknüpfend an seine Reaktionen ein Interpretationsangebot machen, das ihn seine Beweggründe besser verstehen läßt.

Wenn der Klient über Mißerfolge mit einer in Aussicht genommenen Verhaltensalternative berichtet, läuft man Gefahr, ihn gründlich mißzuverstehen, wenn man dies *gleich* als Widerstand deutet. Außerdem kann sich in einer solchen Deutung

[2] Diese Annahme leitet sich ab aus den *Freud*schen Untersuchungen über »Fehlleistungen«.

u. U. ein eigenes Gekränktsein des Beraters äußern, das sich auf die weitere Interaktion negativ auswirken müßte.

Es scheint im allgemeinen zweckmäßiger, sich zunächst mit den unternommenen Anstrengungen selbst zu befassen und den Klienten berichten zu lassen, was er gemacht hat und wie es ihm dabei ergangen ist. Dabei können sich eine Vielzahl von Fall zu Fall variierender Daten ergeben, welche es ermöglichen, daß beide, der Klient selbst, indem er berichtet und sein Vorgehen reflektiert, und der Berater, indem er zuhört, alle Umstände des Mißerfolgs deutlicher vor Augen haben und den Ablauf besser verstehen lernen. Manchmal stellt sich heraus, daß die Sozialpartner des Klienten sein verändertes Verhalten nicht dulden und die Aufrechterhaltung des früheren von ihm verlangen.

Gar nicht so selten ergibt sich, daß den Mißerfolgen anfängliche Erfolge vorausgingen. Wenn man im letzteren Fall den Klienten damit konfrontiert, daß er seine Erfolge zunächst unterschlagen hat, leitet dies u. U. eine Rückbesinnung auf die Motive, nicht durchzuhalten, ein.

Häufig erweist sich der anfängliche Plan für eine Verhaltensänderung als ungeeignet, weil er den Klienten überfordert oder gewisse vorgegebene Umstände nicht angemessen berücksichtigt.

So geht die Analyse des Mißerfolgs über in eine erneute Realitätsprüfung. Der Berater hilft dem Ratsuchenden dabei, subjektiv besser realisierbare Handlungen ins Auge zu fassen, die in seiner Situation ihm eine optimale Befriedigung und Anpassung bringen können.

Diese Hilfe schließt auch ein, daß dem Klienten Widerstände gegen erfolgreiche Verhaltensänderungen aufgezeigt und die Motive dafür gedeutet werden. Gelegentlich scheint solches Vorgehen keinen Erfolg zu haben. Stunde um Stunde wiederholt der Patient seine Klagen über Mißerfolge. Dies sollte den Berater veranlassen, sein Vorgehen und seine affektive Einstellung zu überprüfen und sich ihren Einfluß auf die Interaktion mit dem Klienten zu vergegenwärtigen.

Ein betont aktives Vorgehen des Beraters z. B. kann bei manchen Klienten eine anale Protesthaltung fördern, wodurch sie sich genötigt fühlen, dem Psychologen zu zeigen, daß die von ihm »produzierten« Vorschläge wertlos und untauglich sind. Eine mitleidige Einstellung des »Unbedingt-Helfen-Müssens« wird von oral-abhängigen Klienten u. U. ausgenützt, um durch Klagen immer mehr Zuwendung und Fürsorge zu heischen.

Dies vorausgeschickt darf andererseits nicht übersehen werden, daß nicht ablassende Mißerfolge beim Probieren von Verhaltensalternativen auf eine Störung neurotischer Art zurückgehen können. Bei der großen Unsicherheit, mit der die Indikation für eine Beratung mangels verläßlicher differential-diagnostischer Kriterien für Krise und Neurose und für verschiedene Varianten der Ich-Stärke (noch) behaftet ist, lassen sich Fehlindikationen nicht immer vermeiden. Mögliche daraus entstehende iatrogene Schäden für den Klienten lassen sich vermeiden oder begrenzen, wenn der beratende Psychologe die Grenzen seiner Technik kennt und persönlich bereit ist, sein fachliches Vermögen weder zu über- noch zu unterschätzen.

7.5. Das diagnostische Gespräch

Es ist kein Versehen, daß ich diesen Teil der Beratung, der im Ablauf des Vorganges vorwiegend in der Anfangsphase stattfindet, in meiner Darlegung von technischen Grundregeln zuletzt behandle. Der zu wählende Interview-Typus ergibt sich nämlich aus den Erfordernissen der im Vorhergehenden dargelegten Beratungs-Strategie.

7.5.1. Formen des diagnostischen Gesprächs

Wenn sich jemand mit einem Anliegen an einen klinischen Psychologen wendet, werden die beiden zunächst ein Gespräch führen. Nennen wir in Anlehnung an einen Vorschlag von *Walter Schraml* (Klinische Psychologie, 1970, S. 207–238) diese initiale Unterredung »diagnostisches Gespräch«. *Schraml* verwendet diesen Terminus als Oberbegriff, unter den eine Vielzahl von Gesprächsformen subsummiert werden, die sich hinsichtlich Intention, Art des Vorgehens, Gegenstand und Ergebnis erheblich voneinander unterscheiden. Als Hauptkategorien nennt *Schraml*: die Anamnese-Erhebung, die Exploration und das klinische Interview.

Anamnese-Erhebung ist eine aus der Medizin in die klinische Psychologie übernommene Praxis. Sie bezieht sich auf die Vorgeschichte des Leidens, das jetzt Gegenstand therapeutischer Bemühungen werden soll. Es interessieren Zeitpunkt und Umstände des Beginns des Leidens, frühere Erkrankungen und/oder seelische Störungen, ob diese spontan oder nach einer Therapie abklangen etc.

Unter Exploration versteht *Schraml* ein aktives Befragen des Klienten durch den Psychologen mit der Intention, über alle Gegebenheiten Informationen zu gewinnen, die nach Meinung des Psychologen für die Beurteilung des Zustandes des Klienten bedeutungsvoll sind.

Das Interview unterscheidet sich von einer Exploration in dreifacher Hinsicht:

1. Beim Interview ist der Untersucher mehr motivations- als informationsinteressiert. Sein Hauptziel ist es, zu einem Verstehen des Klienten zu gelangen.
2. Als Mittel dazu wählt er eine Gesprächsform, bei der dem Klienten weitgehend die Führung, Themenwahl und Darstellungsweise überlassen wird, während der Interviewer eher reagiert als initiativ wird.
3. Die Interaktion der Beteiligten wird sorgfältig beachtet und zwar nicht nur im Bereich des Verhaltens, sondern auch in der emotionalen Beziehung.

Schraml weist ausdrücklich darauf hin, daß diese Einteilung eine idealtypische ist, die sich zur besseren Darstellung und Kennzeichnung der Eigentümlichkeiten und Implikationen der einzelnen Techniken eignet, daß diese sich in der klinischen Praxis aber oft überlappen. Letzteres gilt auch bei der Einleitung einer tiefenpsychologischen Beratung. Obgleich – wie ich gleich darlegen werde – diese Beratungsmethode vorrangig eine Interviewform erfordert, schließt dies nicht aus, daß der Psychologe ergänzend zu einer aktiven und zielgerichteten Exploration anamnestischer oder sonstiger Daten überleitet.

Zur Klarheit in der Sprachregelung dürfte es zweckmäßig sein, darauf hinzuweisen, daß sich meine in Anlehnung an *Schraml* vorgeschlagene Einteilung des diagnostischen Gesprächs eng an den medizinischen Sprachgebrauch anschließt. Bekanntlich läßt der Arzt einen Patienten seine Symptome beschreiben, fragt ihn nach der Vorgeschichte seiner Beschwerden und nach weiteren Gegebenheiten, die er nach fachlichen Erwägungen für aufschlußreich erachtet, um die Diagnose zu stellen. Letztere besagt, welchem medizinisch-wissenschaftlichen Krankheitsbild die Beschwerden des Patienten zuzuordnen sind. Aus seiner Diagnose ergibt sich dann, welche therapeutischen Maßnahmen der Arzt ergreifen soll.

Dieses klassisch medizinische Procedere mit der Abfolge: Anamnese – Exploration – Untersuchung – Diagnose – Therapie wurde in der psychoanalytischen Therapie verlassen. Es scheint mir nützlich, daß wir uns die Unterschiede kurz vergegenwärtigen, um zu verdeutlichen, daß der Wechsel von der Exploration in der naturwissenschaftlichen Medizin zum klinischen Erstinterview in der Psychotherapie keine blasse Namensänderung ist, sondern einen wesentlichen Unterschied des therapeutischen Vorgehens spiegelt. In der somatischen Medizin können die meisten körperlichen Leiden auf spezifische Ursachen zurückgeführt werden, die sich von Individuum zu Individuum relativ gleichartig auswirken. Wenn auch in den letzten Jahrzehnten die Subjektivität als Determinante des Krankheitsprozesses zunehmend beachtet wird, so bleibt der Arzt doch weitgehend darauf eingestellt, sich mit dem objektiven Faktum »Krankheit« auseinanderzusetzen. Im diagnostischen Gespräch ist der Patient für den Arzt daher eine wichtige Informationsquelle: er soll ihm Hinweise über alle Erscheinungen geben, die für die Diagnose bedeutsam sind. Da der Patient nicht über medizinische Vorstellungen verfügt und die Bedeutung einzelner Erscheinungen infolgedessen nicht abschätzen kann, wird der Arzt auf der Basis seines Wissens die relevanten Informationen erfragen müssen. Diese Gegebenheit drückt das Wort Exploration aus.

Der Psychoanalytiker und Psychotherapeut hat es nicht mit einer von der Person des Patienten unabhängigen Krankheit zu tun, sondern mit Störungen der subjektiven körperlich-seelischen Befindlichkeit und/bzw. der sozialen Anpassung. Die Therapie, die er anzubieten hat, ist nur dann indiziert, wenn die Störungen — zumindest vorwiegend — auf Fehlbewältigung von intra- oder intersubjektiven Problemen und Konflikten beruht. Zwar lassen sich idealtypisch bestimmte Muster derartiger Fehlverarbeitungen aufzeigen, wie sie in der Literatur als Psychodynamik der Hysterie, der Zwangsneurose, der Paranoia oder als Pubertätskonflikte beschrieben werden. Aber die Neurose oder seelische Störung des konkreten Patienten beruht auf einem einmaligen geschichtlichen »Prozeß, der sich in allen Bereichen der subjektiven und objektiven, inneren und äußeren, bewußten und unbewußten Welt des Patienten abspielt« (*Argelander*, 1967, S. 344).

Und schließlich: Während der behandelnde Arzt etwas am Organismus bewirkt, stellt der Psychotherapeut sich die Aufgabe, mit dieser Person auf einer bewußten und unbewußten Ebene so zu kommunizieren und kooperieren, daß er den Patienten verstehen lernt und mittels dosierter Mitteilung seines Verständnisses den anderen zu einem adäquateren Selbstverständnis führt.

7.5.2. Allgemeine Prinzipien des tiefenpsychologischen Interviews

Aus dieser Sachlage ergeben sich für das diagnostische Gespräch bei jeder Form von tiefenpsychologischer Therapie — ob Psychoanalyse, Psychotherapie oder Beratung — einige Konsequenzen.

I.

Es soll in einem anderen Sinne diagnostisch sein als die ärztliche Exploration und Untersuchung: es kommt nämlich nicht darauf an, eine so präzise Diagnose zu stellen oder Pathodynamik zu bestimmen, daß diese als Grundlage für die Konzeption eines konkreten therapeutischen Vorgehens dient. Eine solche Diagnosestellung macht den Psychotherapeuten voreingenommen und gefährdet infolgedessen die »frei schwebende Aufmerksamkeit«, mit der er zuhören soll, um den Patienten wirklich verstehen zu lernen. Andererseits muß der Psychotherapeut oder Berater, wenn sich ein Klient an ihn wendet, initial einige Entscheidungen treffen. Es sind Entscheidungen, die die Indikation einer tiefenpsychologischen Therapie überhaupt und anschließend die Wahl einer bestimmten Form — Psychoanalyse, Psychotherapie, Gruppentherapie oder Beratung, ambulant oder stationär — betreffen. Dazu muß er eruieren

a) ob die Beschwerden, Probleme oder Schwierigkeiten, deretwegen der Klient sich an ihn wendet vorwiegend — wenn auch nicht ausschließlich — mit unbewußter Fehlverarbeitung von Konflikten zusammenhängen;
b) ob die innere Problematik eher als krisenhaft, neurotisch oder psychotisch zu werten ist und welche qualitative und quantitative Ich-Stärke der Patient einsetzen kann. Je nachdem gelten unterschiedliche tiefenpsychologische Methoden als indiziert.

Faßt man die Überlegungen zu diesem ersten Punkt zusammen, läßt sich sagen, daß unter diagnostischem Aspekt weniger die spezifische Verursachung einer Krankheit oder Störung, als vielmehr der Allgemeinzustand des Klienten aus konfliktpsychologischer und Ich-psychologischer Sicht zu eruieren ist. Dazu soll das diagnostische Gespräch dem Therapeuten *Informationen* liefern, und zwar Informationen über Sachverhalte, deren Bedeutung der Klient nicht erkennt. Der Interviewer wird ihn also in irgendeiner Weise dazu veranlassen müssen. Es liegt nahe, dazu gezielte Fragen zu verwenden. Aber speziell aus tiefenpsychologischer Sicht muß das diagnostische Gespräch noch einer weiteren Forderung gerecht werden, die sich mit einer gezielten Befragung nicht ohne weiteres verträgt.

II.

Damit komme ich zu der zweiten Konsequenz, die sich aus der Eigenart jeglichen tiefenpsychologischen Behandlungsansatzes ergibt: Immer ist es das zentrale Anliegen des Therapeuten, den

Patienten oder Klienten in seinen bewußten und unbewußten Motivationen zu verstehen.

Unbewußtes ist dadurch definiert, daß es nicht unverhüllt und eindeutig verbalisiert werden kann. Bekanntlich hat *Freud* mit der Psychoanalyse eine besondere Methode entwickelt, wodurch es möglich wird, daß sich Unbewußtes allmählich und in Bruchstücken mit Wortvorstellungen verbindet und so – meistens unabsichtlich – verbalisiert wird. Ich meine die freien Assoziationen des Patienten in Kombination mit der Abstinenzregel für den Analytiker. Mit der Aufforderung, alles zu sagen, was ihm in den Sinn kommt, wird bezweckt, den Analysanden zu veranlassen, auf sein übliches zielgerichtetes Denken und Reden zu verzichten. Indem in dieser Weise die bewußten Steuerungstendenzen, welche gewöhnlich den geordneten Denkablauf bestimmen, relativ eliminiert werden, gerät der Analysand in eine Situation, in der seine unbewußten Steuerungstendenzen – Wünsche und/oder Abwehr – die sonst von den bewußten überdeckt und überformt sind, vorherrschen. Diese grundlegende Annahme beruht auf den Erkenntnissen, die *Freud* aus dem Studium der Träume, der Fehlleistungen, der Wahnvorstellungen und Halluzinationen der Psychotiker und nicht zuletzt aus den eigenen Einfällen in seiner Selbstanalyse und aus denen seiner Patienten gewonnen hat: Wenn die bewußte Kontrolle – aus welchen Gründen auch immer – herabgesetzt wird, entsteht ein scheinbar wirres und absurdes Ideenknäuel, dessen Sinnhaftigkeit durch fortgesetzte freie Einfälle verstehbar wird (vgl. *Freuds* »Traumdeutung« bzw. »Psychopathologie des Alltagslebens« oder eine seiner Krankengeschichten. Daraus ersieht man, welche eindrucksvollen Erfahrungen den Tiefenpsychologen veranlassen, der freien Assoziation großen Wert als Erkenntnisquelle unbewußter Motive zuzusprechen.) Zu erwähnen ist noch, daß die unbewußten Steuerungstendenzen, von denen vorhin die Rede war, nicht nur – wie *Freud* anfänglich angenommen hat –, unbewußte Wunschregungen sind, sondern – oft vorherrschend – Abwehr- und Widerstandscharakter aufweisen. Die Erwähnung dieser Eigentümlichkeit möge zunächst genügen. Später wird noch zu erläutern sein, wie sich dies speziell im Interview äußert.

Um das mit der Aufforderung zur freien Assoziation gesteckte Ziel zu erreichen, ist auf seiten des Analytikers die Einhaltung der Abstinenzregel erforderlich.

Bekanntlich werden wir in unserem Verhalten durch Reize unseres Gegenübers erheblich beeinflußt. Das Beispiel, die Rollenerwartungen, Anerkennung und Mißbilligung, Trost und Drohung unserer Umwelt wirken sich steuernd nicht nur auf unsere Handlungen, sondern auch auf unser Denken und Fühlen aus. Deswegen muß der Analytiker bestrebt sein, die von ihm ausgehenden Reize so gering wie möglich zu halten bzw. sie genauestens zu kontrollieren. Dadurch soll vermieden werden, daß von ihm ausgehende Steuerungstendenzen an die Stelle der in der freien Assoziation herabgesetzten bewußten Steuerung des Patienten treten. Ohne eine solche Abstinenz des Analytikers wäre nicht damit zu rechnen, daß unbewußte Tendenzen in der freien Assoziation optimal zum Ausdruck gelangen[3]. *Freud* hat bekanntlich diese abstinente Haltung dahingehend gekennzeichnet, daß der Analytiker für den Analysanden wie ein Spiegel oder wie ein weißer Schirm sein solle. Diese Formulierung scheint mir — auch wenn man gelten läßt, daß sie überspitzt gemeint ist — nicht sehr glücklich. Abgesehen davon, daß ein Höchstmaß an rigider Abstinenz keineswegs das Optimum ist, weil dadurch Mitmenschlichkeit und Arbeitsbündnis zwischen Analytiker und Analysand unerträglich belastet würden, wird auch die Interaktion zwischen ihnen mit dem Bild des Spiegels unzureichend beschrieben. *Bordin* (1968) hat im 6. Kap. seines Buches »Psychological Counseling« den wirklichen Sachverhalt, glaube ich, besser gekennzeichnet, indem er darlegte, daß der Analytiker durch die Abstinenz eine mehrdeutige Reizsituation für den Analysanden herstellt.

Wenn man nämlich von der Annahme ausgeht, daß die Reaktionen eines Individuums in einer bestimmten Situation auf eine Wechselwirkung der äußeren Reize und der inneren Motive zurückzuführen ist, dann ist zu erwarten, daß bei Reduzierung bzw. unbestimmter Gestaltung der äußeren Reize der Spielraum für die inneren Motive größer wird. Auf diesem methodischen Prinzip beruhen ja auch die projektiven Verfahren wie Rohrschach und TAT.

Die therapeutische Technik der Psychoanalyse, die auf einer tiefen und umfassenden Regression ins unbewußte Empfinden und Denken und der Entfaltung einer Übertragungsneurose beruht, setzt voraus, daß der Analytiker seine eigene Person als sehr vage und unvollständig definiertes Reizgefüge in die Interaktion mit dem Analysanden einführt.

Dies geschieht, indem er kein Unterredungsthema vorschlägt, spontan keine Fragen stellt, nicht lobt und nicht rügt, nicht tröstet und nicht ermutigt, keine Ängste beschwichtigt und keinen Rat erteilt, sich über eigene Standpunkte und Ansichten nicht äußert. Durch diese Haltung setzt er den Patienten erheblichen

[3] In der Psychoanalyse ist die Einhaltung der Abstinenzregel auch erforderlich, damit der Patient Schritt um Schritt eine volle Übertragung entwickelt.

Frustrationen und Ängsten aus. Eine solche Maßnahme ist dann auch nur zumutbar und hilfreich, wenn gleichzeitig die weiteren Bedingungen einer Psychoanalyse gegeben sind, u. a. vor allem eine dichte Folge regelmäßiger Stunden, die es dem geschulten Analytiker ermöglicht, dem Patienten mit dem Instrument der verstehenden Deutung zu helfen, seine auftretenden Emotionen zu verarbeiten.

Sofern es dem Analytiker gelingt, dem Patienten – ohne ihn zu überfordern – diese Frustration zuzumuten und sie zugleich durch fortschreitendes Verstehen erträglich zu machen, erschließt sich Schritt für Schnitt unter vielen Widerständen der unbewußte Raum seines Seelenlebens.

Die vorangegangenen Ausführungen sollten zweierlei erläutern:

1. warum die analytische Methode geeignet ist, einen Zugang zu unbewußten Regungen zu eröffnen,
2. daß das Verfahren erfordert, daß jene Bedingungen, die mit »analytischer Situation« gekennzeichnet werden, strikt einzuhalten sind.

Mehrdeutigkeit von der Art und dem Ausmaß, wie sie in der Analyse praktiziert wird, ist in einer Beratung oder einem diagnostischen Gespräch weder möglich noch erwünscht. Im Erstinterview muß der Psychologe eine Athmosphäre schaffen, in der der Patient sich aussprechen kann. Dazu muß er einen Rapport herstellen und z. B. auf Fragen, die der Klient initial stellt, sachlich eingehen. Sollte er etwa schweigen, wie es Analytiker häufig tun, würde er wahrscheinlich nur erreichen, daß der Klient sich verschließt oder das Gespräch abbricht. Er muß die Unterredung auch lenken, weil er bestimmte Informationen braucht. Das alles bedeutet aber nicht, daß der Psychologe nicht in einer – den Bedingungen des Erstinterviews angepaßten – mehrdeutigen Form mit dem Klienten in Kontakt treten kann, die geeignet ist, diesen zu veranlassen, sich relativ frei-assoziativ zu äußern.

Im letzten Jahrzehnt sind mehrere Ansätze für eine solche Anpassung entwickelt worden, die geeignet erscheinen, einen Klienten auch in seinen unbewußten Regungen soweit zu verstehen, wie es für diagnostische Zwecke erforderlich ist. Sie beziehen sich alle darauf, daß der Interviewer das Gespräch mit einer Haltung optimaler Mehrdeutigkeit führt. Optimal bedeutet sowohl den Erfordernissen der besonderen Situation und der diagnostischen Aufgabe entsprechend, als auch der Angsttoleranz des jeweiligen Klienten flexibel angepaßt.

Für gewöhnlich handelt es sich um eine erste Kontaktnahme von Berater und Klient. Der Interviewer soll es dem Klienten ermöglichen, Zutrauen zu ihm zu fassen und – wenn nötig – ihm helfen, sich in der Situation zurechtzufinden. Zum Beispiel muß der Klient begreifen, daß aktive Mitarbeit und Mitverantwortung von ihm erwartet werden. Bei manchem Klienten ist es angebracht, ihm die selbstverständliche Diskretion ausdrücklich zuzusichern. Die diagnostische Aufgabe bringt es mit sich, die Gesprächsthemen zumindest allgemein, aber teilweise auch recht spezifisch, festzulegen.

Von besonderer Bedeutung ist die Rücksichtnahme auf die Angsttoleranz des Klienten. Nahezu jeder, der sich an einen klinischen Psychologen wendet, bangt um sein inneres Sicherungssystem.

»Es handelt sich dabei um ein System von Operationen, Vorsichtsmaßnahmen, Wachsamkeiten und Verhaltensweisen, das eine doppelte Zielsetzung hat: Die Vermeidung von Angst und die Aufrechterhaltung eines Wohlgefühles, das mit einem ausbalancierten Selbstwert- und Sicherheitsgefühl in Zusammenhang steht. Manifeste Angst entsteht im Verlaufe eines Interviews immer dann, wenn dieses Sicherheitssystem eine Lücke aufweist oder durch das Verhalten des Interviewers plötzlich durchstoßen wird. Der Interviewer muß darum ständig auf das Maß an Angst achten, das der Proband im Ablauf des Interviews erleidet und auf den ihm möglichen Wegen abwehrt. Der Interviewer kontrolliert sozusagen das Angstniveau im Exploranden. Die Angst wird zum Beispiel immer dann steigen, wenn der Explorand nicht weiß, auf was der Interviewer mit seinen Fragen oder Bemerkungen hinzielt. Simple Klarheit des Interviewers vermeidet hingegen eine Angstentwicklung. Durch Unterlassung direkter Fragen, die zu einer Blockierung des Exploranden führen könnten, durch Themawechsel, durch ermutigende, hoffnungerweckende Bemerkungen hält der Interviewer den Grad der Angstspannung konstant. Dabei soll keineswegs die Angst vermindert werden, weil sonst das Interview oberflächlich wird und alle »heißen Eisen« in der Thematik sorgfältig umgangen werden. Als Grundregel kann gelten: Der Interviewer hat immer jenen Grad an Angstspannung aufrechtzuerhalten, der in bezug auf ein Thema gerade noch vom Exploranden ertragen wird und nicht zu unüberwindbaren Widerstandserscheinungen führt.

In dieser Regel unterscheidet sich das diagnostische vom therapeutischen Gespräch. Auch dort wird die Angst des Patienten verfolgt. Aber es ist mitunter gegeben, in einem sorgfältig abgestimmten Verhalten Angst manifest werden zu lassen, damit sie dem Patienten erlebnismäßig zugänglich wird. Die Angstspannung wird daher in einem psychotherapeutischen Gespräch großen Schwankungen unterworfen sein, im diagnostischen Interview aber in einem Bereiche geringerer Schwankungsbreite verbleiben« (*Moser*, 1964b, S. 277).

III.

Jede Form von tiefenpsychologischer Therapie benutzt die Beziehung Therapeut — Klient nicht nur in ihrer sachlichen, sondern speziell in der persönlichen und gefühlsmäßigen Dimension (Einfühlung, Übertragung und Gegenübertragung) als wesentliches Instrument der Hilfestellung. Diese Beziehung eignet sich nach analytischer Auffassung dazu, weil der Patient oder Klient Elemente seiner Konflikte in sie hineinträgt, also überträgt, so daß diese Konflikte — zumindest teilweise — im hic et nunc der jetzigen Beziehungsgestaltung verstanden und bearbeitet werden können.

Dieser Ansatz bringt es mit sich, daß sowohl im Hinblick auf die Beurteilung der Indikation einer bestimmten Form tiefenpsychologischer Therapie als auch unter methodischem Aspekt die Analyse der sich im Erstinterview entwickelnden wechselseitigen Beziehung aus psychoanalytischer Sicht für vorrangig und für diagnostisch besonders aufschlußreich gehalten wird.

Zunächst zum methodischen Aspekt: Sowohl *Eysenck* (1956) als auch *Balint* (1970) haben darauf hingewiesen, daß das Gespräch im Vergleich zum psychologischen Test in viel stärkerem Maße eine bipersonale Interaktion ist. Man muß sich darüber im Klaren sein, daß die Fülle dessen, was sich in einer Aussprache ereignet, nicht unmittelbar repräsentativ für den Probanden ist, sondern das Ergebnis der Beiträge des Interviewten und des Interviewers, die sich beide mit bestimmten Zielen, Erwartungen und Befürchtungen miteinander in eine fortschreitende Wechselwirkung begeben.

Wenn der Interviewer am Ende die Ergebnisse auswertet, analysiert er in Wirklichkeit nicht eine Persönlichkeit, sondern primär einen Beziehungsverlauf. Erst in einem zweiten Schritt können wir die für die Persönlichkeit des Interviewers typischen Haltungen und Züge herausarbeiten. *Eysenck* meint, daß dies die kognitiven Auswertungsmöglichkeiten des Interviewers übersteigt. Auf psychoanalytischer Seite ist man sich zwar der großen Schwierigkeiten und bisher ungelösten Fragen bewußt — *Balint* formuliert 11 Problemgruppen, die der empirischen Forschung bedürfen (S. 237—260) — andererseits aber bestrebt, im Hinblick auf die einzigartigen Möglichkeiten des Gesprächs für eine verstehende Psychologie, eine verläßliche Methode des Interviewens zu entwickeln. Mehr darüber bei *Argelander* (1967).

Zur Bewältigung der vorhin dargestellten Probleme läßt man sich von folgenden Prinzipien leiten:

1. Dem Probanden soll so weit wie möglich Gelegenheit gegeben werden, die Initiative und Führung im Gespräch zu übernehmen. Soweit der Interviewer Fragen stellt oder Themen vorschlägt, soll er sie möglichst offen und allgemein anbieten und jede Präjudizierung der erwarteten Äußerungen des Interviewten vermeiden.
2. Der Interviewer soll zuhören, interessiert und mitfühlend (nicht aber mitleidig), mit »frei schwebender Aufmerksamkeit« zuhören, d. h. ohne a priori aufgrund seines Fachwissens, seiner Sympathie oder Antipathie bzw. einer voreingenommenen klassifikatorischen Einordnung des Klienten Bedeutsames und Unbedeutsames in den Äußerungen des Klienten zu unterscheiden.
3. Unter diesen beiden Bedingungen wird – so darf man annehmen – sich eine Kontaktaufnahme und Beziehung entwickeln, die von der Wechselwirkung einer relativ festgelegten und gleichbleibenden Einstellung des Interviewers und den spezifischen inneren und äußeren Haltungen des Interviewten bestimmt ist. Insofern dürfen wir erwarten, daß die entstehende Beziehung in Tonus, Inhalt und Dynamik vornehmlich von der spezifischen Persönlichkeit des Probanden gestaltet wird, und zwar – wie unter II. ausgeführt – für gewöhnlich einschließlich seiner unbewußten Konflikthaftigkeit.
4. Ich habe vorhin eine relativ festgelegte und gleichbleibende Einstellung des Interviewers vorausgesetzt und das »relativ« betont. Der Interviewer wird sie nicht immer in gleicher Weise aufbringen. Das mag manchmal an persönlichen Umständen liegen. Hat man sich diesbezüglich geprüft, dann kann man von der Annahme ausgehen, daß aufkommende Affekte oder Impulse, irgendetwas besonderes zu tun, auf eine Gegenübertragung zurückgehen. Das heißt, daß eine für gewöhnlich unbewußte psychische Tendenz des Probanden im Interviewer eine »Trefferwirkung« (*Argelander*) erzielt hat.
   Es ist eine wesentliche methodische Eigenheit des tiefenpsychologischen Interviews, daß die »schwebende Aufmerksamkeit« – von der vorhin die Rede war – nicht weniger dem eigenen Verhalten und vor allem den eigenen Gefühlsregungen als den Äußerungen des Probanden gelten soll.

Wenn der Interviewer auffällige, eigene Reaktionen — wie oben beschrieben — registriert, sollte er sich fragen: »Was geschieht mit mir?« und »Was macht er mit mir?«. Allerdings müßte er in einer spezifischen Art fragen, nämlich aus einem identifikatorischen Vollzug heraus. Die erste Frage erfordert eine Identifikation mit dem eigenen Affekt, die zweite eine mit dem Probanden. Durch diese bewußt, aber nicht rational vorgenommene Einfühlung kann der Interviewer über die eigene Resonanz einen Zugang zu Motiven, Abwehrhaltungen, Ängsten und Gefühlen des Probanden finden, welche dieser averbal kommuniziert. Allerdings ergibt sich daraus nur ein echtes »Verstehen«, wenn der Interviewer sich nicht in das gemeinsame Übertragungs-/Gegenüberstellungserlebnis hineinziehen läßt. Das würde geschehen, wenn er aus ihm heraus handelnd in die Situation eingreifen würde. Zum Verstehen ist vielmehr erforderlich, daß er in einem zweiten Akt seine Identifikation zurücknimmt und zur objektiven Wahrnehmung zurückkehrt[4].

7.5.3. Methodik des diagnostischen Interviews zur Einleitung einer Beratung

Die bisher entwickelten allgemeinen Prinzipien des tiefenpsychologischen Erstinterviews lassen sich nun auf die speziellen Verhältnisse bei der Einleitung einer Beratung konkretisieren.

Wir gehen davon aus, daß eine Beratung dann zweckmäßig sein kann, wenn jemand derart in einer aktuellen Problematik verstrickt ist, daß er sie durch eigene Entscheidungen nicht zu bewältigen vermag.

Gleichzeitig gehen wir bei einer tiefenpsychologischen Beratung davon aus, daß in vielen Fällen neben bewußten bzw. unbewußten psychosozialen Konstellationen auch sogenannte Abkömmlinge innerer infantiler Konflikte die Problematik mitbedingen. Aus der persönlichen Genese des Klienten können spezifische Angstbereitschaften, besondere Idiosynkrasien oder überwertige Abwehreinstellungen zurückgeblieben sein, die eine bestimmte psychosoziale Konstellation zur unlösbaren Krise haben werden lassen.

Im klinischen Interview einer Beratung sollte der Interviewer daher bestrebt sein, die aktuelle Problematik aber auch die

[4] Um die Grundprinzipien des tiefenpsychologischen Interviews zusammenhängend darzustellen, mußten Gedanken, die im 6. Kap. bei den Themen »Empathie« und »Übertragung« bereits erörtert wurden, in gekürzter Form wiederholt werden. Es sei auf die Seiten 127—131 zurückverwiesen.

persönliche Genese — sofern sie für die jetzige Krise bedeutsam ist — in Erfahrung zu bringen.

Für diesen Zweck hat sich ein Vorgehen in 4 Stufen bewährt:
1. freie Problemschilderung
2. frei assoziative biographische Anamnese
3. »Schlüsselwort-Technik«
4. gezielte Befragung

Zu 1.: Wie oben (S. 142 f.) bereits begründet, geben wir dem Klienten zunächst Gelegenheit, die Gründe zu schildern, die ihn zur Beratung geführt haben. Manche Personen greifen bereitwillig bis gierig die Gelegenheit auf, ihrem Herzen Luft machen zu können, und es entwickelt sich spontan ein frei assoziatives Erzählen. Der Interviewer soll zuhören und spüren lassen, daß er interessiert und teilnehmend zuhört. Das geschieht am besten durch kurze Bemerkungen und Fragen, die weniger vom eigenen Informationsbedürfnis bestimmt sind, als sich vielmehr aus der Einstellung des teilnehmenden Gesprächspartners ergeben oder die Absicht verfolgen, das Gespräch nicht versanden zu lassen. Andere Klienten fassen sich kurz und berichten ihre Beschwerden oder Probleme eher sachlich. Dieses Verhalten kann auf unterschiedlichen Gründen beruhen. Einmal drückt sich darin der Unwille eines Klienten aus, der nicht aus eigenem Entschluß sondern durch Fremdeinfluß überredet worden ist, sich an einen Psychologen zu wenden, oder es zeigt die eigene Ambivalenz, eine Beratung in Anspruch zu nehmen. Manchmal auch scheint der Klient dem Berater bedeuten zu wollen: »Das und das bedrückt mich, ich weiß keinen Rat, bringen Sie die Sache in Ordnung.« Recht häufig geht diese Sachlichkeit auf die Hemmung, sich emotional mitzuteilen oder sogar auf die Abwehr- und Widerstandsform der Isolierung zurück.

Balint hat darauf hingewiesen, daß es im Interview sehr problematisch ist, die analytische Technik des Schweigens und des »den Patienten schmoren lassens« anzuwenden. Wenn man im Setting einer Psychoanalyse auch erwarten kann, daß auf diese Weise solcher Spannungsanstieg erreicht wird, daß der Patient seinen Widerstand von selbst überwindet, so wäre in der ersten Kontaktaufnahme eines Interviews dieses Vorgehen eine Zumutung, weil der Klient seinen helfenden Sinn nicht verstehen kann und es vielmehr als eine Grausamkeit empfinden dürfte.

Andererseits würde der Interviewer jedes frei assoziative Interview verhindern, wenn er mit gezielten Fragen den Klienten verhört. Es kommt hierbei sehr auf die Dosierung nach der einen wie nach der anderen Seite an. Der Interviewer kann durchaus Pausen entstehen lassen. Wenn er im Anschluß an

Ausführungen des Klienten nicht gleich redet, kann darin zunächst durchaus eine Anregung, weiter zu berichten, liegen. Er kann dies sogar verbalisieren, etwa: »Es wäre mir recht, wenn Sie davon noch mehr erzählen könnten«. Er sollte aber — und das gilt besonders in dieser ersten Phase des Interviews — vermeiden, daß Pausen entstehen, die den Charakter eines Kampfes, wer als erster nachgibt, bekommen. In späteren Phasen des Interviews ist oft eine einfache Deutung eines, dem Klienten bereits vage dämmernden Zusammenhanges hilfreich. In dieser Weise gibt der Interviewer ihm sein Verständnis zu erkennen. Oft kann diese Intervention darin bestehen, daß der Interviewer stellvertretend für den Klienten eine Emotion, die dieser sich nicht recht einzugestehen scheint oder die er zu äußern sich scheut, verbalisiert.

Um das Gemeinte durch ein Beispiel zu erläutern, könnte man an eine Mutter denken, die davon erzählt, wie ihr Kind, wenige Monate nach der Geburt, von einem andauernden Erbrechen befallen sei und wie sie alles mögliche versucht habe, einen Weg zu finden, ihrem Kind eine ihm zusagende Nahrung zu geben. Sie berichtet von den andauernden Mißerfolgen und ihrer zunehmenden Sorge. Sie macht einige Male eine lange Pause und wiederholt dann jedesmal, wieviel Sorge sie sich gemacht habe. An dieser Stelle könnte der Interviewer formulieren: »Es ist menschlich, daß Sie dabei allmählich auch Zorn empfunden haben und es ist auch menschlich, daß Sie sich solcher Regungen schämen.« Durch eine solche Intervention wirkt der Interviewer als Vorbild und bedeutet dem Probanden, daß er bereit ist, ihn mit seiner Emotionalität zu akzeptieren.

Ein Gespräch, das in der allerersten Phase des Interviews in einen sachlichen Lagebericht zu versanden droht, kann man u. U. wieder in Gang bringen durch allgemein gehaltene Fragen nach der Beziehung des Klienten zu Personen, die er in seiner Schilderung erwähnt hat, z. B.: »Was würden Sie denken, was empfindet X für Sie und was Sie für ihn?«

Zu 2.: Auf der 2. Stufe wenden wir uns der Anamnese-Erhebung zu, d. h. der Erkundung jener Ereignisse der äußeren und inneren Biographie des Klienten, die die Vorgeschichte seiner jetzigen Problematik bilden. Da wir das Interesse haben, nicht irgendwelche sondern die vorgeschichtlich relevanten Daten zu erfahren, muß der Interviewer das Gespräch lenken. Andererseits aber legen wir weiterhin Wert auf einen frei assoziativen Bericht und wollen gezielte Fragen — bei denen man sich ohnehin in diesem Stadium an sehr fragwürdigen Hypothesen orientieren müßte — vermeiden.

Der Interviewer muß also den Patienten veranlassen, zu dieser Vorgeschichte zu assoziieren. Dazu bedienen wir uns einer Technik, die der psychoanalytischen Traumforschung und Traumdeutung entnommen ist. Es handelt sich um jene Hypothese, die *Freud* bezüglich des Einflusses von Tagesresten auf Träume entwickelt hat. In der Traumanalyse stellte sich heraus, daß sich Tagesreste regelmäßig mit infantilen verdrängten Regungen verquicken. Bei der bewußten Erledigung einer Angelegenheit wenden wir ihr unsere Aufmerksamkeit zu und steuern entsprechend unsere Assoziationen zielorientiert entlang den Pfaden sachlicher und logischer Zusammenhänge. Ziehen wir aber von peinlichen, problemreichen oder bedrohlichen Erlebnissen die Aufmerksamkeit ab, dann bleiben diese psychisch unerledigt, ihre seelischen Erregungen aber wirken fort und verbreiten sich ungesteuert im psychischen Feld. Dort werden sie sich leicht mit solchen verdrängten Regungen verknüpfen, die ihrerseits eine partielle inhaltliche Affinität mit dem betreffenden Tageserlebnis aufweisen.

Kehren wir zurück zum Interview. Der Ratsuchende kommt mit einer persönlichen Problematik. Oft ist es ihm von vornherein peinlich, darüber zu sprechen, zugleich aber auch befreiend und erleichternd. Wenn es gelingt, ihn dazu zu bringen, sich über sie auszusprechen, herrscht zunächst meistens das befreiende Gefühl vor. Indem er fortfährt und weiter ausholt, kommt er doch wieder zu Aspekten, die in ansteigendem Maße Angst und Unlust erregen. »Um diese Affekte nicht erleben zu müssen, beginnt eine zunehmende Zensurierung der Erzählung, die sich ganz verschieden äußern kann« (*Moser*, 1964b, S. 267). Im schlimmsten Falle fühlt sich der Patient außerstande, weiter zu reden oder möchte sogar das Gespräch abbrechen, weil angeblich alles doch keinen Sinn habe. »Oder wir sehen, wie nur unwichtige und nicht affektbetonte Aspekte eines Erlebnisses berichtet werden. Die Geschichte wird sinnentleert und verwässert. Andere wiederum weichen projektiv aus und beginnen in Redewendungen zu sprechen, wie: ›Ist es nicht allgemein so‹. Oder der Explorand versucht, an das Verständnis des Interviewers zu appellieren: ›Das brauche ich nicht weiter zu erzählen, Sie wissen ja, was in einem vorgeht.‹ Er will sich also eine verbale Äußerung ersparen« (*Moser*, 1964b, S. 267).

Kurzum in irgendwelchen Anzeichen wird ein angstabwehrender Widerstand erkennbar. Das heißt: Der Klient versucht, etwas nicht weiter zu beachten, er ist dabei, eine Regung unerledigt zu lassen.

Wir haben es uns zur Gewohnheit gemacht, an einer solchen Stelle in der Schilderung der aktuellen Problematik eines Ratsuchenden, ihn kurz darauf hinzuweisen, daß Probleme wie die seinigen oft mit Erlebnissen der eigenen Vergangenheit zusammenhängen. Er möge deshalb von seiner Lebensgeschichte, Eltern und Geschwistern, Milieu, Freunden, Schicksalsschlägen, Glück und Unglück, Erfolg und Mißerfolgen etc. erzählen. Er möge das tun, so wie es sich ihm aufdrängt.

Wir haben dabei die Erfahrung gemacht, daß gerade in der Interview-Situation es dann zu einem Lebensbericht kommt, der für das kommunikative Verstehen von Berater und Klient, für das gemeinsame Einfühlen in die Psychodynamik der zu klärenden Problematik äußerst hilfreich ist.

Dieses Verfahren wird uns natürlich unvollständige Daten über die Lebensgeschichte bringen, es bringt keine Informationen, die psychologischen Validitätskriterien standhalten, auch werden wir noch keine Möglichkeit haben, geschlossene dynamische Abläufe und konflikthafte Fehlverarbeitungen genau zu erkennen, geschweige eine Indikation oder Diagnose zu stellen.

Diesem Nachteil steht ein bedeutender Gewinn gegenüber.

1. Wir haben den Eindruck gewonnen, daß bei der vorgeschlagenen methodischen Plazierung des Lebensberichtes im Interview-Ablauf die Klienten unbewußt dahin tendieren, diesen selektiv auf Daten, die für die anstehende Problematik bedeutsam sind zu gestalten oder wenigstens zu akzentuieren. Ich kann noch nicht ausschließen, daß dieser Eindruck auf eine Kontamination von theoretischer Vorannahme und nachträglicher Beobachtung zurückzuführen ist. Dies läßt sich jedoch kontrollieren durch Vergleich der genetisch-dynamischen Interpretation, die ein Interviewer den von ihm erhobenen Daten gibt und der Interpretation die ein, ohne Vorkenntnis des Interviews arbeitender, Berater beim Abschluß der Beratung uber Vorgeschichte der aktuellen Problematik des Klienten aufstellt. Allerdings wäre die zu prüfende Hypothese nicht, daß beide Interpretationen deckungsgleich seien, wohl aber, daß erstere einen allgemeinen Rahmen aufstellt, der in der letzeren spezifiziert worden ist.
2. Als weiterer Gewinn eines solchen frei gestalteten Lebensberichtes ist zu nennen, daß wir eine Darstellung erhalten, wie der Proband sich erlebt, d. h. einen ersten Umriß seiner reflektierten Selbst*einsicht*, aber auch seines kaschierten Sich-selbst-fühlens. Ein solcher Bericht bietet weit günstigere Voraussetzungen für den Interviewer und Berater, sich empathisch in den Klienten einzufühlen, als ein erfragter Lebenslauf, der den Probanden eher veranlaßt, zu reagieren als sich zu entfalten.

Allerdings ist es, um die erwähnten Gewinne tatsächlich zu erhalten, erforderlich, daß der Interviewer die Selbstdarstellung des Patienten in ihrer Gesamtheit auf sich wirken läßt: was er sagt, wie er es sagt, wann er es sagt, was er nicht oder nur nebenbei sagt. Ich kann zur Erläuterung nur auf einige Punkte hinweisen. Sie mögen ausreichen, um ein Gespür dafür zu vermitteln, was mit der bekannten Formulierung »mit dem dritten Ohr zuhören« gemeint ist.

Fangen wir zunächst an mit Lebensabschnitten, Bezugspersonen, Lebensbereichen, die der Interviewte nicht oder nur mit einem halben Satz erwähnt hat. Wir müssen davon ausgehen, daß die assoziative Verknüpfung der aktuellen Problematik mit Konfliktabkömmlingen aus der Genese häufig oder sogar bevorzugt an ihren Abwehrkomponenten erfolgt. Deshalb sind oft die Lücken im Lebensbericht Wegweiser zu den für eine Beratung bedeutsamen Zusammenhängen. Redet ein Klient ausgedehnt von Vater und Bruder und übergeht er z. B. Mutter und Schwester, erzählt er von einem hochdramatischen Ereignis, das ihn unberührt gelassen zu haben scheint, überspringt er z. B. die Pubertät oder streift er einen längeren Heim- oder Internatsaufenthalt nur mit einem Satz, dann tut der Interviewer gut daran, sich das zunächst zu merken und am Ende des spontanen Berichtes oder in einer der folgenden Interviewstunden den Klienten mit dieser Auslassung zu konfrontieren.

Man achte auf die Assoziationsabfolge. Erlebnisse, die in der Wirklichkeit zeitlich auseinanderliegen oder in unterschiedliche soziale Beziehungen hineingehören, dürften für die Subjektivität des Klienten psychodynamisch verwandt sein, wenn sie im Bericht unmittelbar aufeinanderfolgen oder – wie es oft geschieht – miteinander vermischt werden.

Sprechweise und Sprachstil können sehr bedeutsam sein. Manchmal hört sich alles, was der Klient erzählt, wie ein Geständnis an, manchmal klingt es vorwurfsvoll oder mitleidheischend. Manchmal scheint er sich mit dem Psychologen zu identifizieren, indem er das eigene Verhalten und die eigenen Ansichten nach »Psychologen-Maßstäben« wertet. Andere Klienten quälen den Interviewer, indem sie seine Geduld durch eine in endlose Details sich verlierende Erzählung auf die Probe stellen. In solchen Erscheinungen sind meistens Indizien für bestimmte Abwehrmethoden zu erkennen.

Manchmal kann man motorische Verhaltensweisen beobachten. Der Interviewte wechselt z. B. zwischen gelassener bis betont gelassener oder nervös-gespannter Haltung, es kommen ihm Tränen, er setzt sich zurück in seinem Stuhl oder beugt sich weit zum Interviewer vor. Gelegentlich erwähnt er auch somatische Reaktionen: Magenschmerzen, Kopfweh, Augenflimmern oder Harndrang. Solche Äußerungen sind wie eine zweite Sprache, mit der er die — ihm oft nicht voll bewußte — emotionale Komponente des Gesagten kommuniziert.

Was die beiden ersten Stufen des Interviews erbringen, läßt sich mit einem Zitat von Moser zusammenfassen: »Die freie Explorationstechnik bringt eine zensurierte Selbstinterpretation des Exploranden hervor. Wir erkennen, wann, wo und unter welchen Umständen Angst, Unlust und Widerstände auftauchen. Wir sehen, wie ein Mensch seine Fakten unter den Augen des Interviewers zu ordnen versucht und dürfen nicht vergessen, daß damit der Interviewer die Funktion eines Zeugen verliehen bekommt. Was man vor ihm sagt, läßt sich nur schwer zurücknehmen und man muß gewärtigen, mit dem dem Interviewer Anvertrauten erneut konfrontiert zu werden. So finden wir im Exploranden ein Spiel von widerstrebenden Kräften: Vertrauen und Hoffnungen erhöhen die Bereitschaft, sich mitzuteilen, das eigene Sicherungssystem hingegen übt eine ständige Zensur aus. Darum werden Aussagen mit aller Vorsicht formuliert, affektiv besetzte und angstbetonte Themata umgangen oder in ›dosierter‹, gerade noch erträglicher Form ausgesprochen. Wenn der Interviewer in freischwebender Aufmerksamkeit (*S. Freud*) zuhört, wird er bald in groben Zügen über das Sicherungssystem eines Menschen Bescheid wissen und nachher auf Grund seiner Erkenntnisse seine Fragen auf die Angst des Exploranden abstufen können.«

Zu 3.: Auf der dritten Stufe des Interviews greift der Interviewer lenkend in das Gespräch ein. Es bleibt noch bei der freien Assoziation, aber der Interviewer gibt Stichworte, zu denen sich der Klient äußern soll. Als Stichworte wählen wir kurze Sätze oder Satzteile des Klienten aus den vorangegangenen Phasen, die uns emotional »geladen« erschienen sind. Wir nennen sie in Anlehnung an einen von *Deutsch* und *Murphy* geprägten Ausdruck »Schlüsselworte« (*Deutsch F., Murphy W. F.*, 1955). Die Aufforderung an den Klienten, sich weiter zu äußern, erfolgt einfach durch Wiederholung seiner Worte: »Sie sagten vorhin ...«. Daraufhin wartet der Interviewer. Der Klient wird sich dann in der Regel irgendwie äußern. Der Interviewer läßt ihn ausreden[5] und wartet auch dann noch eine Weile, bis er den Eindruck hat, daß der Klient spontan nichts mehr hinzufügen

[5] Mit Ausnahme des Falles, daß der Klient sich in einer Weise ausbreitet, daß er den Fortgang des Gesprächs eher pervertiert.

wird. Dann greift der Interviewer erneut ein Schlüsselwort aus dem, was der Klient zuletzt geäußert hat, auf und wiederholt es mit einer fragenden Nuance. Oft eignet sich dazu ein Teil des letzten Satzes des Klienten. Ein einfaches Beispiel möge das Gemeinte erläutern: Der Klient hat sich ausführlich über seinen Vater geäußert und dabei sich wiederholend, einige Male betont, daß dieser zu allen Leuten sehr nett sei, wodurch er sich allgemeine Achtung erworben habe.

I.: »Sie sagten, Ihr Vater sei zu allen Leuten sehr nett.«
Proband: »Ja, jetzt ist er es auch zu mir ...« (Pause)
I.: »Jetzt?«
Proband: »Früher hat er mich sehr knapp mit Taschengeld gehalten; ich hatte viel weniger als die anderen Jungen. Dabei mußte ich ganz schön mit anpacken. Jetzt bin ich froh, daß ich es getan habe, weil jeder sagt, daß ich es rasch zu etwas gebracht habe. Das verdanke ich dem Vater. Natürlich, früher hat er mich gelegentlich wütend gemacht, aber ich sagte nie ein böses Wort«.
I.: »Nie?«
etc.

Der Interviewer versucht, derartige Schlüsselworte so lange als möglich ins Gespräch zu werfen, um dadurch neue Assoziationen anzuregen. Dies führt zu einer Lenkung der Einfälle auf einen bestimmten Themenkreis und häufig zugleich zu ihrer konflikt-dynamischen Aufladung.

Moser (1964b, S. 271) hat letzteres recht einleuchtend beschrieben:

»Die Reaktion des Exploranden auf die übernommenen Worte ist höchst bedeutsam. Oft wird das Schlüsselwort zurückgenommen (etwa widerrufen: ›wütend ist vielleicht zu viel gesagt‹) und durch ein anderes mit geringerem affektiven Gehalt ersetzt. Gelegentlich wird die Verwendung eines Wortes nachträglich geleugnet. Oder es kann die Bedeutung des Wortes gewechselt werden. Manchmal reagiert der Explorand als ob er in eine Falle getreten wäre, aus der ihn nur vorsichtiges Schweigen wieder befreien könnte. Die Konfrontation mit den eigenen Worten bedeutet für viele eine unerwünschte definitive Entscheidung, welcher man ausweichen möchte. Objekt- und beziehungshungrige Hysteriker sehen in der Übernahme von Worten ein Anzeichen der Annahme, was zu einer Bereitschaft führt, dem I. noch mehr Einfälle zu geben. Narzißtische Charaktere fühlen sich geschmeichelt, und glauben, mit dem Interviewer auf gleichem Fuße zu stehen. Als Zeichen des Dankes werden dann umgekehrt auch Worte des I. in den eigenen Wortschatz übernommen.«

Zum Teil ergibt sich bei der Schlüsselwort-Technik für den Klienten eine kathartische Wirkung: die Erleichterung des Sich-aussprechen-Könnens. Andererseits können Angst, Scham oder sonstige Affekte auftreten, die Widerstände mobilisieren. Solche vermutet der Interviewer in allen Reaktionen des Probanden, die faktisch dazu führen, daß das Gespräch stockt oder daß die Äußerungen des Klienten vom Thema oder von seinem persönlichen Verhältnis zum Thema wegführen (längere Pausen, verzögerte Sprechweise, betont rationale, allgemein oder unpersönlich gehaltene Aussagen, fortgesetzte Fragen an den Interviewer etc.).

Tritt diese Situation ein, dann sollte der Interviewer – gemäß des oben (S. 164 f.) entwickelten Prinzips des Umgangs mit Angst und Widerständen im Interview – behutsam vorgehen. Dazu wähle er Schlüsselworte und Interventionen, durch die er den Klienten sehr rücksichtsvoll auf bestimmte Empfindlichkeiten anspricht. Das kann oft dadurch geschehen, daß der Interviewer die Abwehrseite der Thematik, also Ängste und Widerstände des Klienten, *verstehend* und *verständnisvoll* formuliert.

Greifen wir das obige Beispiel von dem Mann, der von seinem Vater geäußert hat, daß dieser ihn früher gelegentlich wütend gemacht habe, er selbst aber nie ein böses Wort gesagt habe noch einmal auf. Sollte der Klient auf das letzte Schlüsselwort »nie?« mit Anzeichen großer Angst und/oder Widerstand reagieren, dann könnte der Interviewer sagen, »ich verstehe, daß Sie Ihren Vater nicht anschwärzen mögen, es wäre Ihnen lieber, mir von seinen guten und wertvollen Eigenschaften zu erzählen«. In dieser Weise formuliert der Interviewer, was der Klient agiert und zugleich bedeutet er ihm, daß er (der Interviewer) voraussetzt, daß der Vater auch Qualitäten hat. Man kann hoffen, in dieser Weise eine Angstminderung zu erzielen, die es dem Klienten ermöglicht, seine Widerstände aufzugeben[6].

Bleibt hingegen die Angst zu groß, dann verlasse man die betreffende Schlüsselwortreihe und wechsele zu einem anderen Thema über.

Zu 4.: Erst in der vierten Phase des Interviews übernimmt der Interviewer die Initiative, indem er zu gezielten Fragen übergeht. Sie werden sich im allgemeinen auf Daten beziehen, die für die Frage der Indikation einer Beratung (vgl. Kap. 6, S. 132–136) bzw. anderer therapeutischer Maßnahmen von Bedeutung sind. Meistens enthält das bisherige Interview bereits viele Informationen, andererseits fehlen für gewöhnlich auch

[6] Weitere Hinweise zum Umgang mit Widerständen im Erst-Interview bei *Moser* (1964b, S. 277–278).

welche. Es ist daher angebracht, vor Beginn dieser vierten Phase zunächst eine Bestandsaufnahme zu machen. Dies kann gründlicher und verläßlicher geschehen, wenn wenigstens diese letzte Phase zeitlich von den vorhergehenden abgesetzt wird[7]. Der Interviewer sollte sich fragen, welche Informationen, die für die diagnostische Beurteilung (vgl. S. 16–17) und die Indikationsstellung bedeutsam sind, kann ich dem bisherigen Interview entnehmen und welche fehlen noch? Ist es womöglich verstehbar oder irgendwie bedeutsam, daß gerade diese fehlen; weisen die fehlenden etwas Gemeinsames auf? Haben meine eigenen Aktionen oder Reaktionen (unbewußt) dazu beigetragen, daß gewisse Themen nicht zur Sprache gekommen sind oder daß der Proband sie vermieden hat?

Aus solchen Überlegungen ergibt sich eine Strategie für die weitere gezielte Befragung. Auch dabei empfiehlt es sich, so lange wie möglich die offene Frageform zu verwenden.

[7] Ob es zweckmäßig ist, auch die dritte Phase (Schlüsselwort-Technik) in einer gesonderten Sitzung vorzunehmen, läßt sich bisher nicht eindeutig beantworten. Wenn Phase 1 und 2 weniger als eine Stunde in Anspruch genommen haben und der Klient sich relativ bereitwillig erschließt, dürfte es günstiger sein, noch etwa eine halbe Stunde »Schlüsselwort-Technik« anzuschließen. Dies hat den Vorteil, daß innere dynamische und kommunikative Prozesse, die in Gang gekommen sind, in der Schlüsselwort-Technik eine vertiefte Fortsetzung finden. Bei einer Unterbrechung muß man den Nachteil in Kauf nehmen, daß sie – eventuell auch durch die Wirkung der Abwehr – abklingen. Es ist keine seltene Erfahrung, daß ein Klient bis zur nächsten Sitzung Erlebnisse aus der vorhergehenden völlig vergessen oder uminterpretiert hat.

7.6. Schematische Darstellung des Verlaufs einer Beratung

I. Diagnostische Phase:

1. *Methodisches Vorgehen*
   a) Offene Einleitung des Gesprächs. Den Kl. Gelegenheit bieten zur Darstellung seiner Beschwerden und Probleme in freier Form, aus der eigenen Sicht und in assoziativer Abfolge. Ber. hält durch kurze Fragen oder Bemerkungen, wenn nötig, das Gespräch in Gang. Ansonsten Interventionen beschränken auf empathische (nicht mitleidige) opportune Verbalisierung zugehöriger (bewußtseins-naher) Emotionen.
   b) Möglichst bei »Schlüsselworte« Überleitung zur biografischen Anamnese, zunächst in Form eines freiassoziativen Berichts, aus diesem ergeben sich Anhaltspunkte für gezielte Fragen.
   c) evtl. Testuntersuchung

2. *Überlegungen des Beraters*
   a) Pathologischer Stellenwert der aktuellen Probleme nach Kriterien der Ich-Stärke (Ausmaß der Belastungen in der Kindheit; wie wurden sie bewältigt; Kindheitsneurose; defensiver bzw. autonomer Ausgang des sekundären Abwehrkampfes; Kompetenzgefühl; Bewältigung bisheriger Krisen)
   b) Bringt Kl. Voraussetzungen für ein der Beratung angemessenes Arbeitsbündnis mit: Ist Einsicht in Änderungsbedürftigkeit des Verhaltens gegeben oder kann sie geweckt werden. Um letzteres in Erfahrung zu bringen: Probekonfrontation – Wie reagiert der Kl.
   c) Indikationsstellung.

II. Beratungsphase

Ausgangslage: Änderungsbedürftiges Verhalten, bzw. fehlender Verhaltensplan für neuartige Situation in der Sicht des Kl.

Vorgehen des Ber.: Unvoreingenommen zuhören.
Interventionen: a) um Gespräch in Gang zu halten
b) Aufgreifen von »Schlüsselworten«
c) Evtl. deuten der regressiven Abwehr des »eigentlichen« Problems

Situation A:

Beim Versuch zu einer gemeinsamen Formulierung des Problems oder beim Entwurf einer Verhaltensalternative werden Widerstände (nicht identisch mit Einwänden) erkennbar.

↓

Überlegung des Ber.: Welche Abwehrmechanismen? Was wird abgewehrt? Elemente einer Psychosozialen Krise oder/und eines neurotischen Konflikts? Warum Abwehr?

↓

Vorgehen des Ber.: Abwehr deuten sofern bewußtseinsnah und nicht unerläßlich für psy. Gleichgewicht. Wenn Behebung des Widerstandes gelingt, weiter wie B

Situation B:

Verständigung über Formulierung des zu lösenden Problems, u. U. auch über Notwendigkeit einer Verhaltensalternative.

↓

Überlegungen des Ber.: Welche für die erforderliche Verhaltensänderung bedeutsamen Ichfunktionen sind geschwächt oder welche Ichstrukturen noch nicht entwickelt? Wird eine psychosoziale Koordination durch bew. oder unbew. Rollenerwartungen des Partners oder an den Partner erschwert?

↓

Vorgehen des Ber.: Gemeinsame Entwicklung einer die Stärken und Schwächen des Kl. berücksichtigenden Alternative. Evtl. Ermutigung Angst zu ertragen und Förderung des Kompetenzgefühls durch Vorgehen in kleinen Schritten.

Situation B 1:	*Situation B 2:*
Kl. fühlt sich unfähig oder entwickelt Widerstand, den Plan zu realisieren. ↓ *Überlegungen des Ber.:* Ist der Plan inadäquat? Tritt Widerstand auf, weil Kompetenz segmentär beeinträchtigt? Oder weil bisheriges Verhalten Symptom eines ↙ ↓ ↘ regressiv besetzten inneren Konflikts / aktuellen Krisen-Konflikts / sozialen Rollen-Konflikts ist. ↓ *Vorgehen des Ber.*: Partielle Konfliktanalyse bis zu den durch bisheriges Verhalten abgewehrten Ängsten. Wenn dies gelingt, weiter wie Sit. B 2.	Kl. führt den Plan aus, evtl. bei gleichzeitig fortgesetzter Beratung. ↓ *Überlegungen und Vorgehen des Beraters*: Gemeinsames Reflektieren der Erfahrungen (Erfolge u. Mißerfolge) des Kl. Planung weiterer Schritte. Reflektieren und evtl. psychodynamisch Analysieren der innerpsychischen und sozialen Veränderungen, die die Alternative bewirkt. Angst- und Versagungstoleranz erhöhen.

Literaturverzeichnis

Alexander, F., (1956): Zwei Formen der Regression und ihre Bedeutung für die Therapie. Psyche IX, 668–683.
Anastasi, A., (1964): Fields of Applied Psychology. McGraw-Hill.
Argelander, H., (1967): Das Erstinterview in der Psychotherapie. Psyche, *21*, 341–368, 429–467, 473–511.
Bach, H. (1970): Die Behandlungstechnik in den neoanalytischen Richtungen; in: *Schraml, W.* (Ed.): Klinische Psychologie.
Balint, M. (1960): Angstlust und Regression. Stuttgart.
–, (1966): Die Urformen der Liebe und die Technik der Psychoanalyse. Bern-Stuttgart.
Balint, M. u. E. (1970): Psychotherapeutische Techniken in der Medizin. Kindler-Verlag, TB 2069/70, München.
Bang, R. (1964): Die helfende Beziehung. München-Basel.
Bellak, L. u. Small, L. (1972): Kurzpsychotherapie und Notfallpsychotherapie. Frankfurt/M.
Benedek, T. (1938): Adaptation to Reality in Early Infancy. Psychoanal. Quart. 7, 200–215.
Bennis, W. G., Benne, K. D., Chin, R. (1961): The Planning of Change. New York.
Berlyne, D. E. (1950): Novelty and Curiosity as Determinants of Exploratory Behaviour. Brit. J. Psychol., *41*, 68–80.
Bibring, E. (1954): Psychoanalysis and the Dynamic Psychotherapies. Journal of the American Psychoanal. Assoc., II, 745–770.
–, (1937 a): On the Theory of the Therapeutic Results of Psychoanalysis. Int. J. of Psy.-Analysis, *18*, 170–189.
–, (1937 b): Versuch einer allgemeinen Theorie der Heilung. Int. Zeitschr. f. Psychoanalyse, *23*, 18–37.
Bibring, G. (1959): Some Considerations of the Psychological Processes in Pregnancy. The Psychoanal. Study of the Child, XIV, 113–123.
–, *Dwyer, T. F. Huntington, D., Valenstein, A.*, (1961): A Study of the Psychological Processes in Pregnancy and of the Earliest Mother-Child Relationship: I. Some Propositions and Comments. II. Methodological Considerations. The Psychoanalytic Study of the Child. New York, XVI, 9–24.
Bollnow, O. F. (1959): Existenzphilosophie und Pädagogik. Stuttgart.
Bordin, E. S. (1968): Psychological Counseling. New York.
Bornemann, E. (1963): Erziehungsberatung. München-Basel.
Breger, L. (1969): The Ideology of Behaviorism. In: *Breger, L.* (Ed.): Clinical Cognitive Psychology. Englewood Cliffs, New Jersey.
Brenner, Ch. (1967): Grundzüge der Psychoanalyse. Frankfurt/M.
Bühler, C. (1954): The Reality Principle. Amer. J. Psychother. 8.
Butler, R. A. (1958): Exploratory and Related Behavior: An New Trend in Animal Research. J. Indiv. Psychol., *14*, 111–120.
Caplan, G. (1964): Principles of Preventive Psychiatriy. London.
–, (1960): Patterns of Parental Response to the Crisis of Premature Birth: A Preliminary Approach to Modifying Mental Health Outcome, Psychiat., *23*, 365–374.
–, (1961): An Approach to Community Mental Health. New York.
Colby, K. N. (1960): An Introduction to Psychoanalytic Research. New York.
Cronbach, L. a. Meehl, P. (1955): Construct Validity. Psychol. Bull., 52, 201.

Däumling, A. M. (1970): Psychologische Beratung und psychagogische bzw. allgemein psychotherapeutische Verfahren. In: *Schraml, W. J.* (Ed.): Klinische Psychologie. Bern-Stuttgart.
Eissler, K. R. (1953): The Effect of the Structure of the Ego on Psy.-Anal. Technique. J. of Amer. Psy. An. Ass., I.
Erikson, E. H. (1956): Das Problem der Identität. In: *Mitscherlich* (Ed.): Entfaltung der Psychoanalyse, Stuttgart, 114–176. Auch in: Erikson, E. H. (1966): Identität und Lebenszyklus. Frankf./M., 123–212.
–, (1957): Kindheit und Gesellschaft. Zürich.
–, (1954): Wachstum und Krisen der gesunden Persönlichkeit. Psyche, Bd. VII, 1–31, 112–139. Auch in: *Erikson, E. H.* (1966), Identität und Lebenszyklus. 55–122, Frankf./M.
Ertle, Ch. (1971): Erziehungsberatung. Stuttgart.
Eysenck, H. J. (1956): Wege und Abwege der Psychologie. Hamburg.
Fenichel, O. (1955): Ego-Strength and Ego-Weakness. In: *Rapaport, D.* (Ed.): The Collected Papers of *O. Fenichel*. Bd. 2, London.
–, (1972): Ich-Stärke und Ich-Schwäche. In: *Fenichel*: Psychoanalyse und Gesellschaft. Frankf./M., 229–238.
–, (1945): The Psychoanalytic Theory of Neurosis. New York.
Freud, A. (1968): Wege und Irrwege in der Kindesentwicklung. Bern-Stgt.
–, *Nagera, H., Freud, E.* (1965): Metapsychological Assessment of the Adult Personality. The Adult Profile. Psychoanalytic Study of the Child, XX, 9–41.
Freud, S. (1895): Weitere Bemerkungen über die Abwehr-Neuropsychosen. G. W., Bd. I.
–, (1900): Die Traumdeutung. G. W., Bd. II–III.
–, (1904): Zur Psychopathologie des Alltagslebens. G. W. Bd. IV.
–, (1907): Der Wahn und die Träume in *W. Jensens* »Gravida«, G. W., Bd. VII.
–, (1909): Analyse der Phobie eines fünfjährigen Knaben. G. W., Bd. VII.
–, (1911): Formulierungen über die zwei Prinzipien des psychischen Geschehens. G. W., Bd. VIII.
–, (1915a): Die Verdrängung. G. W., Bd. X.
–, (1915b): Das Unbewußte. G. W., Bd. X.
–, (1917): Vorlesung zur Einführung in die Psychoanalyse. G. W., Bd. XI.
–, (1918): Wege der psy.-an. Therapie. G. W., Bd. XII.
–, (1920): Jenseits des Lustprinzips. G. W., Bd. XIII.
–, (1923): Das Ich und das Es. G. W., Bd. XIII.
–, (1926a): Die Frage der Laienanalyse. G. W., Bd. XIV.
–, (1926b): Hemmung, Symptom und Angst. G. W., Bd. XIV.
–, (1933): Neue Folge der Vorlesungen. G. W., Bd. XV.
–, (1938): Abriß der Psychoanalyse. G. W., Bd. XVII.
Frijling-Schreuder, E. C. M., (1967): Die Verwendung der Regression im Dienste der Anpassung. Psyche, XXI, 313–323.
Fürstenau, P. (1969): Über Beratung, Therapie und Erforschung sozial definierter Neurotikergruppen. In: *Ziolko, H. U.* (Ed.), Psychische Störungen bei Studenten.
Gerö, G. (1951): The Concept of Defense. Psychoanalytic Quarterly, *20*, 565–578.
Gill, M. M. (1951): Ego-Psychology and Psychotherapy. Psychoanalytic Quarterly, *20*, 62–71.
–, (1954): Psychoanalysis and Exploratory Psychotherapy. J. Amer. Psy.-An. Ass. II, 771–797.

—, (1963): Topography and Systems in Psychoanal. Theory. New York.

Glover, E. (1931): The Therapeutic Effects of Inexact Interpr.: A Contribution to the Theory of Suggestion. Int. J. Psy-Analysis, *12*; Auch in: *Glover, E.* (1958), The Technique of Psychoanalysis. 2nd Ed., New York, 353—366.

—, (1943): The Concept of Dissociation. Int. J. of Psy.-Analysis, *24*, 7—13.

Greenson, R. (1966): Das Arbeitsbündnis und die Übertragungsneurose. Psyche XX, 81—103.

—, (1967): The Technique and Practice of Psychoanalysis. Vol. I, London, 78—82.

Grube, M. (1971): Methodik der Eheberatung. In: *Struck-Löffler* (Ed.): Einführung in die Eheberatung.

Habermas, J. (1968): Erkenntnis und Interesse. Frankfurt/M.

Hartmann, H. (1964): Psychoanalyse als wissenschaftliche Theorie. Psyche, *18*, 445—474.

—, (1964): Bemerkungen zur psychoanalytischen Theorie des Ichs. Psyche, *18*, 330—353.

—, (1964): Bemerkungen zum Realitätsproblem. Psyche, *18*, 397—419.

—, (1970): Ichpsychologie und Anpassungsproblem. Stuttgart, 2. Aufl.

—, *Kris, E., Loewenstein, R.* (1946): Comments on the Formation of Psychic Structure. Psy.-An. Study of the Child, II, 11—38.

Hermann, Th. (1969): Lehrbuch der empirischen Persönlichkeitsforschung. Göttingen.

Hoffmann, S. O. (1972): Neutralisierung oder autonome Ich-Energien? Psyche, *26*, 405—422.

Holzkamp (1964): Theorie und Experiment in der Psychologie. Berlin.

Holt, R. (1971): Assessing Personality. New York.

—, (1967): The Development of the Primary Process: A Structural View. In: *Holt, R.* (Ed.), Motives and Thought. New York.

—, *Havel, J.* (1960): A Method for Assessing Primary and Secondary Process in the Rorschach. In: *Rickers-Ovsiankina, M.* (Ed.): Rorschach Psychology. New York-London.

Hook, S. (1959): Science and Mythology in Psychoanalysis. In: *Hook, S.* (Ed.): Psychoanalysis, Scientific Method and Philosophy.

Houben, A. (1970): Psychodiagnostik in psychotherap. und psy.-som. Institut. In: *Schraml, W. (Ed.)*, Klinische Psychologie. Bern-Stuttgart.

Hruschka, E. (1969): Versuch einer theoretischen Grundlegung des Beratungsprozesses. Meisenheim am Glan.

Hurvich, M. (1972): Zum Begriff der Realitätsprüfung. Psyche, XXVI, 853—880.

Jacobson, E. (1964): The Self and the Object World. New York.

Janis, I. (1958): Psychological Stress. New York, Wiley.

Joffe, W. G., Sandler, J. (1967): Kommentare zur psychoanalytischen Anpassungspsychologie. Psyche, XXI, 731—733.

Junker, H. (1973): Das Beratungsgespräch. München.

Kaplan, A. (1964): The Conduct of Inquiry, Methodology for Behavioral Science. San Francisco.

Keupp, H. (1972a): Der Krankheitsmythos in der Psychopathologie. 1—43. München-Berlin.

—, *Bergold, J. B.* (1972b): Probleme der Macht in der Psychotherapie unter spezieller Berücksichtigung der Verhaltenstherapie. Zeitschrift f. Klin. Psychol. u. Psychotherapie, *20*, 152—178.

Katz, J. (1963): On Primary Gain and Secundary Gain. Psy.-An. Study of the Child, Vol. XVIII, 9—50.

Kennel, K. (1974): Die Entscheidung zur psychoanalytischen Behandlung. In: Information über Psychoanalyse, theoretische, therapeutische und interdisziplinäre Aspekte. Frankfurt, 108–137.

Klauber, J. (1968): Über die Verwendung geisteswissenschaftlicher und naturwissenschaftlicher Methoden in der Psychoanalyse. Psyche, XXII, 518–533.

Kohut, H. (1969): Die psychoanalytische Behandlung narzistischer Persönlichkeitsstörungen. Psyche, XXIII, 321–348.

Koos, E. L. (1946): Families in Trouble. Morningside Heights, N. Y.

Kris, E. (1952): Psychoanalytic Explorations in Art. New York.

–, (1955): Neutralization and Sublimation: Observations on Young Children. Psychoanalytic Study of the Child, Bd. 10, 30–46.

Krumboltz, J. D. (1966) (Ed.): Revolution in Counseling: Implications of Behavioral Science. Boston.

Kuiper, P. C. (1968): Die seelischen Krankheiten des Menschen. Bern-Stgt.

Laing, R. D. (1969): Phänomenologie der Erfahrung. ES 314, Frankfurt/M.

Lampl-De Groot, J. (1965): Über Verlaufsformen von Abwehr und Entwicklung. Psyche, XIX, 465–476.

Laplanche, J., Pontalis, J. B. (1972): Vokabular der Psychoanalyse. Frankfurt/M.

Lewis, E. C. (1970): The Psychology of Counseling. New York.

Lippitt, R. (1961): Dimensions of the Consultant's Job. In: *W. G. Bennis, K. D. Benne, R. Chin* (Eds.): The Planning of Change. New York.

Loch, W. (1963/64): Regression – Über den Begriff und seine Bedeutung in einer allgemeinen psychoanalytischen Neurosentheorie. Psyche, XVII.

–, (1967a): Theoretische Voraussetzungen einer psychoanalytischen Kurztherapie. Jahrb. d. Psychoanal., Bd. IV, 82–101.

–, (1967b) (Ed.): Die Krankheitslehre der Psychoanalyse. Stuttgart.

–, (1970): Beratung – Behandlung, Methoden und Abgrenzungen. In: *Struck, G.* (Ed.), Familie in der Diskussion. 1. Familienkonflikte und Familienberatung. Kevelaer.

–, (1972): Zur Theorie, Technik und Therapie der Psychoanalyse. Frankf./M.

Lorenzer, A. (1970): Symbol, Sprachverwirrung und Verstehen. Psyche, 24, 895–920.

Lüders, W. (1970): Projektentwicklung in der psychoanalytischen Beratung. Psychol. Rundschau, XXI, 79–87.

Meyer, A. E. (1969): Probleme der Es-Ich Überich-Gliederung. Psyche, 23, 561–591.

Mitscherlich, A. (1966): Krankheit als Konflikt. Studien zur psychosomatischen Medizin. Frankfurt/M.

Moser, U. (1964a): Zur Abwehrlehre: Das Verhältnis von Verdrangung und Projektion. In: *K. Dräger* et al. (Ed.): Jahrbuch der Psy.-An., Bd. III, 56–85.

–, (1964b): Gesprächsführung und Interview-Technik. Psychol. Rundschau, XV, 263–282.

–, (1967): Die Entwicklung der Objektbeziehung. Psyche *21*, 97–113.

Nagel, E. (1959): Methodological Issues in Psychoanalytic Theory. In: *Hook, S.* (Ed.): Psychoanalysis, Scientific Method and Philosophy. New York.

Neidhardt, F. (1968): Schichtspezifische Elterneinflüsse im Sozialisationsprozeß. In: *G. Wurzbacher* (Ed.): Die Familie als Sozialisationsfaktor. Stuttgart, 174–200.

Nunberg, H. (1930): Die synthetische Funktion des Ichs. Int. Ztschr. f. Psych.-An., *16*, 301–318.

–, (1939): Ichstärke und Ichschwäche. Int. Zeitschr. f. Psy.-An., *24*, 49–61.
Oppermann, I. (1966): Zum Begriff der Ich-Stärke. Praxis der Kinderpsychologie, *15*, 1S. 113–123.
Oevermann, U. (1969): Schichtenspezifische Formen des Sprachverhaltens und ihr Einfluß auf die kognitiven Prozesse. In: *Roth, H.*: Begabung und Lernen. Stuttgart.
Piaget, J. (1937): La Construction du Réel chez l'Enfant. Neuchâtel. Übers.: The Construction of Reality in the Child. New York, Basic Books, 1954.
Pongratz, L. (1957): Das psychologische Explorationsgespräch. Psychol. Rundschau, VIII, 195–205.
Rangell, L. (1969): Zur Analyse des intra-psychischen Prozesses. Psyche, XXIII, 438–460.
–, (1969): Choice-Conflict and the Decision-Making Function of the Ego: A Psychoanalytic Contribution to Decision Theory. Int. J. Psy.-Anal., *50*, 599–602.
–, (1954): Similarities and Differences Between Psychoanalysis and Dynamic Psychotherapies. J. of Amer. Psy.-Anal. Ass. II, 734–744.
–, (1969): The Intrapsychic Process and Its Analysis – A Recent Line of Thought and its Current Implications. Int. J. Psy.-Anal., *50*, 65–77.
Rapaport, D. (1958): A Historical Survey of Psy.-An. Ego-Psychology. In: *Gill, M. M.* (Ed.): Collected Papers of D. Rapaport (1967) 745–757.
–, (1951): Towards a Theory of Thinking. In: *Rapaport, D.* Organization and Pathology of Thought. 689–730, New York.
–, (1951): A Conceptual Model of Psychoanalysis. In: *Gill, M. M.* (Ed.) (1967): Collected Papers of D. Rapaport. New York, 405–431.
–, (1960): Die Struktur der psychoanalytischen Theorie. Sonderheft der Psyche. Stuttgart.
Reich, W. (1961): Character Analysis. 2nd ed., New York.
Rheinwald, H. (1964): Die Funktion der Beratung bei der Förderung der Landwirtschaft. Düsseldorf.
Richter, H. E. (1967): Eltern, Kind und Neurose. Stuttgart, 2. Auflage, rororo 6082/83, Reinbek 1969.
–, (1970): Patient Familie. Hamburg.
–, (1972): Die Gruppe. Hamburg.
Rosenkötter, L. (1969): Über Kriterien der Wissenschaftlichkeit in der Psychoanalyse. Psyche, XXIII, 161–170.
Sandler, J., Joffe, W. G. (1965): Obsessional Manifestations in Children. Psychoanalytic Study of the Child, XX, 425–438.
–, (1967): Die Persistenz in der psychischen Funktion und Entwicklung. Psyche, XXI, 138–151.
Scriven, M. (1969): Psychology without a Paradigm. In: *Breger, L.* (Ed.): Clinical Cognitive Psychology. New York.
Schraml, W. J. (1958): Die psychagogischen Methoden. Zeitschr. f. Diagn. Psychol. und Persönlichkeitsforschung, VI., 304–312.
–, (1970a): Status und Ausbildung des klinischen Psychologen. In: *Schraml, W. J.* (Ed.): Klinische Psychologie. 563–573.
–, (1970b): Das klinische Gespräch in der Diagnostik. In: Schraml, W. J. (Ed.): Klinische Psychologie, 207–235.
Schulte, D. (1971): Verhaltenstherapie in der Beratungspraxis. Psychol. Rundschau, 261.
Silber, E., Hamburg, D., Coelho, G., Murphy, E., Rosenberg, M., Pearlin, L. (1961): Adaptive Behavior in Competent Adolescents Coping with the Anticipation of College. Arch. Gen. Psychiat., 5, 354–365 (a).

Spence, D. (1967): Subliminal Perception and Perceptual Defense: Two Sides of a Single Problem. Beh. Science, *12*, 183–193.
–, *Holland, R.* (1962): The Restricting Effects of Awareness. Journ. Abn. Soc. Psychol., *64*, 163–174.
Stegmüller, W. (1969): Probleme und Resultate der Wissenschaftstheorie und analytischen Philosophie. Bd. 1: Wissenschaftliche Erklärung und Begründung. Berlin.
Stone, L. (1954): The Widening Scope of Indications for Psycho-Analysis. Amer. J. of the Ps.-Analytic Ass., II.
Strotzka, H. (1969): Psychotherapie und soziale Sicherheit. Bern.
Thomä, H., Houben, A. (1967): Über die Validierung psychoanalytischer Theorien durch die Untersuchung von Deutungsaktionen. Psyche, *21*, 664–692.
–, *Kächele, H.* (1973): Wissenschaftstheoretische und methodologische Probleme der klinisch-psychoanalytischen Forschung. Psyche, *27*, 205–236, 309–355.
Tyson, R. L. u. *Sandler, J.*, (1974): Wer eignet sich für eine Psychoanalyse? Psyche XXVIII, 530–560.
Waelder R. (1930): Das Prinzip der mehrfachen Funktion. Int. Zeitschrift f. Psy.-An., *16*, 285–294.
Waelder R. (1969): Die Grundlagen der Psychoanalyse. Frankfurt-Hamburg.
Wallerstein, R. S. (1969): Introduction to Panel on Psycho-Analysis and Psychotherapy. Int. Journal of Psy.-Anal., *50*, 118–126.
–, (1970): Panel on Psychoanalysis and Psychotherapy. (26th Internat. Psychoanal. Congress, Rome, 1969), Int. Journal of Psy.-Anal., *51*, 219–231.
White, R. W. (1963): Ego and Reality in Psychoanalytic Theory. A Proposal Regarding Independent Ego Energies. Psychol. Issues, Vol. III No. 3, New York.
Wolff, P. W. (1959): Observations on Newborn Infants. Psychosom. Med., *21*, 110–118.

Namensverzeichnis

Sachverzeichnis

UTB

Uni-Taschenbücher GmbH, Stuttgart

Band 457 VIKTOR E. FRANKL

Theorie und Therapie der Neurosen

Einführung in die Logotherapie und Existenzanalyse

4. erweit. u. verb. Aufl., 222 S., 17 Abb., DM 21,80. ISBN 3 497 00745 5 (E. Reinhardt)

Band 227 KARL DIENELT

Von der Psychoanalyse zur Logotherapie

Tiefenpsychologie und Pädagogik – Eine einführende Übersicht

160 S., DM 9,80. ISBN 3 497 00694 7 (E. Reinhardt)

Band 334 MARIANNE HEGE

Engagierter Dialog

Ein Beitrag zur sozialen Einzelhilfe

172 Seiten, DM 14,80. ISBN 3 497 00726 9 (E. Reinhardt)

Band 226 LUTZ RÖSSNER

Theorie der Sozialarbeit. Ein Entwurf

326 Seiten, 1973, DM 15,80. ISBN 3 497 00696 3 (E. Reinhardt)

Band 273 Rainer Dieterich

Psychodiagnostik

Grundlagen und Probleme

246 Seiten, DM 18,80. ISBN 3 497 00701 3 (E. Reinhardt)

WILFRIED WEBER

Wege zum helfenden Gespräch

Gesprächspsychotherapie in der Praxis. Ein Lernprogramm mit kurzen Lernimpulsen, konkreten Hinweisen und vielen praktischen Übungen.

2. Aufl., 159 Seiten, Pbck. DM 13,80

ERNST REINHARDT VERLAG MÜNCHEN UND BASEL